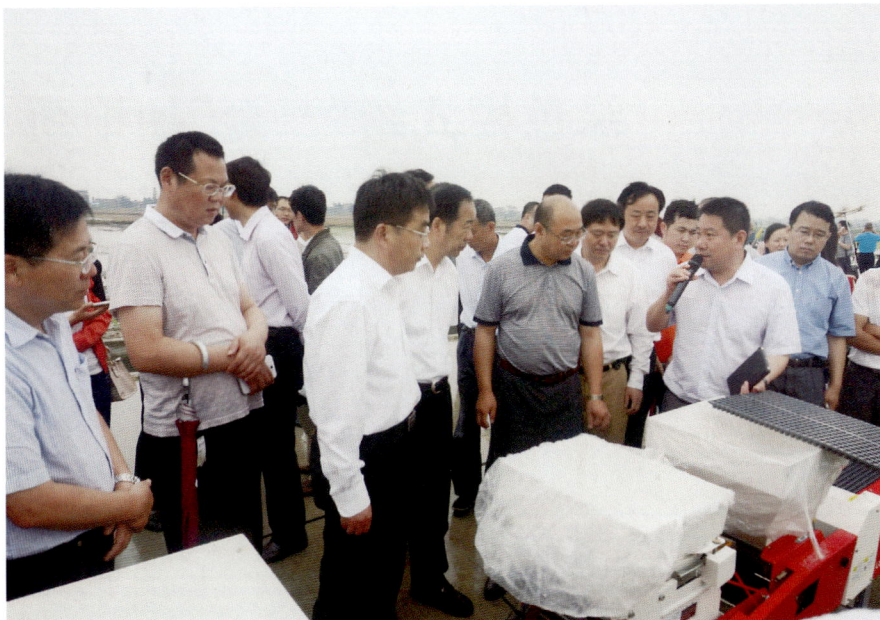

图1　6月，全国粮食增产模式攻关现场观摩交流会

图2　11月，全国粮食作物高产创建现场观摩交流会

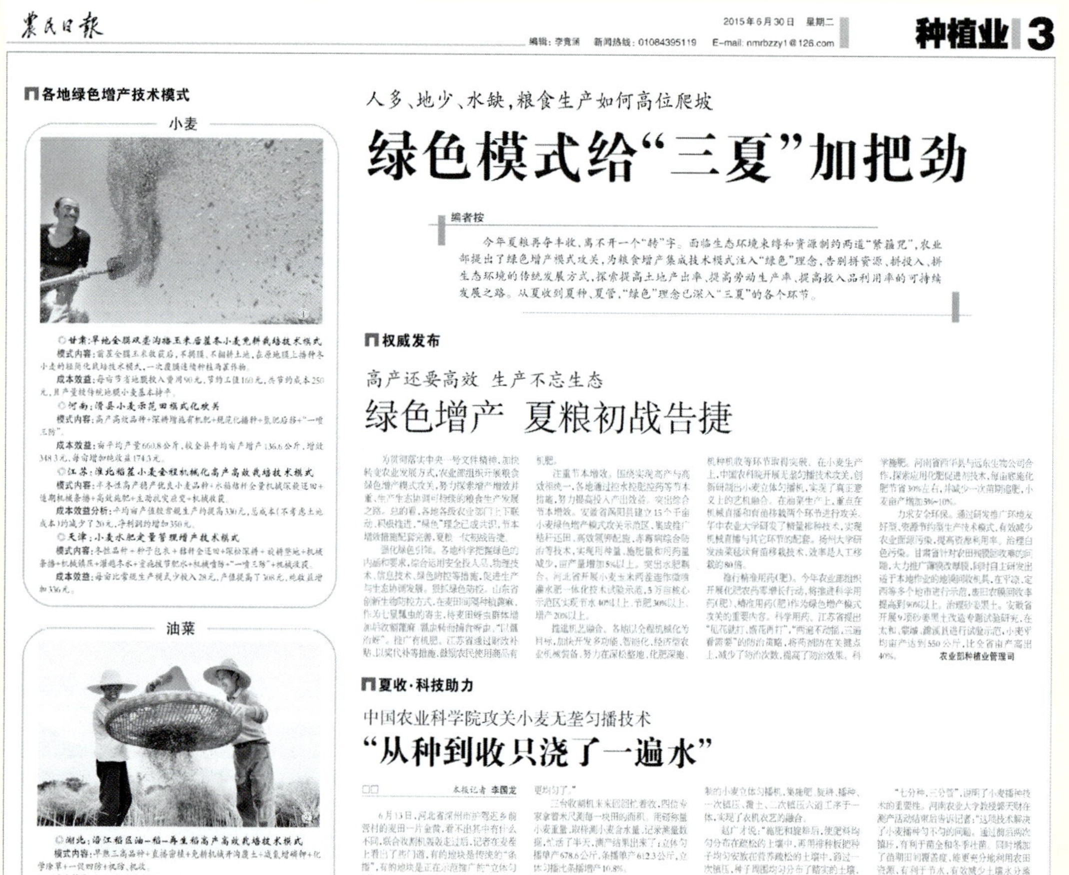
农民日报
2015年6月30日 星期二
编辑：李竞涵 新闻热线：01084395119 E-mail: nmrbzzy1@126.com
种植业 3
各地绿色增产技术模式
小麦
油菜
马铃薯
人多、地少、水缺，粮食生产如何高位爬坡
绿色模式给“三夏”加把劲
编者按
今年夏粮再夺丰收，离不开一个“转”字。面临生态环境束缚和资源制约两道“紧箍咒”，农业部提出了绿色增产模式攻关，为粮食增产集成技术模式注入“绿色”理念，告别拼资源、拼投入、拼生态环境的传统发展方式，探索提高土地产出率、提高劳动生产率、提高投入品利用率的可持续发展之路。从夏收到夏种、夏管，“绿色”理念已深入“三夏”的各个环节。
权威发布
高产还要高效 生产不忘生态
绿色增产 夏粮初战告捷
农业部种植业管理司
夏收·科技助力
中国农业科学院攻关小麦无垄匀播技术
“从种到收只浇了一遍水”
夏管·地方实践
安徽：稻田养老鳖 水稻少生病
粮食绿色增产模式攻关“十二大行动”

图3 宣传报道

图4　大连市玉米高产创建
示范片测产验收

图5　福建平潭县花生
高产创建栽培技
术培训

图6　内蒙古喀喇沁旗旱地玉米
增产模式攻关技术研讨会

图7　重庆水稻高产创建——
工厂化集中育秧

图8 湖北省孝感市孝昌县水稻高产创建示范片

图9 吉林省长春市农安县玉米高产创建示范片

图10 青海省门源县浩门镇油菜高产创建示范片

图11 山东省德州市小麦高产创建示范片

图12 新疆博尔塔拉州博乐市棉花高产创建示范片

图13 云南省普洱市西盟佤族自治县米荞高产创建示范片

高产创建与绿色增产模式攻关 2015年度报告

农业部种植业管理司
全国农业技术推广服务中心 　主编

中国农业出版社

图书在版编目（CIP）数据

高产创建与绿色增产模式攻关2015年度报告／农业部种植业管理司，全国农业技术推广服务中心主编．—北京：中国农业出版社，2016.9
ISBN 978-7-109-22106-2

Ⅰ.①高… Ⅱ.①农… ②全… Ⅲ.①农业增产－研究报告－中国－2015 Ⅳ.①F325.2

中国版本图书馆 CIP 数据核字（2016）第 218160 号

中国农业出版社出版
（北京市朝阳区麦子店街 18 号楼）
（邮政编码 100125）
责任编辑　张洪光　王黎黎

中国农业出版社印刷厂印刷　新华书店北京发行所发行
2016 年 9 月第 1 版　2016 年 9 月北京第 1 次印刷

开本：787mm×1092mm　1/16　印张：13　插页：2
字数：302 千字
定价：60.00 元
（凡本版图书出现印刷、装订错误，请向出版社发行部调换）

编 辑 委 员 会

前　言

2015 年，粮食生产高位护盘取得新突破，粮食实现"十二连增"，产量达到 6 214.4 亿千克。但需要看到的是，近年我国农业农村发展环境发生重大变化，如何加快转变农业发展方式，确保粮食等重要农产品有效供给，实现绿色发展和资源永续利用，是必须破解的现实难题；在经济发展新常态背景下，如何促进农民收入稳定较快增长，加快缩小城乡差距，确保如期实现全面小康，是必须完成的历史任务。2016 年中央农村工作会议指出，"十三五"时期农业农村工作，要坚持创新、协调、绿色、开放、共享的发展理念，牢固树立强烈的短板意识，坚持问题导向，切实拉长农业这条"四化同步"的短腿、补齐农村这块全面小康的短板。

农业部在总结高产创建和增产模式攻关的基础上，2015 年大力开展了粮食绿色增产模式攻关，创新思路、集中力量、攻克难点，集成推广高产高效、资源节约、环境友好的技术模式，促进生产与生态协调发展，探索有中国特色的可持续发展之路，为转变农业生产方式、促进农业转型升级提供了样板和支撑。

为总结、交流、宣传、推广各地在推进高产创建和粮食绿色增产模式攻关过程中的成效与经验，提升粮食生产的科技含量，我们组织编写了《高产创建与绿色增产模式攻关 2015 年度报告》。本书重点总结了 2015 年全国高产创建与绿色增产模式攻关工作，主要包括各地粮棉油糖高产创建及绿色增产模式攻关的实施情况、典型案例、高产创建及绿色模式攻关活动纪实、综合成效评比等内容，来源于实践，升级创新应用于实践，以期为各地更好推进高产创建与绿色增产模式攻关工作提供可借鉴的经验，为今后实现"藏粮于地、藏粮于技"，保障粮食生产可持续发展提供有价值的参考。

本书的编辑出版，得到了农业部种植业管理司等有关司局和各省（自治区、直辖市）种植业管理部门以及全国农技推广体系的大力支持，在此一并表示衷心感谢！

编 者

2016 年 3 月

目　　录

2015 年全国粮棉油糖高产创建及绿色增产模式攻关情况概述

2015 年农业部继续深入开展粮棉油糖高产创建项目，创新启动绿色增产模式攻关，有序推进项目地点轮换，活化项目运行，强化中低产田建设。在中央财政 20 亿元支持下，共建设示范片 11 162 个，其中水稻 3 671 个，小麦 2 097 个，玉米 3 332 个，大豆 193 个，马铃薯 397 个，特色粮豆 187 个，特色油料 14 个，油菜 426 个，花生 208 个，棉花 487 个，糖料 150 个。通过分类指导、拓展内涵、攻克难点、分区推进，充分发挥示范带动作用，促进大面积均衡增产，努力保持了粮食和农业发展的好势头，助推粮食生产实现"十二连增"。

一、主要成效

（一）高产典型不断涌现，打造农民田间学习样板

2015 年 9 690 个粮食作物万亩*示范片（不含杂粮）平均亩产 651.1 千克，较所在县平均高 124.7 千克；634 个油料作物万亩示范片（不含特色油料）平均亩产 241.5 千克，较所在县平均高 52.1 千克；487 个棉花万亩示范片平均亩产 132.2 千克；150 个糖料万亩示范片平均亩产 5 350.0 千克；其中河南省舞阳县姜店乡小麦万亩示范片平均亩产 720 千克，内蒙古临河区双河镇玉米万亩示范片平均亩产 1 195.1 千克，湖北省蕲春县赤东镇一季中稻加再生稻平均亩产 1 012.0 千克，充分展示了科技增产的巨大潜力。500 个乡（镇）、50 个县（市）、5 个市（地）的粮油整建制推进试点建设了一批几万亩、十几万亩、几十万亩的大方，打造了一批吨半粮乡、吨粮县、吨粮市。整地市推进试点山东省德州市，在齐河县建成 80 万亩绿色增产模式攻关高产高效示范区，夏、秋两季均顺利通过专家组验收。绿色增产模式攻关试点创造了一批高产高效典型，河南修武县小麦绿色增产模式攻关田平均亩产超 700 千克，最高亩产突破 800 千克。

（二）防灾减灾能力不断提升，发挥粮食生产稳定器作用

创新技术模式，努力做到藏粮于地、藏粮于技；开展标准化生产，夯实农业生产基础，有效提升农业防灾减灾综合能力。山西积极推广地膜覆盖、探墒沟播等防灾减灾技术，"十二五"期间，累计推广以玉米为主的粮食作物地膜覆盖技术 2 072 万亩，探墒沟播在年年春旱的干旱丘陵区渐次推广，成为春播保苗的新型技术。青岛 2015 年遭遇历史上少见的夏秋连旱，8～10 月份降水量平均不足常年的 6 成，通过扎实落实节水灌溉、中

---

* 亩为非法定计量单位，1 亩≈667 平方米。——编者注

后期追肥、一防双减等关键技术措施，44 个玉米高产创建万亩示范片，平均亩产 630.0 千克，高出全市平均水平 30%。

（三）绿色环保理念不断升级，带动农业持续健康发展

围绕生产与生态协调发展，注重增产增效、提质增效，因地制宜探索一条在"地板"上升、"天花板"下压、农业资源亮"红灯"下的持续发展路径。江西主推"四控一减"绿色措施（控土壤酸化、控地力下降、控化肥用量、控病虫害损失率、减农药用量）；在棉花上探索直播模式，通过坂田（或油后翻耕）直播、测土配方施肥、化学打顶、化学调控集中采花等方式，在产量不减的基础上每亩节约 3～7 个工。贵州成功探索了稻鱼（虾、蟹、鸭）等多种新型高效种养模式，湄潭县"稻鱼共生"模式稻米比常规售价高 1.50 元/千克左右，每亩增加产值 1 950 元；"稻蟹共生"模式，合计亩产值 7 295 元；从江县"稻鱼鸭复合系统"平均亩产值 5 849.2 元，每亩净利润 3 206.2 元。

（四）高效轻简技术模式不断研发，做好后备技术保障

组织科研、教学、推广等部门合作，筛选优良品种、研发适用机械、配套技术模式，努力提高土地产出率、资源利用率、劳动生产率，取得了一批新成果。安徽筛选出 3 个高产耐赤霉病小麦新品种，选育了一批耐密、抗逆、适宜机收的玉米新品种，建立了玉米绿色丰产模式及全程机械化生产栽培、粮饲兼用型和鲜食玉米无公害栽培技术体系及秸秆综合利用技术体系，研制了玉米精确播种施肥机具等新型农机装备。湖北选育出圣光 127 油菜"早熟三高"新品种，生育期比普通品种缩短 40 天左右；研发毯状育苗机械移栽技术，栽插效率比人工提高 50 倍以上。

（五）新型生产经营主体不断壮大，促进产业优化升级

依托高产创建平台，紧抓生产关键环节，推进标准化技术；开展产前、产中、产后等全过程指导；多渠道增强新型经营主体发展能力，不断提升生产的组织化程度和集约化水平。宁夏建设"农业技术综合服务站"，围绕专家指导、农资超市、测土配肥、统防统治、农机服务、技术培训，开展"一站式""托管式"等全程社会化服务，为新型经营主体提供好技术支撑。2015 年新型经营主体作为实施主体参与粮油高产创建的占 60% 以上，关键环节的主要技术到位率达到 95% 以上。湖南在高产创建示范区实施"1142"工程，1 个万亩示范片联结 1 个加工企业、4 个合作社和 20 个种粮大户，其中宁乡县高产创建示范区与卫红米业粮食银行对接，示范区稻谷全部按国家保护价收购，带动规模化种植面积 3 万亩。

二、主要做法

（一）提升创建层次，凝聚各方力量

高产创建强调健全组织领导机构，凝聚行政、推广、科研力量，要求每个万亩示范片明确行政、技术责任人；粮食绿色增产模式攻关要打破行政区划，将全国分出资源禀赋相

近、种植制度相似、作物结构相同的 5 个大区，每区确定一个牵头省份，聚集各方力量，形成政府主导、部门配合、院所参与的大协作格局。甘肃推进"12345"模式，成立了以主管农业副省长为组长的省级高产创建实施领导小组，将部门行为转化为政府行为；实行行政、技术双轨责任承包，建立了"首席专家—技术指导员—科技示范户—辐射带动户"的成果推广应用通道。重庆整合国内外力量，与云南省农业科学院等多家科研单位联合开展技术研究，与国际马铃薯中心、外专局、比利时埃诺省农业技术应用研究中心等专业机构建立合作渠道。

（二）活化补助标准，开展重点创建

2015 年在继续落实农办财〔2014〕51 号文件的基础上，允许各地根据实际情况对高产创建补助标准、作物间的示范片数量和试点市县进行适当调整，提高项目机动性，助力各地抓重点、分层次推进高产创建和模式攻关。黑龙江结合改革试验区项目统筹，实施农业"三减、两增、一提升"万亩示范田项目。减化肥、减除草剂、减化学农药，增加土壤耕层厚度、增加土壤有机质含量，改善土壤理化性状，优化农业生态环境，提高农产品品质和市场竞争力。江苏安排高产创建专项资金 2.7 亿元，重点强化水稻集中育秧工作，带动全省水稻万亩示范片建立水稻集中育秧点 3 204 个，集中育秧面积 4.6 万亩以上，辐射带动全省机插秧和抛秧推广面积达 2 000 万亩以上。

（三）总结技术模式，强化技术更新

组织科研、推广等系统的专家，协作攻关，不断试验示范储备型技术模式；总结已经成熟的高效轻简技术、形成集成模式；编辑出版了《粮食绿色增产增效技术模式》，印制 7 000 册发送各省和相关县农业部门，作为绿色增产模式攻关的指导教材；敦促各地因地制宜，试验示范，促进技术更新。陕西农技推广部门联合西北农林科技大学专家，组织各示范县落实小麦新品种展示、玉米品种密度、不同地膜覆盖、化控药剂筛选等 27 组 200 多点（次）试验示范。云南水稻上集成"旱育保姆"简化育秧、适龄壮秧移栽、扩行减苗、精确定量施肥灌溉、适时机械收获等；玉米上集成推广耐密高产良种、机耕机耙、地膜覆盖抗旱集雨栽培技术等。2015 年水稻集中育秧 40.6 万亩、精确定量栽培 327.5 万亩；以玉米、马铃薯为主的地膜覆盖栽培 1 570 万亩。

（四）强化信息建设，促进技术到人

依托高产创建平台，率先落实防灾减灾稳产增产新技术，示范展示绿色增产模式攻关新成果。开展现场观摩、技术培训、巡回指导等多种方式的活动，组织专家和农技人员分片包干，帮助农户解决生产中的实际问题；不断强化信息网络建设，探索组织大田生产指导面对面，推进关键技术进村入户到田。山东滕州市对全市种粮农民开展专家远程视频服务，每天对 1 万手机用户提供农业短信服务；济南市向社会公开专家、科技人员的联系方式、业务优势等信息，向广大种植户发放"便民联系卡"，方便农户咨询。北京结合短信服务平台，与气象局气候中心合作，开展气象预测预报信息服务，关键管理时期提醒区县技术员和农户进行必要的管理。

（五）细化监管体系，健全奖惩机制

不断探索开展高产创建绩效考核新机制，鼓励各省区开展项目申报管理，提高准入门槛；切实加强项目监督管理，敦促各地建立完善工作档案和资金使用台账；强化督导检查，鼓励各省开展地市或县市间异地交叉检查和量化打分。辽宁坚持 150％控制额度自主申报制和专家打分评审制，并通过末位淘汰制排除往年管理水平差、创建水平低的示范片；四川在生产关键季节派出工作组开展督导检查，并将高产创建工作作为推荐粮食生产先进单位、先进个人以及申报全省粮食生产丰收杯奖励的重要指标。并在项目县实施"三定三挂"责任奖励机制，高产创建实施成效与参与人员年终考核、职称评聘及奖励工资挂钩。

（六）延伸工作手段，扩大宣传发动

充分挖掘并大力宣传高产创建中涌现出的新型组织方式、新型技术模式，先进高产典型、先进人物事迹，编印出版了高产创建与绿色增产模式攻关 2013、2014 年度报告，发布种植业快报绿色增产模式攻关专刊 16 期，与《农民日报》合作宣传并鼓励各地开展多种形式的宣传活动，不断营造良好的舆论氛围。浙江组织开展高产竞赛，激励农民应用高产品种和先进技术。宁波市实施"双千工程"，对于稻麦、早晚稻双季产量超过千千克，经济效益超过千元的高产示范方，每年选取 40 个，每个给予 5 万元奖励。绍兴市每年对高产示范方评选"十佳"，早、晚稻各 10 个，对每个方给予 3 万元补助。青岛拍摄了农业技术动漫科技片《小麦、玉米一体化规模种植高产高效生产技术规范》，由农业教育声像出版社正式出版发行。

三、下一步工作打算

（一）强化项目管理手段

一方面，加强项目管理，修订、完善、发布高产创建项目管理办法，引入竞争机制，做好项目申报、考评等工作。另一方面，将管理工作与绩效考核、职称评定、表彰奖励等相挂钩，提高各方力量参与创建积极性，促进项目扎实、有序开展。

（二）高起点搭建创建平台

打破过去"摊大饼""撒胡椒面"的操作方式，做到重点推进，协同发展。一是凝聚创建攻关力量。层次递进强化绿色增产模式攻关，做到有攻关点、有试验方、有展示田，分区域实现技术辐射全覆盖。二是提高创建主体层次。优中选优，优先将接受新知识能力强、示范带动效果好的科技示范户、星级示范社、新型职业农民等纳入补助实施主体范围。三是提高生产过程标准。开展跨部门、跨行业协作，努力形成规范化、标准化的行业标准、机具规格、技术规程。不断引进高产、优质、多抗新品种，采用高性能、多用途、智能化设备，施用高效缓释化肥和低毒低残留农药，为实施主体量身订制标准化、程序化技术模式。

（三）助力农业生产方式转变

当前生态环境和资源条件两个"紧箍咒"对粮食生产的约束日益趋紧，如河北黑龙港地区地下水超采严重，已形成 7 个面积 1 000 平方公里以上的地下水漏斗区。下一步要围绕资源节约、生态环保，有针对性地强化攻关手段，为农业转型升级提供技术支撑。对南方重金属污染、华北地下水超采严重等区域性问题，开展跨流域、跨省份协作攻关，从种植制度和耕作方式上突破。对涉及资源高效利用的机械化轻简技术、绿色技术攻关，开展跨学科、跨区域协作，研发突破关键技术，集成节水灌溉、水肥一体化、精量播种、平衡施肥、精准施药等绿色技术，推行农业废弃物资源化利用，促进节本增效、提质增效。

（四）不断推进服务创新

探索开展形式多样、特色鲜明的农业服务，进一步鼓励种粮大户、家庭农场、农民专业合作社、职业经理人等多种形式的粮食新型生产主体参与高产创建和模式攻关，提供多种形式的培训、管理服务，建立专家对口联系制度，开展生产技术、政策法规、市场信息、产品销售等全过程指导，增强新型经营主体发展能力，提升规模经营水平。探索建立产加销一体化服务、政企银携手化服务等，健全优势互补、风险共担、利益共享的利益联结机制，实现"种得好"也"卖得好"，解决农民后顾之忧。

第一篇　各地粮棉油糖高产创建及绿色增产模式攻关实施情况

北 京 市

一、基本情况

2015 年，根据农业部的统一部署，北京继续在粮食主产区县开展粮食高产创建活动，加快推广粮食高产高效和绿色增产技术模式，示范带动大面积均衡增产。2015 年粮食高产创建工作重点，一是抓好 15 万亩部级示范区，包括 3 个籽种小麦万亩示范片，8 个旱作玉米万亩示范片（3 万亩夏玉米、5 万亩春玉米），及一个整建制示范镇（小麦—夏玉米，播种面积 4 万亩）。万亩示范片产量指标为小麦亩产 400 千克，夏玉米亩产 500 千克，春玉米亩产 800 千克；整建制示范镇小麦—夏玉米两熟产量目标 860 千克/亩，其中小麦亩产 380 千克，玉米亩产 480 千克；带动全市小麦、玉米增产。示范片的技术指标要求优良品种、测土施肥、综合防治、农艺节水、玉米生防技术和小麦农机作业应用率达到 100%，玉米农机作业率达到 90%；带动普及全市小麦、玉米生产应用先进技术。二是建设 132 个百亩示范方。为确保示范片应用技术的先进性和集成化，项目建设了 132 个百亩示范方。其中小麦、玉米新品种示范方 94 个，示范新品种 26 个；小麦、玉米综合配套技术示范方 38 个，面积 9 710 亩。

2015 年，全市粮食高产创建共投入资金 582 万元，其中农业部资金 272 万元，市级财政配套资金 310 万元。

二、主要做法

（一）加强领导，明确责任

一是健全组织机构。为全面统筹协调粮食高产创建活动，成立了以副市长为组长、各相关部门参加的粮食稳定增产行动实施小组和专家小组，各区县成立了相应组织机构，明确职责分工，确保各项工作落实到位；二是加强项目管理。市农委、市农业局、市财政局、市气象局召开联席会议，明确了以高产创建为主要手段，促进全市稳定增产的指导思想、主要目标、建设地点、主导品种、主推技术、主要工作措施和保障措施。

（二）整合资源，综合施策

为深入推进高产创建工作，2015 年，北京市继续围绕两大方面进行资源整合。一是整合农业局内部技术力量，将推广、土肥、植保、种子等行业的试验示范项目与高产创建项目结合；二是整合各类有关项目，包括：粮食高产创建、农业基础建设及综合开发工程等。通过两方面整合，实现了"部门联动、项目整合、资金聚焦"，达到了集中力量办大事，高产创建的整体效果十分明显。

（三）加强培训，落实技术

一是举办多级技术培训班。2015年，农技部门共组织举办各级培训班20余期，全市接受培训人员总计超过3 000人次；二是实施物化补贴。对38个高产示范点给予优质种子和一定比例小麦、玉米专用化肥补贴；三是实施生育动态。全市建立了98个农情监测点，从备耕开始进行定期定点监测示范区玉米生长情况及土壤墒情动态，为制定技术管理措施提供依据；四是强化技术指导服务。关键时期，组织专家和技术人员进行现场指导服务，确保技术落实到位；五是开展气象信息服务。农业部门与市气象局气候中心合作开展气象预测预报信息服务，充分利用前两年建立起来的短信服务平台，在关键管理时期提醒区县技术员和农户进行必要的管理。

（四）培养主体，示范带动

在往年以大户为抓手示范推广品种和技术的基础上，2015年拓宽了新型规模主体服务范围，将顺义北小营的农机合作社、通州潮县的家庭农场等作为示范户，通过培训、指导、观摩等途径，使其成为新的技术示范推广载体，示范带动效果显著。

（五）绿色防控，统防统治

根据粮经作物种植连片，中后期防治困难等特点，在玉米、小麦高产创建示范区，分别结合北京市益环天敌农业技术服务公司、北京兴农鼎力农机合作社开展赤眼蜂统一释放和小麦种子统一拌种与播种技术示范，收到了良好的效果，带动了周边农户的绿色防控技术应用积极性。

三、主要成效

2015年，北京市实施部级小麦万亩示范片3个，测产验收亩产462.3千克，比目标产量增产62.3千克/亩，增产15.6%；实施部级玉米万亩示范片8个，测产验收亩产691.0千克，比目标产量增产3.5千克/亩，增产0.5%。2015年6月，北京市密云县发生严重干旱，造成设在该县的4个春玉米万亩示范片受旱较重，致使减产13.6%。部级整建制乡镇小麦、玉米示范区平均亩产897.4千克，比目标产量增产4.4%。

通过粮食高产创建项目的开展，不仅明显增加了粮食单产，培育一批粮食高产典型，示范带动了全市粮食大面积均衡增产，提高了良种和主推进技术的普及率，而且有力推进了高标准农田建设，促进了农机农艺融合发展，经济效益和社会效益明显。

四、主要经验

1. 多方联动，推进联合创建　创高产、争高效要加强工作层面的纵向联动、横向联动，必须加强各部门的协调、配合，实现"部门联动、资源整合、资金聚焦"，达到同心协力抓创建、技术集成创高产的目的。

2. 发挥大户优势，实现由点到面的技术推广　北京耕地面积小，粮食种植主要以一家一户小面积种植为主，给技术推广带来了一定难度。为了能使高产高效技术落地，通过高产竞赛、集中培训、专家指导等形式，把主推品种、技术和田间管理技术向大户推广应用，发挥大户的示范带动作用，起到由点到面的推广效果，抓大户、促整体的推广模式效果显著。

3. 创新服务形式，深入推进高产创建　高产创建工程的目标是综合推广成熟技术，实现高产高效。因此，推广服务形式很重要，项目执行中采取了田间学校、信息化手段和整村推进等创新服务形式，加速了高产高效技术的推广。

五、存在的问题及改进建议

（一）主要问题

一是农民种粮积极性有下降趋势。由于北京地租成本较高，不具备种粮优势，农户从种粮上获取的收益较低，因此种粮积极性有下降趋势。

二是极端气候条件影响了高产创建效果。近几年，冬春季干旱、冻害，夏季的暴雨、大风等极端灾害性天气增多，使得高产创建效果打了折扣。

（二）改进建议

一是稳定北京市部级高产创建规模和适当增加作物类型。北京市粮食生产虽然规模不大，但对全国具有一定的示范作用。建议稳定北京市部级高产创建规模，同时适当增加作物种类如经济作物等。

二是加强新技术的研发与储备。增加对高产创建工作的技术储备，特别是在高效节水和生态友好方面下更大力气，努力打造更高标准的高产创建示范方。

三是建立高效的创建工作体系。进一步加大部门联动、资金聚焦、项目整合力度，全面提升高产创建综合水平，促进全市粮食生产实现高产高效的目标。

天 津 市

一、基本情况

2015 年农业部安排天津市 36 个粮棉万亩高产创建示范片，其中小麦 12 个、玉米 12

个、水稻 4 个（整乡推进）、棉花 8 个（含 2 个整乡推进）。

12 个小麦万亩示范片分别安排在蓟县 6 个（包括 4 个春小麦）、宝坻 2 个、武清 3 个、静海 1 个，共涉及 4 个区县的 15 个乡镇、103 个村、25 863 个农户。

12 个玉米万亩高产创建示范片安排在武清 4 个、蓟县 3 个，宝坻和静海各 2 个，宁河 1 个，共涉及 5 个区县的 14 个乡镇、101 个村、22 776 个农户。

4 个水稻万亩高产创建示范片，安排在水稻主产区宝坻（整乡推进），涉及 1 个乡镇 26 个村。

8 个棉花万亩高产创建示范片，安排在宁河 6 个（整乡推进），宝坻 2 个，共涉及 2 个区县的 5 个乡镇、45 个村。

二、测产验收情况

按照农业部《全国粮食高产创建测产验收办法》和《全国棉花高产创建示范片测产验收办法》，天津市农业局组织专家组于 6 月中旬对 12 个小麦示范片进行测产验收，验收结果为冬小麦示范片平均亩产 542.9 千克，春小麦示范片平均亩产 364.2 千克。9 月中旬对 12 个玉米示范片进行测产验收，验收结果为平均亩产 698.5 千克。9 月下旬对宝坻 2 个棉花万亩示范片进行了测产验收，验收结果皮棉平均亩产 101.3 千克。

另外，按照农业部和国家统计局《全国整建制推进高产创建测产验收办法》，9 月下旬和 10 月中旬，天津市农业局会同国家统计局天津调查总队组织专家组分别对宁河县苗庄镇和东棘坨镇棉花整乡推进、宝坻区八门城镇水稻整乡推进高产创建进行了测产验收。测产结果为：宁河县苗庄镇和东棘坨镇棉花整乡推进全乡平均亩产分别为 92.1 千克和 89.7 千克，宝坻区八门城镇水稻整乡推进全乡平均亩产 647.2 千克。

三、取得的成效

（一）单产大幅提高

高产创建的实施有效提高了示范片的单产，并对全市粮棉生产起到了很好的示范带动作用，冬小麦示范片平均亩产比全市预计亩产高 177.4 千克；玉米示范片平均亩产比全市预计亩产高 343.4 千克；水稻示范片平均亩产比全市预计亩产高 129.6 千克；棉花示范片皮棉平均亩产比全市预计亩产高 14.4 千克。

（二）集成高产栽培技术

通过高标准的粮棉万亩高产创建示范片建设，分别集成了小麦、玉米、水稻、棉花 4 种作物从播种、秸秆还田、测土配方施肥、节水栽培、病虫草害综合防治等一整套从种到收的适合天津地区的高产栽培技术。

（三）提高农民种植水平

高产创建活动期间，通过各类型技术培训、科技服务，提高了农民的科学种植水平和文化素质，培养了一批有文化、有技术、懂经营的现代农民，带动了全市粮棉生产再上新水平。

（四）摸索新的服务方式

通过技术承包、科技入户、农业技术协会服务、现代信息传递、产业化运作等方式，创新了服务手段，增强了服务功能，促进农业科技工作者特别是基层的自身发展。

四、主要做法

（一）领导重视，明确组织

为做好高产创建工作，农业局专门成立粮棉高产创建工作领导小组，负责高产创建工作的组织协调工作。由市农业局局长任组长，粮经处、推广站、植保站、种子管理站、土肥站等单位处、站长和项目区县农业局局长为成员。同时成立高产创建工作办公室，设在粮经处，负责高产创建工作的牵头、项目管理等工作。各项目区县也相应成立由区县政府分管领导任组长的工作领导小组和专家指导小组，同时制定本区县工作方案。每个示范片明确具体行政负责人和技术负责人，负责高产创建各项工作落实，切实把高产创建抓实抓好抓出成效。

（二）优中选优，科学选点

综合考虑地理环境、生产条件、工作基础、技术力量、产业体系等因素，合理确定高产创建示范片坐落位置。每个示范片设立一块标牌，注明创建单位、工作责任人、生产目标、品种名称、技术要点等内容，以方便农民学习，接受社会监督，并将全市各示范片的具体坐落位置制成方位图册，便于统一管理和直观查询。同时，建立创建活动档案，做好生产数据和工作的记录。

（三）示范优良品种，集成高产技术

一是示范优良品种。根据高产创建工作总体要求，结合创建区县生产、生态特点，组织专家论证确定并推介一批粮棉高产创建主导品种，并与良种补贴结合，确保推介品种在万亩示范片、项目区县适宜种植区域得到大范围推广应用。二是集成高产技术。玉米重点推广前重型栽培、机播机收等技术；水稻重点推广大棚育苗、机械插秧、抛秧、精确定量栽培等技术；棉花重点推广精量播种、育苗移栽、地膜覆盖等技术。三是做到"五统一"，即统一整地播种、统一肥水管理、统一技术培训、统一病虫害防治、统一收获。加强技术的组装配套，推广一批适应不同区域、不同作物的高产技术模式。

（四）整合项目资源，开展专业化服务

积极整合农业综合开发、现代农业发展、测土配方施肥、土壤有机质提升、农技推广、种子工程、植保工程等方面资金，重点向高产创建示范片倾斜，增加高产创建项目资金投入。同时，积极扶持农机、植保、农民专业合作社等服务组织，开展代耕代种、代防

代治等专业化社会化服务。大力推行统一整地播种、统一肥水管理、统一病虫害防治、统一机械收获，提高生产的组织化程度。

（五）搞好科技服务，保证成果转化

市、区县两级农业局大力组织推广、植保、土肥等农技干部深入示范片开展技术培训和指导服务。一是技术培训。高产创建项目实施区域内的骨干农民由阳光工程进行培训，每个万亩示范片培训农民 100 人左右。二是入户服务。实施"三个直接"，即科技人员直接到户、良种良法直接到田、技术要领直接到人。三是承包服务。抽调一批农技人员，采取"一竿子插到底"的方法，直接深入到田间地头进行面对面的技术培训。四是信息服务。利用天津农业信息网、农业气象服务可视化节目、手机短信、"12316"农业服务热线，及时发布管理措施、病虫草害防治信息，解答农民生产中遇到的难题。五是现场服务。召开现场会，以会代训。通过电视讲座、科技赶集、发放明白纸和施肥建议卡等措施提高农民的科技水平。

（六）加强督促指导，落实责任措施

市高产创建领导小组根据高产创建作物生长季节和工作进度，多次组织有关负责人和技术专家深入项目区县及示范片，对高产创建工作进行监督检查，重点督促落实工作责任、关键技术、培训指导、树立标牌、生产档案等，确保粮棉高产创建各项工作措施和任务要求落实到位。

河北省

2015 年，河北省按照中央财政拨付高产创建补助资金规模和有关要求，建设粮棉油糖高产创建万亩示范片 695 个（与 2014 年相同），集成推广了标准化的成熟的高产高效技术模式。在抓好高产创建的同时，鼓励各市、县有针对性地开展粮食绿色增产模式攻关试验、示范。全省各级农业部门按照农业部要求，精心组织，强化措施，狠抓落实，粮油高产创建和绿色模式攻关工作取得显著成效。现将有关实施情况报告如下。

一、实施成效

（一）高产创建

一是超额完成建设任务。全省 695 片粮棉油糖高产创建示范田总创建面积达到 724.7 万亩。其中，粮食创建面积 648.1 万亩，花生创建面积 15.4 万亩，棉花创建面积 59.2 万亩。二是示范带动能力明显增强。通过先进适用技术的推广普及，各地高产创建万亩示范片连年实现稳定增产，部分地块单产水平屡创新高，为全省农业生产稳定发展发挥了积极作用。据统计，全省小麦高产创建示范片平均亩产 570.8 千克，比项目县平均高 115.1 千克；玉米高产创建示范片平均亩产 689.4 千克，比项目县平均高 214.9 千克；花生高产创建示范片平均亩产 312.4 千克，比项目县平均高 49 千克；棉花高产创建示范片平均亩产

皮棉 101.2 千克，比项目县平均高 16.8 千克。三是农业技术推广应用步伐明显加快。按照"统一技术规程、统一品种、统一机播、统一田管、统一机械收获"的要求，万亩示范片内主推品种覆盖率、测土配方施肥技术覆盖率、病虫草害统防统治率和小麦玉米机播机收率均达到 100%，带动各县（市）小麦、玉米等粮油作物良种覆盖率达 98% 以上，先进适用技术应用率、病虫害综合防治率和机械化作业率明显提高。四是深受农民欢迎。据高产创建示范区农民反映，农技人员指导及时，种子、化肥、农药等物资送到田间地头，服务周全，作物产量增幅明显。农民的自豪、感激之情溢于言表，希望继续得到支持。

（二）绿色增产模式攻关

一是形成了绿色增产模式攻关的基本框架。主要包括：（1）抓攻关试验，谋长远。针对当前制约粮食发展的技术瓶颈，围绕"节水、节肥、节药"组织力量开展前瞻性、引领性的高产高效可持续新技术攻关，提升短板，为今后生产实践中大面积推广应用研究储备科技成果。（2）抓模式展示，促发展。把专家研究好的、看得准的先进技术组装配套，在示范田进行先行先试，接受不同生产条件的验证，在技术集成和推广应用中发现短板，再组织攻关。（3）抓推广应用，做好当前。将成熟的、社会认同率高的技术模式进行普及应用，开展标准化、规模化种植，提升区域性整体产量水平。二是筛选出苗头性技术模式。通过多点试验示范，初步筛选出小麦春浇一水千斤绿色简化栽培技术模式、小麦微喷灌水肥一体化高效集成技术模式、夏玉米全程机械化生产技术模式、旱薄盐碱区玉米简化种植技术模式、冀中山前平原区玉米高产高效技术模式、冀西北寒旱区玉米抗旱种植技术模式等集成技术模式。

二、主要经验做法

（一）明确思路

为适应农业发展的新形势，2015 年年初，河北省农业厅对河北农业特别是粮食生产形势进行了深入调查分析：河北省作为粮食生产大省，发展生产保供给是一项政治任务，必须保持一定数量的粮食面积和总产。同时，生态环境和资源条件两个"紧箍咒"对粮食生产的约束日益趋紧，特别是水资源长期透支，黑龙港地区地下水超采严重，地下水位持续下降，形成 7 个面积 1 000 平方公里以上的地下水漏斗区；过量施肥用药，农业面源污染加重，生态系统退化，生态环境承载能力接近极限。面对既要确保粮食安全又要遏制地下水超采、改善生态环境的两难选择，河北省及时调整粮食发展思路，由过去追求数量增长为主向数量质量效益生态并重转变，由过去主要依靠拼资源、拼投入向依靠科技创新转变。在高产创建示范片内围绕"转变方式降消耗，依靠科技攻单产"的主题，大力推广节水、节本、稳产、增收技术模式。

（二）行政推动

近年来，河北省农业部门通过邀请检查指导、专题汇报、现场观摩等方式向各级领导展示高产创建实施成效，积极争取政府的关注和支持。农业厅抓住省领导视察辛集市马兰小麦高产创建示范片的有利时机，对全省小麦生产情况进行了翔实的汇报，为省委、省政府出台《关于加快小麦节水品种推广的意见》发挥了积极作用。2014/2015年度省财政投入4.465亿元推广小麦节水品种及配套节水稳产技术300万亩，2015/2016年度投入5.95亿元推广700万亩。邯郸市把高产创建项目建设目标纳入各级各有关部门年度考核内容，形成了领导带头推进、部门协同配合、社会参与支持的整体联动态势。石家庄市把高产创建列入市县政府的议事日程和市委、市政府重点督办工作，为高产创建工作的顺利开展提供了有力的保障。

（三）专家领带

为提升高产创建和绿色模式攻关水平，河北省依托中国农科院、中国农业大学、河北省农科院、河北农业大学等科研院校，邀请赵广才、王志敏、郭进考、崔彦宏等省内外专家组成河北省高产创建专家技术指导组。整合科研、教学、推广部门技术资源进行联合协作，共同发力。各项目县按照省厅要求"依托一个科研单位、聘请一位领衔专家、建立一支团队"开展高产创建和绿色模式攻关。团队成员特别是领衔专家高度负责，从实施选址、土地耕翻、播种、肥水运筹、病虫害防治等关键环节，亲力亲为，指导农民科学开展田间管理。

（四）科学选点

为确保高产创建万亩示范片和绿色增产模式攻关真正起到示范引领作用，河北省召开专门会议进行安排部署。要求各地严把地点选择关，从实施规模、展观效果、交通便利、视野开阔等方面进行综合考证筛选，便于观摩学习和检查指导。特别是对临近京广铁路沿线的示范片进行了层层把关，县级初选，市级建议，省厅审查。在绿色增产模式攻关试验示范田筛选上，立足村庄稠密的实际，在充分考虑交通方便、展观效果的基础上，使实施地点尽可能地靠近村庄，让农民抬头就见标志牌，抬腿就进展示田。将小麦、玉米等粮食作物整个生育期内所采取的各项技术措施展示给农民看，以实实在在的效果激发农民接受新技术、应用新技术的积极性，将科技推广的最后一公里缩短为最后一步。

（五）整合资源

"集中力量办大事"。近年来，省农业厅强化了"大农业""一盘棋"的理念，加大了农业项目的整合力度，统筹规划，分项实施。把项目资金、技术、物资、人才等实现集约共享，发挥效用最大化。在有效整合农业内部资源的同时还与省农科院、科技厅、农开办等相关单位携手共建，相互促进。各市、县也加大了项目整合力度。大名县以高产创建为平台，整合了涉农项目和资金，集中用于基础设施建设和技术示范推广，大大提高了项目区的粮田综合生产能力和产出效能。任县政府整合农业、开发、水务、扶贫等项目资金，打造10万亩高产创建示范大方。

三、发展建议

当前，我国经济进入新常态，为促进高产创建和绿色增产模式攻关向绿色、创新、可持续方向发展，建议在项目实施中，重点抓好几个关键点。一是抓大户。当前对农业科技需求最迫切的是种粮大户、家庭农场、合作社等新型经营主体，随着社会的向前发展，他们将逐步成为粮油生产的主体和骨干。二是抓特色。突破单一作物种植补贴，鼓励各地因地制宜打造具有区域特性的绿色高效种植模式，形成百花齐放、百家争鸣的繁荣景象。三是抓效益。围绕当地主导产业或龙头企业需求，开展定向模式攻关、示范、推广，稳定提升农民种植收入。四是抓评估。组织专家从产出高效、产品安全、资源节约、环境友好等方面对每项种植模式进行科学评判，研究确定其推广价值。五是抓宣传。通过多种形式宣传好的种植模式、好的科技领头人、好的管理模式，引导粮油生产持续向好发展。

山 西 省

根据农业部安排，2015 年山西省继续组织开展粮棉油高产创建活动，在建设万亩高产创建示范片的同时，积极探索绿色增产模式试点。一年来，全省农业生产克服了春季低温，中期局部干旱、暴雨、冰雹、病虫害等诸多困难，特别是高产创建工作，示范带动作用显著，抗灾效果明显，取得了较好的经济、社会效益。现将有关情况总结如下。

一、实施情况

2015 年山西省在 11 个市、94 个县（市、区）共落实粮棉油高产创建示范片 381 个，其中部级万亩示范片 245 个，省级 136 个千亩粮棉油高产创建示范片。建设部级万亩高产创建示范片涉及 11 个市的 79 个县（市、区），其中粮食作物 234 个，棉花 10 个，油料 1 个。在大同县、原平市等 13 个县（市）开展粮食整乡（镇）整建制高产创建试点，在临猗县开展棉花整乡（镇）整建制高产创建试点，每个乡（镇）粮食安排 4 个万亩示范片，棉花安排 3 个万亩示范片。在定襄县、闻喜县开展粮食整县整建制高产创建试点。

（一）整建制推进高产创建试点情况

在闻喜县开展整县整建制高产创建试点，共建设高产创建万亩示范片 15 个，其中小麦 10 个，玉米 5 个，面积共 15.6 万亩，项目区小麦平均亩产 505.1 千克，比上年的 482.6 千克增产 22.5 千克，增产 4.7%；玉米平均亩产 760.78 千克，比上年的 747.3 千克增产 13.48 千克，增产 1.8%。

在定襄县开展整县整建制高产创建试点，共建设高产创建万亩示范片 19 个，面积 19.30 万亩，项目区平均亩产玉米 684.6 千克，比上年的 701.5 千克减产 16.9 千克，减幅 2.4%。比前三年平均亩产 655.7 千克增产 28.9 千克，增产率 4.4%；总增产粮食 557.7 万千克，总增收 892.2 万元。

在大同县、原平市、应县、朔城区、长子县、屯留县、高平市、寿阳县、文水县、洪洞县、襄汾县、芮城县、泽州县等 13 个县（市）开展玉米、小麦整乡整建制推进高产创建试点。项目区玉米平均亩产 690 千克，比所在县（市、区）平均亩产高出 221 千克；小麦平均亩产 502.3 千克，比所在地区平均亩产高 144.8 千克。

在临猗县开展棉花整乡整建制推进高产创建试点，落实面积 3 万亩，平均亩产 108.7 千克，比全县预计亩产皮棉 86 千克增产 22.7 千克，增幅 26.4％；皮棉总产 326.64 万千克。

（二）其他部级万亩示范片建设情况

小麦，在 24 个县（市、区）建设 79 个万亩示范片，落实面积 96.64 万亩，平均亩产量为 449.2 千克，比所在县 2015 年小麦平均亩产量 306.8 千克增产 142.4 千克。

玉米，在 50 个县（市、区）建设 131 个万亩示范片，平均亩产 674.76 千克，比上年减产 40.14 千克，减幅 5.6％。比所在县（市、区）平均亩产高出 280.3 千克。

大豆，在 3 个县建设 3 个万亩示范片，平均亩产 120.7 千克，比上年减产 40.7 千克，比所在县（市、区）平均每亩产高出 16.2 千克。

马铃薯，在 12 个县（市、区）建设 12 个万亩示范片，落实面积 12.3 万亩，平均亩产 2 183.1 千克（鲜重），比上年每亩增产 62.3 千克。比所在县（市、区）平均亩产高出 1 020.32 千克。

杂粮，在 9 个县（市、区）建设 9 个万亩示范片，共落实面积 10.1 万亩，平均亩产 268 千克，比上年每亩减产 54.4 千克，比所在县（市、区）平均亩产高出 30 千克。

棉花，在 2 个县（市、区）建设 4 个万亩示范片，落实面积 4 万亩，平均亩产皮棉 109.4 千克，比上年的 100.4 千克增加 9 千克，增幅为 9.0％。

二、主要做法

（一）加强组织领导，落实工作责任

为扎实推动全省粮棉高产创建活动深入开展，省厅和示范县成立粮棉高产创建领导组和技术指导组，开展组织和技术指导等日常工作。在实施区域上，高产创建覆盖全省 80％的农业县，其中小麦、玉米种植面积 10 万亩以上的县及杂粮、马铃薯、棉花种植面积较大的县均开展了高产创建活动。省农业厅、财政厅联合制定并下发了《2015 年山西省部级粮棉高产创建项目实施方案》和《2015 年山西省省级粮棉高产创建项目实施方案》。按照谁负责、谁监管的原则，切实加强项目管理、资金监管，确保高产创建工作扎实推进。同时组织召开了由示范县农委主要负责人参加的全省粮棉高产创建经验交流工作会议和观摩活动。

（二）完善项目管理，健全资料档案

按照中央财政部、省财政厅制定的项目及资金管理办法，对示范县进行严格考核。财政部门会同农业部门加强项目资金监管，资金安排情况公示时间不少于 7 天。示范县要建立资金使用台账，物化投入和推广服务补助，建立清册，由示范区受益农户签字。完善工作档案，及时将相关文件、方案、记录、测产结果和总结等立案归档。各示范县都制定了结合本地实际编制的项目实施方案，明确实施区域、目标任务、操作程序和补助方式等。组织专家和技术人员按照五统一的要求编写了技术规程，且对示范片建设情况建立了专门的技术档案，从播种开始就认真做好各项记录，突出记好农事日记。同时，建立了基层农

技人员联系户制度，对示范农户信息进行登记，实行全程跟踪指导服务。按照农业部的要求，各示范县设立展示标牌，标明区域、产量目标、品种、配套技术以及具体责任人，方便群众学习和监督。

（三）突出技术指导，扩大创建影响

山西省与现代农业产业体系专家合作，每个示范片都配备了省级指导专家，各县组织农业技术人员分片包点，努力做到万亩片有专家，千亩方有技术员，百亩田有示范户。在作物生长关键时期，组织专家及技术人员，深入田间地头实地指导，做到科技人员入户，良种良法到田，技术要领到人。组织广大农业干部、技术人员、农民群众到创建成效显著的示范片进行观摩学习。此外还积极开展技术培训，印发技术模式图、"明白纸"，发送手机短信，开通专家服务热线。

（四）开展宣传报道，营造良好氛围

省、市、县都确定了高产创建信息员，利用网络把生产、工作动态迅速便捷地上报传达，大大提高了工作效率。多次利用电视、电台、网络、报刊等媒体进行广泛宣传，扩大了项目的社会影响，为高产创建工作开展营造良好氛围。

三、经验和成效

（一）提升工作地位，省政府列为重点工程

"十二五"期间，山西省按照农业部的统一部署，立足带动提高粮食生产水平目标，创新方式方法，在更深层次、更高水平上深入开展高产创建，全面提升工程建设水平。特别是从 2013 年开始，省政府把粮食高产创建工程列入七大产业振兴翻番工程，对粮食高产创建的支持力度进一步加大，粮食高产创建工程的建设规模、建设标准不断提高，对粮食生产的示范带动作用进一步增强。

（二）提高支持力度，省级财政资金逐年增加

"十二五"期间，共建设高产创建万亩和千亩示范片超过 1 000 个，累计实施面积超过 800 余万亩，累计增产粮食超过 7 亿千克。其中 2013—2014 年，全省共投入高产创建工程资金 1.13 亿元，其中利用中央资金 7 840 万元，省级安排专项资金 3 496 万元。在 11 个市、90 余个县区共建设粮棉高产创建万亩和千亩示范片 710 个，其中部级万亩示范片 490 个，省级示范片 220 个。2015 年，全省整合资金 7 511 万元，建设万亩、千亩粮棉油高产创建示范片 381 个。

（三）拓宽服务范畴，推进先进实用技术组装应用

与省气象部门配合，面向 100 亩以上的种粮大户和其他新型农业经营主体开展直通式气象服务和适时技术指导。集成推广现有成熟技术，重点推广区域性、标准化、先进实用的技术模式，在落实小麦氮肥后移、玉米一增四改、宽窄行种植、马铃薯脱毒种薯、杂交

谷子等高产关键技术措施的同时，积极推广和探索地膜覆盖、探墒沟播等防灾减灾技术。"十二五"期间，累计推广以玉米为主的粮食作物地膜覆盖技术 2 072 万亩；探墒沟播在年年春旱的山西省干旱丘陵区渐次推广，成为春播保苗的新型技术。山西省按照总体推进、分批攻关的思路，选择小麦、杂粮和油料开展粮食绿色增产模式攻关，建设攻关点 30 个，试验示范具有前瞻性、引领性的高产高效可持续新技术，努力引领全省高产创建实现新突破。

通过高产创建工作，各级政府重农抓粮意识不断增强，广大农民群众学习应用先进技术、发展粮食生产积极性高涨，粮食生产水平提升明显。

内蒙古自治区

按照农业部和财政部有关文件要求，内蒙古自治区高产创建和绿色增产模式攻关工作就如何适应新常态、引领新常态、围绕转变农业发展方式、调整农业生产结构等方面进行了积极的探索和示范。通过一年来各级领导和科技人员的共同努力，高产创建和模式攻关项目实施取得了显著的效果，现总结如下。

一、项目实施情况及取得成效

2015 年，是自治区实施高产创建项目的第八个年头，全区已累计创建高产示范片 2 256 片，共计投入资金 3.63 亿元，累计创建面积 4 257.3 万亩。其中 2015 年创建 415 片，面积 1 272.4 万亩。通过高产创建辐射带动全区粮油糖均衡增产累计达到 59.25 亿千克，其中增产粮食 57.2 亿千克，油料 0.51 亿千克，甜菜 1.515 亿千克。2015 年增产粮食 7.02 亿千克，油料 321.15 万千克，甜菜 0.665 亿千克；总增产值 16.42 亿元，其中粮食增产值 15.85 亿元，油料 0.22 亿元，甜菜 0.35 亿元。

高产创建实施范围不断扩大，创建内容不断丰富，创建档次不断提高，对全区粮食生产持续丰收做出了重要贡献，取得了非常显著的成效。一是辐射范围不断扩大。在创建过程中，通过不断完善实施方案，合理安排示范片，科学调整示范作物，高产创建示范片基本辐射了全区 12 个盟市所有的农业旗县和重点乡镇，涵盖了主要粮油作物和特色作物。二是高产典型不断涌现。在近年的高产创建过程中，自治区玉米、马铃薯、大豆、杂粮、向日葵、甜菜等主要粮油糖作物高产典型不断涌现，粮食单产纪录不断刷新，为挖掘粮食生产潜力提供了科学依据。三是加大宣传，品牌效应牢固树立。八年的高产创建项目实际效果展示和大力宣传，达到各级领导凡是谈到农业生产必谈高产创建，凡是有农业观摩学习必看高产创建，凡是农业重点项目必定与高产创建结合的品牌效果，高产高效创建已经成为各地发展现代农业的一项重要内容，得到各级领导和全社会的广泛认可。四是注重提升，绿色增产增效理念初步形成。在强调高产创建万亩均衡增产的基础上，每个万亩示范片都要建立 100 亩的核心示范区，针对各地粮食增产技术瓶颈量力而行开展绿色增产模式攻关，不断完善高产高效技术模式。三个绿色增产模式攻关旗县，突出水旱地玉米和马铃薯等主要粮食作物关键技术瓶颈，围绕关键技术，突出节水、节肥、节药、节膜和耕地用养结合等绿色增产技术试验示范，初步形成了 2 个水地玉米、2 个旱地玉米和 1 个马铃薯与机械化配套的绿色增产技术模式。五是不断创新，科技示范平台作用更加明显。通过高产高效创建和粮食绿色增产模式攻关活动的开展，全区调动各级农业科技人员 2 900 多名参与示范区建设，在玉米"一增四改"、大豆"垄上三行窄沟密植"、马铃薯"两增五推"等技术模式的基础上，各地根据不同作物和生态类型，研发、改进、组装、配套了一系列切合实际的先进技术，在当地的农业生产中发挥了重要的科技支撑作用。

二、主要做法和经验

内蒙古自治区在抓高产创建和绿色增产模式攻关时，不仅仅是作为项目来落实，而是把高产创建作为促进粮食生产的重要抓手，作为引领现代农业发展的"牛鼻子"，重点在转变农业发展方式、调整种植结构等方面发挥引领示范带动作用。

（一）科学确定示范片，引领种植结构调整优化

为了实现"由低产变中产、中产变高产、高产可持续"的目标，更好地发挥高产创建示范带动作用，全区在示范片的落实上，在巩固基础条件好、交通便利老示范片的前提下，根据主要粮油作物生产实际和优势区域布局，注重向相对落后区域延伸，选择具有代表性的中低产田块实施高产创建和模式攻关。以赤峰市为例，旱地面积占总耕地面积70％以上，2015 年中低产田高产创建示范片数量占总创建任务的 44.6％，中低产田示范片增产幅度达到 26.1％；在高产高效创建作物布局上，重点考虑优势作物和优势区域，提升优势区域优势作物产能和质量，调减高耗能、低品质、市场过剩农产品种植。取消东北部高寒地区玉米高产创建补贴，增加大豆高产创建示范片，在山旱地区积极开展杂粮杂豆和特色作物高产创建。

（二）广泛开展现场观摩，引领互动交流学习

自 2010 年以来，全区种植业系统每年例行召开的最重要会议就是每年观摩 2 个盟市的高产创建工作，到 2015 年，全区 12 个盟市均先后承办过一次。通过打造示范现场，展示各地工作亮点，通过观摩和交流，相互学习典型经验和好的做法，推进全区高产高效创建工作水平提高。各项目旗县市和乡镇村每年也都召开现场观摩会议，仅 2015 年区、盟市、旗县市召开 825 多个现场观摩会，现场观摩的基层干部、科技人员和农牧民达 4 万多人次。仅科左中旗绿色增产模式攻关试验园区就为全国现代农作物模式构建与配套技术研究项目研讨会、内蒙古玉米"双增二百"及示范推广团队现场观摩会、全旗新型职业农民培育工程现场观摩培训会等 12 个现场会议提供了观摩点。

（三）认真抓好"三级联创"，引领科技服务创新

2015 年自治区农牧业厅组织开展了"三级联创"蹲点活动，精选种植业系统 40 位各行业高素质科技人员，组成 13 个小组，在自治区 8 个农业重点盟市的 11 个旗县 14 个乡村与各地近千名农技人员一道进行联合蹲点，把三个绿色增产模式攻关示范点和部分高产

创建示范片列入蹲点工作组的主要内容，开展了一系列具有前瞻性、方向性的示范活动，自治区农业技术推广站负责三个模式攻关示范点"三级联创"活动。工作组进村入户后，在注重面上指导的同时，更注重试验示范点上的突破，在提高自身能力的同时，更关注农民生产生活和产业发展，各示范点都取得了显著成效，真正实现了察民情、接地气，锻炼队伍、服务高产创建和绿色增产模式攻关工作的目的。

（四）集中精力攻关，引领农业发展方式转变

2015年，三个模式攻关示范旗县进一步开展区域绿色增产技术存在的瓶颈问题调研，与农户、合作社、涉农企业和基层科技人员座谈访问，征集问题，再与专家组成员会商提炼，找准主要矛盾，并把增产增效、控肥增效、控药增效、节本增效、提质增效、绿色增效、规模增效等理念全部贯彻到高产高效创建和绿色增产模式攻关中，最后确定水地重点攻关玉米耐密、适机收、高产优质品种＋节水节肥节药技术＋配套机具等突出问题，马铃薯优质高产市场需求量大的品种＋优化肥水管理＋机械作业等问题，旱地玉米在全膜覆盖＋机械深松＋精量播种＋合理增密＋滴灌节水＋地膜（降解膜、厚膜以及残膜治理）等关键瓶颈问题。其中：喀喇沁旗落实试验37项（297个处理），开展成熟技术示范21项；科左中旗在4个乡镇9 300亩耕地上进行了深松免耕播种技术、深松大小垄种植技术、智能化深埋式滴灌技术等8项集成技术示范；四子王旗调整品种结构，改变克新1号一统天下的局面，推广夏波蒂、青薯9号和冀张薯8号，增加有机肥、生物肥，减少化肥，达到控肥增效，提质增产。实现了高产创建和模式攻关示范区由主要依靠资源消耗向资源节约型、环境友好型转变，通过项目示范带动各地农业生产方式转变。

（五）规范测产验收程序，分析提炼总结提高

高产创建工作开展几年来，自治区一直坚持与统计部门的积极配合，秋季以旗县市为重点对项目区进行科学测产。一些盟市为达到测产和成果共享的目的，旗县市间采取交叉测产的办法，相互交流和学习。在此基础上，自治区组织专家组分片进行测产验收，特别是模式攻关旗县、整建制旗（区）每年必须抽测，其他高产创建旗县采取轮换抽查的办法，1～2年内实现对所有旗县市的全覆盖。通过旗县市汇报和专家组点评达到统一认识、总结经验、提高创建水平的目的。

（六）强化科技培训和指导，引领先进适用技术推广

把高产创建作为科技组装、配套、创新平台，切实提高综合技术的组装配套和到位率，把已有成熟的高效节水、水肥一体化、深耕深松、测土配方施肥、增施有机肥、秸秆还田、统防统治、绿色防控等各项绿色增产增效技术通过培训和指导全部落实到位，挖掘技术的叠加效应，实现均衡增产增效，引领先进适用技术推广。

三、意见和建议

一是整合资金，加大创建力度，加大粮食主产区支持力度；二是突出重点区域、重点

作物、特色作物，把农产品品质提升和质量安全控制列入高产创建内容；三是进一步发挥高产创建在转方式、调结构，绿色高效方面的示范带动作用；四是突出工作重点，高产创建向绿色高效、能力建设转变，模式攻关开展部分挖掘增产潜力研究。

辽 宁 省

2015 年，在农业部的统一部署和正确指导下，辽宁省加大粮油高产创建和绿色增产模式攻关工作力度，加快推进绿色增产模式攻关试验示范与成果转化，将高产创建及绿色增产模式攻关打造成为先进技术整合的平台、高产典型展示的窗口、农民增产增收的载体，较好地完成了各项任务。现将有关情况汇报如下。

一、项目落实情况

2015 年，辽宁省共落实国家级高产创建示范片 565 个，包括整县整乡建制推进示范片 120 个，非整建制推进的万亩示范片 445 个，数量和规模与上年基本持平。其中，玉米示范片共 270 个，水稻 268 个，大豆 4 个，马铃薯 6 个，杂粮 3 个，花生 14 个。

结合高产创建，辽宁省 2015 年在昌图、朝阳等 6 个县开展了 7 个绿色增产模式攻关试点，比上年增加 4 个。其中，昌图、朝阳、开原、铁岭重点围绕节水滴灌、增密栽培、深松整地、生物防治等技术开展玉米模式攻关，开原、大洼、盘山重点围绕节水灌溉、量化栽培和全程机械化等技术开展水稻模式攻关。

二、项目实施成效

辽宁省连续两年遭遇干旱，局部地区粮食生产受到一定影响。但干旱的发生，却明显反映出高产栽培模式和技术集成的增产稳产效果，体现了高产创建工作的重要性。

（一）提高了粮油作物单产水平

从全省玉米、水稻两大主要作物看，玉米示范片平均亩产 816.3 千克，比上年增产 12.9 千克，比 2013 年正常年景的 831.7 千克低 15.4 千克，比预计全省平均单产 431.5 千克高 89.2%。水稻示范片平均亩产 738.5 千克，比上年最好水平低 11.3 千克，比 2013 年正常年景增产 11.1 千克，比全省平均单产 568.5 千克高 29.9%。

同时，高产创建带动全省粮食生产在持续干旱的情况下实现了恢复性增长。其中，玉米全省平均亩产比常年低 4%，比上年高 17%；水稻比上年最好水平低 3%，比常年高 10%。

（二）推动了增产技术集成转化

一是通过高产创建示范片建设，有力推动了耐密、抗旱等优良品种及玉米密植精播、膜下节水滴灌、保护性耕作与土壤深松等先进技术的优化集成和推广转化。高产创建的集成示范作用和转化带动效果愈发突出。二是通过绿色增产模式攻关，集中力量进行增产增效技术模式试验研究，逐步探索出良种良法配套、农机农艺融合的绿色增产栽培模式。

（三）提升了粮食规模生产水平

辽宁省在高产创建地块选择和良种良法推广等工作中，以种粮大户、家庭农场、合作社等新型经营主体为重点，提高规模化、标准化、机械化及先进技术集成程度，培育和壮大了规模化新型经营主体，提高了粮食规模生产能力。据统计，2015年辽宁省规模化玉米单产水平比普通农户高37%，水稻高21%，单产水平和比较效益的提升将进一步推动粮食适度规模生产。

三、采取的主要措施

辽宁省高度重视高产创建和绿色增产模式攻关工作，一直将高产创建作为粮食生产的重要抓手，认真采取措施、强化项目管理，确保高产创建和绿色增产模式攻关工作取得实效。

（一）加强组织领导，强化项目管理

省农委一是严把项目入口，成立领导小组和专家指导组，坚持150%控制额度自主申报制和专家打分评审制，并通过末位淘汰制排除往年管理水平差、创建水平低的示范片；二是密切部门协作，会同省财政厅及早下发实施方案等相关文件，并将资金及时拨付到位，保证项目有序开展。各项目县对高产创建工作十分重视，均成立了领导小组，昌图、大洼等县由县委书记、县长或分管副县长任组长，发改、财政、农业、审计等部门领导为成员，将高产创建工作由部门行为上升为政府行为，有力地强化了项目管理、推进了项目实施。

（二）加强检查督导，强化培训交流

形成了定期检查督导机制和培训交流机制，在项目落实后、项目实施中和测产验收时分3次对所有项目县进行检查督导，并将先进典型和存在问题通报全省；在中期检查后、测产验收前和年终总结时分3次举办培训交流活动，邀请专家讲授关键技术和高产栽培模式，安排先进典型作经验交流，并组织现场观摩活动。通过"3检查3培训"机制的建立，及时发现并整改了问题，促进了经验交流，提高了建设质量。

（三）加强模式攻关，强化技术推广

2015年辽宁省将绿色增产模式攻关试点由3个增加到7个，覆盖辽北、辽中、辽西等玉米、水稻优势主产区，按照十亩试验、百亩攻关、万亩示范3个层次扎实推进，并通过观摩拉练、组织省级专家会商研究等形式，加大模式攻关力度，探索并形成了玉米—大豆、玉米—马铃薯、小麦—水稻等作物轮作、套作栽培模式，筛选并确定了玉米、水稻等作物适宜品种、种植密度和关键技术，有力地促进了主导优良品种和主推先进技术的推广应用。例如，近年来大力推广玉米合理密植技术，做好品种选育推介和技术指导，示范片平均

每亩保苗达到 4 000 株以上，每亩增加有效株数 300～400 株，亩均增产 80 千克以上。

四、相关建议

经过几年的努力，高产创建成效显著，得到广大干部群众的认可。为进一步巩固成果、提高粮食生产水平，按照农业部的要求，结合辽宁工作实际，现就高产创建和绿色增产模式攻关工作提两点建议：

(一) 适时完善高产创建政策，坚持创新发展

建议适当修订完善资金使用方向，如将检查督导、学习交流、测产验收、宣传培训，特别是标牌制作与树立产生的相关工作性费用列入使用方向。同时，建议适度提前下达工作方案和项目资金，以便各地提前做好方案、技术和物资储备，提高创建效果。

(二) 加强绿色增产模式攻关，坚持绿色发展

进一步加强基础研究，积极探索增产增效并重、生产生态协调的绿色发展模式；建议设立绿色增产模式攻关专项资金，为有效开展绿色增产模式攻关提供坚定保障。

吉 林 省

按照农业部种植业管理司《关于开展高产创建绿色增产模式攻关测产验收和全年工作总结的通知》要求，现将吉林省 2015 年粮油高产创建工作情况总结如下。

一、基本情况

在农业部、财政部的大力支持下，2015 年吉林省共建设高产创建万亩示范片 625 个，其中：玉米 383 个，水稻 206 个，大豆 20 个，马铃薯 4 个，花生 8 个，特色粮豆 4 个，示范面积 649.41 万亩。落实在 58 个县（市、区）、461 个乡（镇）、1 557 个村，涉及农户 354 885 户。建设中低产田万亩示范片 209 个，示范面积 213.49 万亩。四平市为整建制推进试点市，农安、德惠、公主岭、榆树等 4 个县（市）为整建制推进试点县，九台市龙嘉镇等 20 个乡（镇）为整建制推进试点乡。

在农安、梨树、榆树、前郭等 4 县（市）组织开展绿色增产模式攻关试点，其中：在榆树、前郭建设水稻增产模式攻关试验示范点 6 个，攻关田面积 1 050 亩；在农安、梨树建设玉米增产模式攻关试验示范点 11 个，攻关田面积 3 300 亩。

二、实施成效

(一) 万亩示范片产量结果

建设的 383 个玉米万亩示范片，示范面积 401.23 万亩，平均亩产 773.6 千克，比示

范片所在县平均亩产增 18.69%。增产玉米 4.89 亿千克。

建设的 206 个水稻万亩示范片，示范面积 211.60 万亩，平均亩产 703.62 千克，比示范片所在县平均亩产增 12.52%。增产水稻 1.66 亿千克。

建设的 20 个大豆万亩示范片，示范面积 20.27 万亩，平均亩产 192.70 千克，比示范片所在县平均亩产增 68.06%，增产大豆 0.15 亿千克。建设的 4 个马铃薯示范片，示范面积 4.05 万亩，平均亩产 3 005.79 千克，比示范片所在县平均亩产增 10.69%，增产马铃薯（折粮）0.03 亿千克。在建设的 4 个特色粮豆万亩示范片中，1 个高粱示范片面积 1.01 万亩，平均亩产 448.19 千克，比示范片所在县平均亩产增 40.81%，增产 0.013 亿千克；3 个绿豆示范片面积 3.01 万亩，平均亩产 73.9 千克，比示范片所在县平均亩产增 55.68%，共增产特色粮豆 0.02 亿千克。

建设的 8 个花生万亩示范片，示范面积 8.24 万亩，平均亩产 319.36 千克，比示范片所在县平均亩产增 20.18%。增产花生 0.04 亿千克。

全省 625 个粮油高产创建万亩示范片，共增产粮食 6.8 亿千克，增产花生 0.04 亿千克，总增收约 13.7 亿元。

（二）增产模式攻关产量结果

通过 2015 年的攻关试验，各攻关试验点均取得了较好的增产效果。根据 4 县（市）的产量汇总结果，全省 17 个攻关试验田，加权平均亩产 826.87 千克，比试点县同作物当年平均亩产增加 15.95%。其中：榆树、前郭建设的 6 个水稻攻关试验田，加权平均亩产 762 千克，比试点县同作物当年平均每亩增产 8.29%；农安、梨树建设的 11 个玉米攻关试验田，加权平均亩产 847.51 千克，比试点县同作物当年平均每亩增产 18.34%。

（三）典型案例

1. 高产典型　双辽市新立乡刘家村 30 公顷高产模式田，采用四比空垄上双行、高密度清种、"四比空"三种种植模式，增产效果突出。理论测产结果是：四比空垄上双行（株距 8 寸*），每公顷保苗 9.32 万株，测产结果 1 037.92 千克/亩；高密度清种（株距 5 寸），每公顷保苗 10.5 万株，测产结果 1 058.13 千克/亩；四比空株距 5 寸，每公顷保苗 8.04 万株，测产结果 994.16 千克/亩。

2. 稳产典型　梨树县在模式攻关地块普遍推广条带休耕式的玉米免耕生产技术，推广"40＋80 厘米""50＋90 厘米""60＋120 厘米"三种形式的宽窄行休耕种植模式，在 2015 年遭遇严重伏旱情况下，攻关地块稳产效果明显，7 个玉米增产模式攻关田最高产量 893.7 千克/亩，平均单产 857.4 千克/亩，比全县平均亩产高 17.23%。

三、主要创新做法

在抓好组织领导、目标量化落实、规范资金使用的基础上，2015 年，吉林省不断创

---

* 1 寸≈3.3 厘米。

新机制，提高创建水平，着力抓好以下五个方面工作。

（一）依托规模经营主体开展高产创建

各地高度重视高产创建工作与规模经营有机结合，依托新型经营主体开展高产创建和增产模式攻关，加快高产栽培先进技术集成应用，强化示范带动作用。如公主岭、农安县根据示范片多、覆盖面大的实际，依托种粮大户、家庭农场、专业合作社及产业化龙头企业等规模经营主体开展高产创建，每个示范片至少有 1 个规模经营主体参与高产创建，促进规模经营水平的提升。梨树县通过"211 工程"，即每个乡镇抓好 2 个规范合作社或经营实体，面积 100 公顷，增产达到 10％，推动万亩示范片落实。

（二）围绕关键技术配套集成各项技术措施

项目区重点推广增施有机肥、测土配方施肥、农区统一灭鼠、生物防螟等技术。玉米主推：宽窄行休闲种植、免少耕种植、机械深松、节水栽培、机械收获等技术。水稻主推：超级稻品种及配套栽培、"三推两早一达标"、钵盘育苗机插秧、重大病虫害综合防治、节水栽培、机械收获等技术。大豆主推：垄上双行栽培、窄行密植等技术。测土配方施肥。作为增产模式攻关试点县，梨树大力推广以玉米保护性耕作为核心的集成技术，榆树大力推广以水稻钵盘育苗机插秧保护性耕作为核心的集成技术。农安和梨树各建立 1 个 300 亩玉米控肥试验区，榆树和前郭各建立 1 个 300 亩水田控药控水试验区，集成推广控肥、控药、控水等节本增效的技术，开展绿色增产模式攻关。

（三）积极开展现代先进技术试验示范

吉林省充分利用高产创建工作平台，加快现代先进技术的试验示范，加快新技术新成果转化应用。2015 年在围绕高产创建示范片开展手机测土配方施肥试点，利用手机自动定位农民主动索取信息模式、田块编码查询信息主动推送等服务模式，用农民听得懂的语音、看得懂的信息，为农民提供快捷、有效、实用的技术服务；在榆树、德惠、农安、永吉等县市高产创建示范片开展航化植保作业试点，防治玉米大斑病、水稻稻瘟病 200 万亩；在水稻主产区高产示范片建成 34 个智能水稻催芽车间，催芽能力达到年 76.4 万亩，实现理想化的浸种催芽时间和条件，达到出苗整齐，秧苗品质好，成苗率高，保证适时播种、育秧。

（四）不断创新技术推广服务方式

为加快农业科技成果转化，提高示范效果，在稳固专家指导组开展全方位、多渠道、多角度技术培训和全程技术指导的基础上，各地不断创新推广服务方式。一是入户服务。大力实施"三个直接"，即科技人员直接到户、良种良法直接到田，技术要领直接到人。二是承包服务。抽调农业技术人员，在播种前和作物整个生长周期，直接深入到田间地头与当地技术人员和农民进行面对面的技术培训。三是协会服务。建立农业技术推广协会，为会员实时邮寄相关生产意见。四是信息服务。利用农业信息网、手机短信、农技咨询热线等及时发布管理措施、病虫草害防治信息，解答农民生产中遇到的难题。这些措施的实施，促进了科技成果的转化，提高了项目区农民科学种田水平。

（五）进一步完善激励机制

按照农业部的相关规定，吉林省制定并下发《全省粮油高产创建考核打分细则》，将全部工作分为 10 大项 32 个小项进行定量考核。在作物生育中期和秋季，组织专家组对各地高产创建开展情况进行检查督导、定量考核和测产验收，并将考评结果作为下一年度项目安排重要依据。各地也结合实际制定了《高产竞赛活动方案》《高产创建活动考核办法》，组织广大农民，特别是种粮大户、科技示范户等开展高产竞赛，对优胜者实行资金或物质奖励；组织专家对乡镇高产创建活动开展、相关人员工作组织等情况进行考核评比，实行量化考核与专家评定相结合，对做得好的乡镇和个人给予一定的奖励。

四、问题及建议

（一）高产创建示范中规模化经营比重还不大

从各地反映的情况看，各地在落实高产创建示范片的过程中，充分考虑了规模化经营的示范带头作用，同时通过高产创建平台，引导各地加快土地适量规模化经营。从全省看，虽然在高产创建工作的规模经营比例要大于正常水平，但占总面积比重依然不大。建议：在高产创建资金中，拿出部分资金，充分利用高产创建平台，引导规模化经营组织发展和参与。

（二）农技人员知识更新滞后，技术推广存在局限性

高产创建工作的有序开展，离不开基层农技人员有力的田间一线指导，但部分基层农技人员知识更新滞后，技术推广存在一定程度的局限性。建议：定期组织农技人员外出调研及培训，提高他们的业务素质和创新能力。另外，农村务农人员年龄偏高，接受新知识能力不强。建议：国家在高产创建资金分配上适当调整，允许拿出一定比例用于技术培训及组织技术人员调研学习。

黑龙江省

2014 年，黑龙江省粮食总产达到 624.2 亿千克，占全国粮食总产的 10.28%，实现了"十一连增"目标。但随着粮食产量的大幅增长，对农业资源消耗加剧，给农业生态环境带来压力。为贯彻落实农业部关于《到 2020 年化肥使用量零增长行动方案》和《到 2020 年农药使用量零增长行动方案》（农农发〔2015〕2 号）的通知要求以及省委、省政府关于加快发展现代农业的战略决策，推进农业发展方式转变，大力发展绿色有机农业，着力改善农业生态环境。2015 年，黑龙江省政府决定整合农业部粮油糖高产创建项目资金，结合落实农业部粮食绿色增产模式攻关，在全省农村实施农业"三减、两增、一提升"万亩示范田项目。即：减化肥、减除草剂、减化学农药，增加土壤耕层厚度、增加土壤有机质含量，改善土壤理化性状，优化农业生态环境，提高农产品品质和市场竞争力。

一、主要成效

2015 年，全省整合农业部粮油糖高产创建资金 16 560 万元，在农村建设农业"三减、两增、一提升"万亩示范田 552 个（其中水稻 210 个、玉米 264 个、大豆 56 个、小麦 12 个、马铃薯 10 个），落实面积 552 万亩，覆盖全部粮食主产县（市、区），每个万亩示范田补助资金 30 万元，合计 16 560 万元。各县（市、区）依托新型经营主体和专业化服务组织，在万亩示范田开展增施有机肥（农家粪、生物菌肥），减少不合理化肥、农药和除草剂投入工作，大力开展耕地质量保护与提升和病虫害绿色防控工作。从实施效果看，工作成效比较显著，552 个万亩示范田实现平均减少化肥施用量 3.1％，减少化学农药、除草剂施用量分别为 6.1％和 6.2％。

二、主要做法

在推进农业"三减、两增、一提升"万亩示范田建设上，全省做到了"四个创新"。

（一）创新建设标准，全面引领带动

农业"三减、两增、一提升"万亩示范田在 2014 年国家粮油糖高产创建万亩示范片基础上实施，与全省现代农业示范带、高标准农田同步规划、同步安排、同步建设。一是坐落位置便于学习。万亩示范田普遍选择在农作物主产乡镇、交通便利、离村屯较近、农田基础条件好、工作基础扎实、农技推广网络健全、辐射带动能力强的地块，便于附近的农民参观学习。二是示范面积规模连片。严格示范田建设标准，示范田面积均达到了 1 万亩以上，并做到集中连片。全面积开展减少化肥、减少化学农药、减少除草剂施用量工作，实现增施有机肥（农家粪、生物菌肥）、秸秆还田、绿色植保技术和气象服务能力全覆盖。三是生产技术先进适用。示范田全部以农机合作社、农民合作社、种粮大户和家庭农场为主要载体，主要生产环节实现了全程机械化。水稻集成推广抗逆品种＋智能浸种催芽＋大棚旱育稀植＋全程机械化＋节水灌溉的技术模式，玉米集成推广耐密早熟品种＋抗旱节水＋生物防治＋机械化作业的技术模式以及"小垄密""大垄双行"等通透密植栽培技术，大豆应用高蛋白品种，实行专品种种植，推广"垄三"标准化栽培和 45 厘米双条密植栽培技术，小麦推广"早高密"栽培技术，马铃薯推广大垄密植栽培技术。四是田间设施标准配套。重点完善了万亩示范田内田间道路、田间灌排沟渠、水源设施、输电线路、桥涵、农田林网、宣传牌匾等方面的基础设施建设，实现了沟渠相通，方田改造（5 亩≤水田单池面积≤10 亩）。

（二）创新技术模式，提高"三减"效率

在减少化肥施用量上。一是实施测土配方施肥。在保证万亩示范田产量的前提下，大力推行测土配方施肥技术，根据测土结果，调整化肥使用结构，实现精准施肥。测土配方施肥每亩比农民常规施肥节省化肥 1.5 千克。二是有机肥与无机肥配合施用。对 2015 年

春储备有机肥的，每亩施用秸秆有机肥 0.6 立方米，减少化肥使用量 5 千克。另外，大豆示范田利用根瘤菌剂生物肥进行拌种，每亩节省氮肥 1.4 千克。三是推广先进施肥技术。在示范田推广播种分层施底肥、侧深追肥以及水稻机械侧深施肥、玉米秋季深施肥、水肥一体化等科学施肥技术，加快高效缓释肥、水溶性肥料、土壤调理剂、大豆根瘤菌等肥料的应用进程，实现了化肥减量增效目标。四是推进秸秆直接还田。要求 2016 年示范田要进行秸秆还田，与秋整地同步进行，每亩还田秸秆 500 千克，实施 3 个周期（每个周期 3 年），可提高土壤有机质 0.6 个百分点以上，每亩可节省化肥 3 千克，并且使土壤理化性状向良性方向发展。在减少农药施用量上。一是推广先进施药机械。实施"换药械、降药量、减药害"行动，通过在示范田区域内更换四轮中型高秆作物喷杆喷雾机、三轮小型高秆作物喷雾机、落后喷杆喷雾机的喷头，提高农药利用率，减少农药用量。2015 年通过省财政补贴 50% 的办法，共更新 4 万套喷杆喷雾机的喷头和喷头体。利用农机购置补贴政策，鼓励农民合作社等规模经营主体购置高秆作物喷雾机，全省新增高秆作物喷雾机近 500 台，保有量达到 1.5 万台。二是改进施药方式。通过改变药剂剂型，用水乳剂替代乳油，减少化学助剂量 70% 以上。合理轮替使用农药，延缓抗性产生，节约超标使用的 20% 用药量。三是改进病虫害防控方式。应用现代植保机械，开展专业化防控，逐步扩大飞防面积，提高农药利用率。大力推广以枯草芽孢杆菌等生物药剂、赤眼蜂生物防控和专化性诱杀、驱避性防控等绿色防控措施，减少化学农药施用量。2015 年，省财政投入专项资金 3 000 万元，共出动飞机 38 架，飞行作业 3 691 架次，一周内共完成了 210 万亩稻瘟病空防喷药作业任务。在减少除草剂施用量上，推进定量化精准施药，加快更新现有落后高秆作物喷杆喷雾机和农民自制的非标喷头体，改苗前土壤封闭为苗后茎叶处理，用药量节约一半以上。

（三）创新经营主体，发挥示范作用

在农业"三减、两增、一提升"万亩示范田经营主体上，主要做到"三个依托"：一是依托农民合作社。有 421 个万亩示范田以农民合作社为经营主体，占示范田总数的 76.3%。其中，以现代农机合作社为经营主体的示范田有 318 个。二是依托家庭农场。有 71 个万亩示范田以家庭农场为经营主体，占示范田总数的 12.9%。三是依托农业企业。有 60 个万亩示范田以农业企业为经营主体，占示范田总数的 10.8%。

（四）创新科技合作，保障工作落实

为保证农业"三减、两增、一提升"万亩示范田顺利落实，全省重点做到了"三个开展"：一是开展专家领带。省农委组织育种、栽培、植保、土肥、农机专家和项目市县农业技术人员成立专家组，在春播、夏管、防虫、秋收等各个关键时期，组织专家和农技人员深入万亩示范田开展技术服务，定期组织农民观摩学习，辐射带动全省农业"三减、两增、一提升"工作大面积推广。二是开展科技包保。为调动科技人员的积极性，探索实行科技包保机制，由科技支撑单位和农业"三减、两增、一提升"万亩示范田经营主体签订合同，确定产量目标、效益目标，超出后按比例给予科技人员奖励。三是开展部门合作。将农业"三减、两增、一提升"万亩示范田工作由部门行为上升为政府行为，协调省发改

委、财政厅、科技厅、水利厅、国土厅和农业开发办等部门项目资金，集中东北农大、八一农大、省农科院和农垦科学院等科研技术力量，形成了攻关合力。

三、存在的问题

尽管全省在农业"三减、两增、一提升"万亩示范田项目实施中取得了一些成绩，但也存在一些不容忽视的问题。

一是资金投入不足。从实际工作看，各项目实施县（市）普遍存在着资金投入不足的问题，致使一些关键技术难以全部落实到位，影响了农业"三减、两增、一提升"项目实施效果。

二是专家指导仍需加强。由于农业"三减、两增、一提升"项目技术措施从播种到管理各个环节需要全程搞好技术指导服务，在生产关键时期需要专家进一步加强指导。

三是农民观念亟须转变。由于在全省农村实施农业"三减、两增、一提升"万亩示范田项目，需要减少不合理化肥、农药和除草剂投入，大力开展耕地质量保护与提升和病虫害绿色防控工作，一部分农民（种植者）的传统种植观念亟须转变。

四、工作建议

建议农业部积极协调财政部，结合农业部《到 2020 年化肥使用量零增长行动方案》和《到 2020 年农药使用量零增长行动方案》安排专项资金，加大对高产创建暨绿色增产模式攻关的支持力度，特别是对全省农业"三减、两增、一提升"万亩示范田给予政策倾斜，增加示范田投入标准，保障各项关键技术措施落实到位。

上 海 市

在农业部粮棉油糖高产创建项目的支持下，2015 年，上海粮食高产创建再创佳绩，完成了项目实施方案的既定目标，促进本市粮食单产水平的提高。

一、基本情况

根据农业部办公厅、财政部办公厅《关于组织实施好 2015 年财政支农相关项目的通知》（农办财〔2015〕8 号）要求，结合上海实际，市农委、市财政局联合编制了《上海市 2015 年度稻麦高产创建项目实施方案》，并上报农业部和财政部。同时，围绕创建目标，落实好高产创建示范方面积，狠抓各项工作的落实，稳步推进粮食高产创建，创建面积和单产水平均达到实施方案的要求。

（一）面积落实情况

2015 年，全市稻麦高产创建实施面积 104 万亩，超计划（55 万亩）完成目标任务。

建立不同规模稻麦高产创建示范方 1 430 个，整建制推进示范镇 11 个、农场 2 个、示范村 46 个。其中：麦子 310 个，实施面积 31 万亩，其中，市郊 27.5 万亩，占全市麦子种植面积的 33％；水稻 1 120 个，实施面积 73 万亩，其中，市郊 68.3 万亩，占全市水稻种植面积的 46.5％。

农业部粮食高产创建项目 16 个万亩示范方，包含 1 个整建制推进乡镇，其中小麦 3 个，水稻 13 个。项目实施区域为长江农场、跃进农场、海丰农场（域外）、松江区泖港镇、金山区廊下镇、崇明县耀全合作社、嘉定区外冈镇、青浦区重固镇、浦东新区老港镇东滩粮食生产基地，整建制推进的乡镇为奉贤区庄行镇。创建面积，小麦示范方 2.35 万亩和整建制推进奉贤区庄行镇 2.2 万亩；水稻示范方 12 万亩和奉贤区庄行镇 3 万亩。

（二）产量情况

2015 年，全市麦子高产创建实施区平均亩产 416.5 千克，比全市二麦平均亩产 291.7 千克增产 124.8 千克，增产 42.8％；水稻高产创建实施区平均亩产 643 千克，比全市水稻平均亩产 573.2 千克增产 69.8 千克，增产 12.2％。实现了 10％的增产目标。

部级万亩示范方经市、区专家实割实产验收，跃进农场麦子平均亩产 625.2 千克，奉贤庄行整建制推进乡镇小麦平均亩产达 392.3 千克；13 个部级水稻示范方平均亩产 750.8 千克。

（三）资金使用情况

2015 年，农业部下达上海市粮食高产项目经费 240 万元，按照要求，每个万亩示范片安排资金 15 万元，通过财政已全额下拨到部级 15 个高产创建示范片（含 1 个整建制推进乡镇），专款用于部级高产创建万亩示范片实施区所需的物化投入和推广服务补助。市级财政安排稻麦高产创建专项经费 315 万元，其中，50 万元用于粮食高产创建检查、评比、实割验收、苗情统计等工作；265 万元用于 2015 年市级麦子优秀示范方和基层创建单位奖补。按照上海市科技兴农项目及资金管理办法以及上海市粮食丰产示范方建设项目考核评比办法，对 2015 年市级麦子优秀示范方和基层创建单位进行考核评比，共评比出各类优秀示范方 66 个，实际拨付奖励资金 108 万元；对 10 个基层创建单位进行创建工作考核，实际拨付基层单位奖补资金 144 万元，两项合计实际共支出奖补资金 252 万元。项目经费严格按照资金使用方向，实行专款专用。

二、实施成效

（一）创建规模稳中有升，增长效果明显

经过近年来的粮食高产创建，考核奖补政策的落实，基层农技推广部门、农业科技人员和种植户创建的热情不断高涨。在粮食种植面积不断下滑的前提下，上海粮食高产创建面积继续扩大，达到 104 万亩次，比上年增 4.2 万亩。稻麦高产创建实施区单产水平均高于全市平均水平 10％以上，增产效果明显，带动了本市粮食单产水平的提高，水稻单产已连续七年创历史新高。奖补政策的实施，极大地调动了农业科技人员和种植户创建的积

极性，有利于粮食高产创建的稳步推进，促进粮食生产水平的提高。

（二）促进新品种、新技术的推广应用

各示范点围绕高产创建主导品种和主推技术，全面集成推广高产优良品种和各项先进实用技术，实施良种良法配套栽培，有效加速了全市粮食作物新品种、新技术的推广。实施区良种覆盖率达 100%，其中，杂交水稻种植面积占 50% 以上。同时在实施区开展水稻超 800 千克新品种试点试验，成为新品种的试验田。主推技术覆盖面不断扩大，通过实施区的示范，带动了本市粮食高产主推技术的推广。如，水稻机械化种植面积占全市示范方面积的 70% 以上。水稻群体质量栽培、测土配方施肥和病虫草害综合防治等技术在实施区保持全覆盖，技术到位率达 90% 以上。

（三）科技人员得到了锻炼和提高

高产创建为广大科技人员搭建了展示才华的舞台。市、区县两级农业部门围绕高产创建，并结合科技入户、入社，逐方逐点落实技术指导人员，明确目标任务，实施全过程跟踪指导服务，全市涌现出了一大批麦子亩产超 400 千克，水稻亩产超 750 千克的高产典型，科技人员业务能力在实践中得到了锻炼和提高。

三、主要做法

（一）加强队伍建设，制定实施方案

自开展粮食高产创建工作以来，本市成立了粮食高产创建领导小组和技术指导小组，切实加强高产创建工作的领导和指导，充分发挥技术小组的作用，日常工作由技术指导小组负责。各区县政府、光明食品集团建立了相应的组织机构。同时，落实粮食高产创建专项资金，主要用于考核奖补和测产验收、检查评比等工作。从组织上和政策上保障创建活动的有序推进。

根据农业部高产创建文件精神，结合上海粮食生产实际，制定了稻麦高产创建项目实施方案，明确任务目标，并结合实施区域土壤肥力基础和种植模式，逐方、逐片配备技术人员，全程负责各项措施的落实和技术指导等工作。

（二）加强技术培训，实行考核奖补

结合粮食作物科技入户和专业农民培训工作，积极组织各实施点科技人员、市郊种粮大户、家庭农场、粮食生产合作社成员、规模场技术负责人开展多种形式技术培训。2015年市、区县两级举办各类技术培训活动 90 期，现场观摩、考察交流活动 78 期，受训人数 1.06 万人次，印发各类技术资料 13.8 万份。同时，组织各区县科技入户指导员，深入实施基地、合作社（合作农场）、家庭农场和种植大户，开展面对面、手把手技术指导，切实把高产技术传授到点，落实到田。

按照本市粮食高产创建考核奖补有关办法，市、区县两级联动，在区县推荐优秀示范方的基础上，市农委组织行政和技术人员开展中期和后期检查考核以及实割实产验收工

作,对评选出的优秀示范方按不同创建规模和不同创建等级给予现金奖励。对基层创建单位(农业技术部门)经考核给予创建工作奖补。有关区县对评为市级优秀示范方的给予政策配套。通过互相检查,实施奖补政策,有力地调动了基层一线创建的积极性,推动了新品种、新技术的示范推广。

(三)实行六个统一,强化创建管理

根据农业部粮食高产创建工作的要求,上海市在粮食高产创建示范方建设中实行"六个"统一,有计划、分阶段抓好检查指导。各创建点结合面上苗情考察工作,落实专人,做好苗情考察和田间档案记录。同时,建立绩效考核制度,实施对基层创建单位创建工作和技术人员指导工作目标考核,提高创建工作成效。

四、主要经验

粮食高产创建是上海市提升粮食生产水平、科技人员业务水平、行政人员管理水平的有效抓手,是推广应用先进技术、高产品种、科研成果的转化器。主要经验如下。

一是领导重视,狠抓示范引领。在队伍建设的同时,把粮食高产创建工作列入年度工作计划,实行目标考核。以示范典型为抓手,整合农业行政、科研、教育、推广等各方面资源和力量,使示范方成为行政领导抓粮食生产的指挥田、科研人员展示成果的试验田、农民使用先进技术的样板田,以点带面,促进大面积平衡增产。

二是规范管理,强化考核评比。按照粮食高产创建的要求,在面积、人员、技术落实的同时,加强检查评比,制定一套较为完善的考核评比办法,组织科技人员对口检查。检查评比不仅是对示范方的考核,而且也是对科技人员业绩的考核。通过考核评比奖励,有力地促进了高产技术的推广,提升科技人员的理论水平和实践能力,达到锻炼人、培养人的目的。

江 苏 省

自2014年秋播以来,江苏省各地按照农业部和省委省政府部署,切实加强组织领导,狠抓关键措施落实,高产创建和增产模式攻关工作进展顺利、成效显著,有效促进了高产技术推广和普及,有效克服了秋播播期拉长、冬前积温低、夏季强降雨、低温寡照等不利条件,带动了大面积生产水平的提高,在夏粮丰收的基础上,全省秋粮有望继续实现丰产丰收,全年粮食总产有望达350亿千克,实现连续十二年增产。重点开展了四个方面工作。

一是加强组织领导部署。2015年,全省各级继续强化粮食高产增效创建领导小组作用,强化行政推动,进一步加强组织领导,扎实推进高产增效创建和增产模式攻关工作。2014年秋播,江苏省立足早部署、早行动、早落实,6月中旬就下达各地小麦、油菜万亩示范片建设指标和项目资金,万亩示范片全部于11月中旬前落实到位。2015年3月,为提高项目安排的科学性和可操作性,对各地高产增效创建万亩示范片建设数量意愿进行了

全面摸底，并于 3 月底制定印发了《2015 年全省粮棉油高产增效创建（增产模式攻关）项目实施指导意见》，组织各地及早落实春夏播作物高产创建和增产模式攻关工作。在年初召开的全省春季田管暨春耕备耕视频会议、春季农业生产、全省水稻生产暨高产创建现场推进会等有关会议上，都对高产增效创建和增产模式攻关工作进行了部署发动。

二是切实加大项目扶持力度。2015 年，在中央财政继续扶持高产创建的基础上，江苏省进一步加大财政扶持力度，安排高产创建专项资金 2.7 亿元，比上年增 4 000 万元，全年部省共扶持建设粮棉油万亩示范片 1 017 个。新增资金中，2 000 万元用于以粮食增产模式攻关试点县为主的 10 个县开展水稻集中育秧补助试点，带动全省水稻万亩示范片建立水稻集中育秧点 3 204 个，集中育秧面积 4.6 万亩以上，辐射带动全省机插秧和抛秧推广面积达 2 000 万亩以上。2 000 万元用于进一步扩大创建万亩示范片规模，增加省级水稻万亩示范片 41 个、小麦万亩示范片 12 个，在调整减少部级油菜、棉花、大豆等作物示范片的基础上，配套增加 25 个部级小麦和 5 个玉米万亩示范片。围绕提高项目实施效果，提升辐射带动水平，重点突出了资金下达和项目实施要求优化调整。在资金下达上，首次实行提前下达项目资金指标，分解到县（市、区）提前下达 70% 高产增效创建和模式攻关资金，剩余资金随实施方案一同下发。在项目实施要求上，更加聚焦实施环节，要求万亩示范片涉及的行政村每村至少要建设一个技术展示示范方，每个作物的示范片要更聚焦关键技术环节，如水稻要推进集中育秧和机插秧，小麦要推进机条（匀）播，配套实施机开沟、机镇压等。资金使用取消原有固定使用比例要求，模式攻关试点县可适当调整提高模式攻关示范片补助标准，并明确物化补贴资金不得购买种子，可购置小型机械。

三是突出技术集成攻关推广。以高产创建万亩示范片建设和稻麦科技综合示范基地建设为依托，针对全省稻麦两熟制粳稻收获期偏迟以及秸秆还田影响小麦适期播种和播种质量的问题，从协调周年高产的角度，组织睢宁、洪泽、昆山等 11 个攻关试点县深入开展"周年增产稻麦品种搭配和茬口安排、水稻集中育秧机插、小麦机械精播、精确定量栽培、秸秆深翻还田、稻麦高效施肥、病虫害综合防控、防灾减灾"等高产关键技术试验示范和集成攻关，组装集成了稻—麦周年协调增产模式。小麦集成推广半冬性（春性）高产品种＋机械匀播＋测土配方施肥＋病虫害综合防治＋全程机械化的技术模式。睢宁县重点建设了 5 个攻关示范点，突出攻关周年高产品种搭配、种植方式、肥水管理、农机农艺配套和绿色防控等关键环节，取得了明显成效，全县小麦高产创建示范区平均亩产 610.9 千克，比上年增 57.2 千克。水稻重点集成推广中熟中粳（迟熟中粳或早熟晚粳）类高产品种＋集中育秧和精确定量栽培＋测土配方施肥＋病虫害综合防治＋全程机械化的技术模式。2015 年，水稻集成了钵苗机插高产栽培技术、稻田种养结合技术，突破了制约水稻育秧、栽插、肥水管理的关键技术瓶颈，形成了钵苗机插高产栽培技术规程，在海安和姜堰创造了亩产 835 千克的实绩，还集成了稻鸭、稻鱼、稻蟹、稻虾种养结合模式，实现亩净增效益 1 500 元以上。

四是强化技术指导服务和督查。为提高高产创建和增产模式攻关水平，充分发挥示范片的辐射带动作用，江苏省加强了高产创建技术指导服务和督查。在示范片创建过程中，切实加大主要农作物"四主推"宣传推介力度，引导和带动万亩示范片中技术人员和农户运用主推品种、主推技术、主推配方肥和主推农药。大力推行"省级专家—市级专家—县级责任专家—攻关试验点技术负责人"四级专家负责制和省级专家挂钩到市、市级专家挂钩到县、县乡农技员挂钩到点的挂钩服务机制，加强对高产创建和模式攻关的服务指导。在小麦、水稻生产关键时期，组织专家团队对负责的万亩示范片和模式攻关点进行巡回指导，查苗情、找问题、定措施，切实提高了万亩示范片和模式攻关点生产技术水平。同时，江苏省还要求县、乡技术负责人领种 50 亩以上的示范方，全省领种示范方约 800 多个，从种到收全程参与管理，为农民提供"看得见，学得会"的示范样板。

浙 江 省

根据农业部和省政府对粮棉油高产创建工作的统一部署，浙江省 2015 年继续深入推进粮油高产创建工作和绿色增产模式攻关工作，严格按照农业部（农农发〔2015〕1 号、农办农〔2015〕10 号、农办财〔2015〕8 号）有关规定，制定实施方案，落实各项措施，共创建了 102 个粮棉油万亩示范片（不含宁波）。现就 2015 年浙江省粮棉油高产创建工作情况和绿色增产模式攻关工作总结如下。

一、项目实施基本情况

（一）项目立项情况

为了做好 2015 年的粮棉油高产创建和绿色增产模式攻关工作，浙江省于 2014 年 9 月发文（浙农技〔2014〕45 号）向各市县征集 2015 年粮油高产创建意向，在各申报县的申报意向的基础上，综合考虑粮棉油面积、2014 年高产创建工作实绩，安排 2015 年粮棉油高产创建 105 个万亩片（包括 1 个整县制、8 个整乡制试点共 38 个万亩片），其中早稻万亩片 14 个，连晚 13 个，单晚 58 个，水稻总数为 85 个。其他作物油菜 8 个、小麦 3 个、大豆 2 个、马铃薯 2 个、棉花 5 个。除整建制试点县和乡镇外，同一作物高产创建项目每个县原则上只安排一个，结合申报意向和工作实绩，最多一个县不超过 2 个。诸暨市继续被农业部确定为绿色增产模式攻关试点县，安排一个整建制乡镇（王家井镇 4 个万亩片），另外再安排 6 个万亩片。经与省财政厅协商同意后，于 2015 年 4 月财政厅农业厅联合发文（浙财农〔2015〕79 号）、农业厅发文（浙农专发〔2015〕23 号）组织实施。各地上报实施方案。

（二）项目落实情况

2015 年共落实部级粮油万亩示范片 100 个、面积 107.34 万亩。其中，早稻共在 9 个县落实了 14 个万亩示范片，面积 14.84 万亩，受台风"灿鸿"影响，平均亩产 434.4 千克，比示范片上年平均亩产减 28.9 千克，减幅 7.1%。单季稻共在 39 个县落实了 58 个万亩片，面积 61.58 万亩，平均亩产 661.3 千克，比上年增 18.4 千克，增幅为 2.9%。连作晚稻共在 9 个县落实了 13 个万亩片，面积 14.24 万亩，平均亩产 482.8 千克，比上年增 5.8 千克，增 1.2%。8 个整建制乡镇的 33.2 万亩水稻，平均亩产 534.2 千克，比上年减 7.5 千克，减 1.4%。油菜在 8 个县落实 8 个万亩示范片，面积 9.16 万亩，平均亩产

188.0 千克，比上年增产 4.6 千克，增 2.5%；比非示范片平均亩产 146.3 千克增产 41.7 千克，增产 28.5%。小麦共在 3 个县落实 3 个万亩示范片，面积 3.21 万亩，平均亩产 363.0 千克，比上年增产 11.9 千克，增 3.4%；比非示范片平均亩产 292.5 千克增产 70.5 千克，增 24.1%。大豆在 2 个县落实了 2 个万亩片，面积 2.5 万亩，鲜食大豆平均亩产 612.8 千克，比上年增 10.0 千克，增 1.7%。马铃薯在 2 个县落实了 2 个万亩示范片，面积 1.82 万亩，平均亩产为 2 876.43 千克，比上年增 193.53 千克，增 7.2%。绿色增产模式攻关试点县诸暨市 58.95 万亩水稻，平均亩产 522.0 千克，受台风和后期光照不足、连续阴雨天气的影响，比上年减产 11.9 千克，减 2.2%。

2015 年农业部棉花高产创建计划在兰溪市建立 1 个整建制推进乡镇、1 个万亩示范片，在金华市婺城区建立 1 个万亩示范片。但由于生产形势差，棉花种植大幅度减少，后根据实际情况调整为 2 个示范片。其中兰溪市女埠街道棉花示范片 1 个，面积 8 000 亩；金华市婺城区罗埠镇棉花示范片 1 个，面积 6 500 亩（已与种植业司经作处沟通过）。

（三）经费安排情况

粮油高产创建项目农业部 2015 年下达浙江省资金 1 680 万元，与上年相同。除大豆、棉花万亩示范片每个安排 16 万元（计 7 个片 112 万元）外，水稻、小麦、马铃薯、油菜每个万亩片安排 15 万元（计 98 个片 1 470 万元），多出的 98 万元资金用于诸暨市开展绿色增产模式攻关试点。具体资金安排：大豆 2 个万亩片，共 32 万元；棉花 5 个片，共 80 万元；油菜 8 个万亩片，共 120 万元；小麦 3 个万亩片，共 45 万元；马铃薯 2 个万亩片，共 30 万元；水稻 85 个万亩片，共 1 275 万元。诸暨市除完成增产模式攻关任务外，仍需完成 10 个水稻万亩示范片的任务。

二、项目主要成效

开展粮棉油高产创建活动，带动了高产品种和高产高效栽培技术的推广应用，同时也为农技人员施展才华提供了很好的平台，示范片普遍获得增产增收。

（一）经济效益

2015 年，粮棉油高产项目共实施 102 个万亩示范片、面积 108.79 万亩，比示范片上年增产增效 2 223.66 万元，比非示范片增产增效 43 676.69 万元。各种作物的增产增效详细情况见下表。

2015 年浙江省粮棉油高产创建增产增效情况表

作物	早稻	单季稻	连晚	大豆	小麦	马铃薯	油菜	棉花	合计
示范片个数	14	58	13	2	3	2	8	2	102
面积（万亩）	14.84	61.58	14.24	2.49	3.2	1.82	9.17	1.45	108.79
平均亩产（千克）	434.4	661.3	482.8	612.9	363	2 876.43	188	123.2	—

（续）

作物	早稻	单季稻	连晚	大豆	小麦	马铃薯	油菜	棉花	合计
比上年增产（千克/亩）	−28.9	18.4	5.77	10.02	11.91	193.53	4.57	−8.26	—
比非示范片增产（千克/亩）	44.8	103.4	36.3	91.43	70.5	466.52	41.7	26.22	—
比上年总增产（万千克）	−428.876	1 133.072	82.164 8	24.949 8	38.112	352.22	41.91	−11.98	—
比非示范片总增产（万千克）	664.832	6 367.372	516.912	227.660 7	225.6	849.07	382.389	38.02	—
价格（元/千克）	3.3	2.8	2.8	3.6	2.4	1.3	5.1	12.5	—
比上年总增效（万元）	−1 415.291	2 705.86	230.061	89.819	91.469	457.89	213.725	−149.87	2 223.663
比非示范片总增效（万元）	2 193.95	17 828.64	18 763.91	819.58	541.44	1 103.79	1 950.18	475.2	43 676.69

（二）社会效益

通过多年来高产创建活动的开展，全省上下高产攻关氛围逐步形成，示范片内农户学技术、用技术、创高产的热情得到激发，为稳定粮食生产奠定了基础。一是高产创建已成为各级政府增加粮食产量、保障粮食安全的重要手段之一，纷纷出台奖励政策，增加投入，取得粮食增产、粮农增收的明显效果。二是高产创建成为各级农技人员展示品种、展示技术、展示水平的主平台，联方联户，蹲点指导，不断完善高产技术，在使创建作物获得高产的同时，提升了农技人员自身的业务水平。三是高产创建成为种植农户增收的重要途径，通过高产创建提升种植农户的生产水平，节本增产而增收，加上各种政策支持、资金奖励，效益明显提高，使政府要其高产变成其自身要求高产，为粮食长期稳定发展奠定了基础。

（三）生态效益

通过高产创建和绿色增产模式攻关活动，促进了粮食生产社会化服务，提供病虫害统防统治等统一服务，大力推广使用新型肥料、高效低毒农药；推广虫害达标防治、绿色防控等技术，减少了化肥、农药的投入，提高了化肥的利用率，为减少农业面源污染，提高单位面积产出率，全面提升粮食综合生产能力，实现农业可持续发展奠定了良好的基础。

（四）高产典型

嘉善县西塘镇星建村农星植保专业合作社在高产创建万亩示范片内组建晚稻生产高产

示范百亩方，展示超高产栽培技术，辐射带动周边农户增收。2013 年种植超级稻甬优 12 500 亩核心方，经市农经局专家实测，平均亩产达到 855 千克，最高田块亩产量达到 948.4 千克；2014 年种植超级稻甬优 538，平均亩产达到 852 千克，最高田块亩产量达到 907.2 千克，在 8～9 月连续阴雨的灾害性不利天气条件下，实现亩均产值 2 350 元左右，比服务区以外农户亩均增收 400 元。2015 年，在梅汛期长，梅雨量偏多，6～11 月雨量多，日照少，特别是在 10 月下旬至 11 月 25 日灌浆关键时期，出现连续阴雨天气，雨日和降雨量异常偏多、日照异常偏少的情况下，嘉善西塘 352 亩高产示范方甬优 538，平均亩产 877 千克，比非示范方平均亩产 574 千克增产 303 千克，增幅达 52.8％。2015 年，在长期不利天气影响下，全省仍有 78 个百亩核心方亩产突破 800 千克，其中 5 个百亩方亩产突破 900 千克，省级组织验收的攻关田最高亩产达到 950.4 千克。其中，嘉善县陶庄镇汾湖村单季常规粳稻高产示范方，面积 150 亩，品种为绍粳 18，平均亩产 747.6 千克，打破了浙江农业之最常规晚粳稻百亩方产量纪录。鄞州区姜山镇蔡郎桥村连作晚稻高产示范方，面积 110 亩，品种为甬优 538，平均亩产 690.7 千克，打破了浙江农业之最连作晚稻百亩方产量纪录。

三、创新性做法

（一）多方协同推进，提升示范作用

在部级万亩高产创建示范片的带动下，2015 年省级继续安排 1 500 万元专项资金用于开展省级水稻高产创建活动，落实省级 325 个粮食千（百）亩示范片，30 个省级水稻高产攻关方。为了全面提升全省水稻生产的技术水平，2015 年将省级组织的高产攻关从原来的超级稻百亩方千千克攻关，扩大到双季稻、单季常规晚粳稻和单季籼稻，四种类型的攻关目标分别是亩产 1 000 千克、1 300 千克、750 千克和 800 千克。在重点产粮乡镇至少有一个省级水稻高产创建千亩片，一般产粮乡镇至少有一个县级水稻百亩方，方便当地农民参观学习。项目县通过以点带面，推动示范片良种和关键技术的全面示范推广应用，也带动面上的推广应用。各项目县安排专项资金开展百亩示范方建设，将现代农业生产发展资金水稻产业提升项目、粮食生产功能区建设、农机购置补贴、粮油作物机械化环节补贴、测土配方施肥、病虫害统防统治、储备粮订单奖励等相关资金，重点向粮棉油高产示范片尤其是整建制推进区域倾斜。部分县出台了示范片内开展高产竞赛奖励政策和社会化服务补助政策，提高了片内农户创高产的积极性和接受社会化服务的主动性。

（二）培育专业组织，提供统一服务

大力培育专业化服务组织，为示范片内千家万户提供统一服务，保证各项增产措施顺利落实。如嘉善县西塘镇星建村粮食生产实现的"田保姆"服务组织，经过几年的探索与示范，基本形成一套操作性较强的"六个统一"服务模式。其一是"统一品种"，由合作社统一组织采购水稻优质高产良种，进行统一布局规划；其二是"统一育插"，统一采用智能化催芽、流水线基质播种、大型拖拉机翻耕、乘坐式插秧机插种进行一条龙服务；其三是"统一配方施肥"，根据土壤养分测定进行配方施肥，统一使用商品有机肥和水稻专

用配方肥，确保水稻稳健生长；其四是"统一防治"，以 300～500 亩为一个单元组建队伍，根据植保部门的病虫害情报统一机械防治；其五是"统一排灌"，根据水稻生长的水浆管理，进行了统一灌水、统一搁田，做到排灌结合，确保晚稻丰产丰收；其六是"统一收烘"，合作社专门组建机收队伍，适时收割，做到了连片统一收割以及进行烘干服务，确保颗粒归仓。平时合作社十分注重粮食生产技术培训，努力提高社员科学种田水平。经常邀请省市县级农业专家进行实用技术集中培训和田间指导，组建晚稻生产高产示范百亩方，展示超高产栽培技术，辐射带动周边农户增收。合作社从一开始服务 20 户大户面积 1 700 亩，发展到现在的跨村服务，吸收社员 71 户服务面积达 6 000 余亩。

（三）开展高产竞赛，促进普遍增产

通过在示范片内开展高产竞赛，出台奖励政策，激励农民应用高产品种和先进技术，认真落实各项增产措施，带动方内普遍增产，实现创建目标。同时，通过高产创建活动的开展和高产奖励，在全省形成了搞示范、攻高产的良好氛围。杭州市连续几年对全市水稻高产示范方评出一等奖 5～6 个、二等奖 10 个、三等奖 15 个，分别给予 5 万元、3 万元、2 万元的补助。水稻高产攻关田若干个，其中亩产超过 900 千克的补助 5 万元，800～899 千克的补助 2 万元，700～799 千克的补助 1 万元。衢州市对经过市级统一验收百亩示范方，早稻、单季晚稻、再生稻，各奖励前三名，分别给予 5 万元、3 万元、2 万元奖励；高产攻关田（1 亩以上），各奖励前三名，分别给予 2 万元、1.5 万元、1 万元奖励。宁波市已连续实施"双千工程"5 年，对于稻麦、早晚稻双季产量超过千千克，经济效益超过千元的高产示范方，每年选取 40 个，每个给予 5 万元的奖励。绍兴市每年对高产示范方评选"十佳"，早、晚稻各 10 个，对每个方给予 3 万元补助。

（四）创新技术模式

根据粮食生产成本上涨、雇工难、机插秧推广速度放缓等实际情况，为了推动粮油产业转型升级，浙江省农业技术推广中心与中国水稻研究所，在绿色模式增产攻关县诸暨探索与创新了水稻机插秧叠盘出苗供应芽苗技术模式，并将它在全省范围内推广。即将应用水稻专用育秧基质、流水线播种后的水插机插秧盘，在保温保湿的暗室中叠放 2 天左右，等水稻种子长出 1 厘米左右的芽时，放到育秧大棚中进行苗期管理，同时可以将芽苗供应给有需要的小规模种粮大户或是没有育秧中心的规模种粮户进行育秧，也可供给一般农户育秧。形成一个育秧中心＋N 个育秧点的新型育供秧模式。该模式可将现有育秧中心的育供秧能力提升 6 倍以上，供秧范围扩大 2 倍以上。该模式不仅将水稻生产最关键的播种育秧环节的技术在育秧中心完成，出苗整齐、成苗率高，可大大减少机插漏秧率，同时可扩大育秧基质、主导品种等增产措施的应用面，促进水稻增产，也可减少重复建设育秧中心。3 月 26 日，浙江省农业技术推广中心组织在诸暨市山下湖镇新桔城粮食生产合作社举行现场会，专门向全省推广该模式，来自新华社、农民日报、浙江卫视、浙江日报、浙江之声、浙江在线、省农业宣传中心、农村信息报等媒体参会并进行跟踪报道。之后，该模式得到了黄旭明副省长的批示肯定。农业部种植业司《种植业快报》（粮食绿色增产模式专刊第五期）专门刊登该模式。

四、存在的问题及改进建议

1. 绿色增产模式攻关缺乏有效的技物结合手段 虽然实践表明，水稻育秧基质、缓控释肥、新型农药等物资和技术的应用，能符合绿色增产要求，但是因为价格偏高，又没相应的政策扶持，也没有相应的目录，影响推广应用。高产创建资金购买物资又得招投标，实际应用效果好的因价格高并不一定能中标。建议出台相应的扶持政策，以及像农机购机补贴一样的绿色增产模式攻关物资补助目录。

2. 示范片内品种不统一问题依然存在 由于万亩片涉及村多、农户多，在一些社会化服务和规模经营程度低的地方，示范片内品种统一程度仍然较差，而且有的还存在"插花田"，整个片可观摩性差，示范辐射作用受到一定影响。建议加大为示范片提供生产社会化服务的合作社和种粮大户的补助力度。

3. 工作开展不平衡 当地政府和部门领导重视、财政支持力度大的，农技人员和生产主体积极性也高，高产创建工作做得有声有色。在财政状况较差的欠发达地区，对高产创建几乎没什么政策支持，农技部门也难以开展有效的工作，只停留在部省级示范片内。建议加大财政转移支付力度。

4. 基层农业部门实施项目的积极性下降 由于农业项目服务对象广，资金使用缺乏明细的规范和标准，实际使用过程中容易出现不符合审计要求的现象，粮油干部存在违纪风险，承担实施项目的积极性严重受到影响。建议高产创建资金改成以奖代补，并加强顶层设计，制定明细资金使用规范，便于资金使用。

安 徽 省

2015 年，安徽省各级农业部门认真贯彻农业部发展粮食生产各项工作要求，积极落实省委省政府工作部署，强化思路谋划，强化工作落实，强化指导服务，高产创建和粮食绿色增产模式攻关工作扎实顺利推进。

一、实施基本情况

（一）粮棉油高产创建

2015 年，安徽省建设粮棉油高产创建示范片 705 个，其中，小麦示范片 197 个（含整建制 85 个），示范总面积达 215 万亩，涉及 203 个乡（镇），442 个村，35.17 万农户；玉米示范片 91 个（含整建制 63 个），示范总面积 99.9 万亩，涉及 92 个乡镇、226 个村、17.73 万农户；水稻示范片 303 个（含早稻 40 个、双季晚稻 40 个、整建制 41 个），示范总面积 366.14 万亩，涉及乡镇 371 个、行政村 1 266 个、70.6 万农户；大豆示范片 27 个，示范面积 29.5 万亩，涉及 27 个乡镇，66 个行政村，4.98 万农户；油菜示范片 50 个（含整建制 14 个），示范面积 52.4 万亩，涉及 250 个村、15.69 万农户；棉花示范片 25 个（含整建制 9 个），示范面积 31.3 万亩。花生示范片 10 个，示范面积 10.85 万亩，涉及 12 个乡镇，35 个行政村，1.6 万农户。特色粮油示范片绿豆、芝麻各 1 个，绿豆示范面积 1.12 万亩，涉及 0.48 万农户，芝麻示范片 1 万亩，涉及农户 396 户。继续支持开展整建制推进试点，在 2 个市推进小麦整建制创建，安排 3 个县、32 个乡镇开展粮食整建制创建试点。

（二）粮食绿色增产模式攻关

2015 年，继续安排 5 个县承担农业部粮食绿色增产模式攻关试点，组织省级小麦、水稻、玉米、砂姜黑土改造等 4 个专家组协作开展绿色模式攻关课题研究与示范推广。小麦组建立了 100 亩试验田和 1 000 亩集成示范核心区，开展了小麦新品种展示和新品种筛选、种质创新与新品种选育等一系列研究攻关；水稻组围绕适于机械化生产的水稻品种筛选及展示，设置了 8 个专题 12 项单项试验研究，开展了 5 项技术模式集成示范；玉米组开展了稳产、多抗、宜机收玉米品种应用技术等 5 方面研究；砂姜黑土组开展了 6 个专题 9 项研究，重点开展了地力提升关键技术途径和栽培试验示范。

为进一步加大粮食绿色模式攻关力度，7 月 2 日，省政府办公厅印发了《关于大力开展粮食绿色增产模式攻关示范行动的意见》（皖政办〔2015〕38 号），全面实施绿色模式攻关 9 大示范行动，以万亩高产创建示范片、国家和省级现代农业示范区、省级美好乡村示范村为平台，确定了 70 个粮食主产区创建 100 个省级绿色增产示范片（区）、100 个绿色增产示范村和 100 个绿色增产示范家庭农场，建立示范创建样板点名录和档案。坚持试点先行和示范推广相结合，在全省 52 个水稻绿色增产模式攻关示范县率先启动创建了 65 个省级绿色增产示范片（区）、66 个示范村和 67 个示范家庭农场。在 21 个玉米绿色增产模式攻关示范县启动建设了 30 个示范片（区）、30 个示范村和 30 个示范家庭农场。在 49 个小麦绿色增产模式攻关示范县已建设落实了 72 个省示范片（区）、68 个示范村和 77 个示范家庭农场。

二、实施成效

通过高产创建持续多年的扎实推进，粮食绿色增产模式攻关助推发力，有力地支撑了粮食生产发展水平提升。经测产，2015 年，小麦示范片平均亩产 567.21 千克，较上年增产 14.27 千克，增产 2.6%；3 个整建制县平均亩产 504.6 千克，较上年增加 46.1 千克，增长 10.1%；25 个整建制乡镇平均亩产 555.27 千克，较上年增加 11.2 千克，增长 2.06%。玉米示范片平均亩产 653.44 千克，比上年增产 46.16 千克，增长 7.6%；整建制县示范片平均亩产 653.0 千克，比上年增产 7.1 千克，增长 1.1%；整建制乡镇示范片平均亩产 641.6 千克，比上年增产 60.1 千克，增长 10.3%。早稻示范片平均亩产 487.4 千克，较上年增长 3.7%；庐江县早稻集中育秧抛秧万亩示范片亩产达到 567.5 千克，创造了全省大面积早稻高产示范纪录。一季稻示范片平均亩产 703.4 千克，较上年增产 17.4 千克，增长 2.5%；整乡制推进示范片一季稻平均亩产 668.9 千克，较非项目区平均增产 20% 以上；整县制推进的全县亩产 521.0 千克，双季晚稻预计呈增产态势。大豆示范片平均亩产 205.58 千克，较项目县预计平均亩产 142.9 千克增产 62.68 千克，增长

43.8％。油菜示范片平均亩产 210.5 千克，较项目县平均亩产 161.0 千克增加 49.5 千克，增长 30.7％；整建制示范片平均亩产 214.2 千克，比目标产量增产 14.2 千克，增幅 7.1％。花生示范片平均亩产 360.83 千克，较项目县预计平均亩产 304.59 千克增产 56.24 千克，增长 18.5％。棉花示范片皮棉平均亩产 120.1 千克，整建制乡镇平均亩产 112.9 千克。绿豆示范片平均亩产 154.72 千克，同比增加 3.12 千克。芝麻示范片平均亩片 90.2 千克，同比增加 5.6 千克。

一年来，5 个粮食绿色增产模式攻关试点县和省级 4 个专家组通力协作，围绕绿色模式攻关课题开展深入研究与示范推广，取得了明显成效。小麦组筛选出 3 个高产耐赤霉病小麦新品种，并在赤霉病综合防治技术、小麦玉米秸秆全量机械还田配套技术、防穗发芽防倒伏等防灾减灾技术、稻茬麦新品种筛选与配套技术等方面研究取得积极进展，集成了 2 套不同区域的小麦绿色增产主推技术模式，小麦超高产技术研究也取得新突破。水稻组初步筛选出适于机械化生产的双季早晚稻和单季中稻品种，在双季早晚稻全程机械化生产技术、钵体苗机械摆栽水稻超高产栽培技术、双季早晚稻秸秆还田技术模式、稻麦轮作秸秆还田水稻丰产高效机插栽培技术、稻麦周年均衡增产配套丰产高效栽培技术、病虫害防治技术等方面研究取得较大进展，研制了新型行距可调高速水稻插秧机，集成组装了双季早晚稻和单季稻农机农艺一体化绿色增产技术模式各 1 套。玉米组集成了玉米绿色增产技术模式，筛选选育了一批耐密、抗逆、适宜机收的玉米新品种，建立了玉米绿色丰产模式及全程机械化生产栽培、粮饲兼用型和鲜食玉米无公害栽培技术体系及秸秆综合利用技术体系，研制了玉米精确播种施肥机具等 3 台（套）。砂姜黑土组集成了砂姜黑土障碍因子消减技术模式，在砂姜黑土区秸秆还田条件下氮肥合理运筹技术、不同改良物质对砂姜黑土障碍因子消除效果、不同有机物料培肥改土长期定位试验研究、玉米秸秆全量还田条件下小麦一播全苗匀苗关键技术等方面研究取得新成果，制定并印发淮北地区玉米秸秆还田小麦高产栽培技术挂图和淮北地区小麦秸秆还田玉米高产栽培技术挂图 2 套。

在高产创建及绿色模式攻关的强力支撑引领下，全省粮食生产整体水平稳步提升，粮食总产有望再创历史新高。据农业部门预计，2015 年粮食总产 347.45 亿千克，比上年增产 5.85 亿千克，增长 1.7％。其中，夏粮实现"十二连增"，总产 141.45 亿千克，比上年增加 1.45 亿千克，增长 1.0％；其中小麦面积 3 665 万亩，比上年增长 0.4％；单产 385 千克/亩，比上年增加 3.4 千克，增长 0.9％；总产 141.1 亿千克，比上年增加 1.75 亿千克，增长 1.3％。早稻因面积下降而减产，面积 285 万亩，减少 53 万亩，总产 10.92 亿千克，减产 1.94 亿千克；秋粮预计总产 195.1 亿千克，增加 6.34 亿千克。

三、主要做法

（一）积极谋划，出台政策

在高产创建深入推进的基础上，安徽省全面启动粮食绿色增产模式攻关示范行动，将其作为落实粮食安全省长责任制的重要内容和推动粮食稳定持续发展的总抓手。积极顺应现代农业发展要求，推动通用粮食生产走向专用粮食和品牌粮食生产，形成全产业链，促进一、二、三产业融合发展。根据省政府办公厅皖政办〔2015〕38 号文件，省农委进一步细化明确工作任务，先后出台《2015 年度水稻绿色增产模式攻关示范行动实施方案》（皖农农〔2015〕92 号）、《2015 年度玉米绿色增产模式攻关示范行动实施方案》（皖农农〔2015〕87号）和《关于加强粮食绿色增产示范创建工作的通知》（皖农农函〔2015〕695 号）以及《到 2020 年化肥使用量零增长行动方案》和《安徽省粮食作物病虫害绿色防控及节药行动实施方案》等一系列配套文件，进一步指导和推动粮食绿色增产模式攻关示范行动的开展。

（二）突出重点，强化投入

各地在高产创建和模式攻关示范样板创建中，突出绿色发展目标，强化品牌引领，集成资本、技术、人才、管理等现代生产要素，改造传统的稻作生产经营方式，落实"三推"措施，推进田间设施标准化、栽培模式化、生产机械化、资源节约化、服务社会化，探索总结可持续、可复制、可推广的绿色增产模式。2015 年，安徽省财政安排粮食生产发展专项资金 8 000 万元和中央财政下达省良种良法技术推广与服务补助项目资金 7 000万元，主要用于粮食绿色增产模式攻关，重点支持 70 个示范县的粮食绿色增产示范活动和粮食绿色增产技术补助。

（三）创新发展，拓宽思路

以现代生态农业产业化为总抓手，谋划现代农业发展和粮食生产举措。制定印发了现代生态农业产业化发展示意图，出台调整优化农业结构加快发展现代生态农业产业化的实施意见，印发了《关于开展五大示范行动扎实推进现代生态农业产业化的实施方案》，组织实施绿色增效、品牌建设、科技推广、主体培育、改革创新"五大示范行动"，着力打造一批高标准、高起点、高水平的现代生态农业产业化示范主体、示范园区、示范市县。

（四）加强监测，搞好服务

健全粮食作物"三情"监测网络和体系，全生育期开展苗情、墒情和病虫情监测，及时提出田间管理技术指导意见。组织农技人员进村入户到田，开展面对面的技术指导和服务，在粮食作物关键生育期，开办广播、电视专栏，宣传政策，讲解科技，把关键技术和信息送到农民手上；开通农技服务热线 24 小时提供服务，接受农民咨询；开通农技直通车，随时到田间地头开展服务。

（五）强化观摩，培育主体

做到县有示范区、乡有示范片、村有示范方，开展多层次的示范展示，组织不同群体现场观摩、技术交流，充分展示成果。以种粮大户、家庭农场及合作组织为主体，辐射带动周围农户，推动示范片农民科技水平的整体提升。加强专业化服务队伍的建设，强化病虫害统一防治、机收等专业化服务，鼓励服务组织低价优惠为农民代耕、代种、代管，以减轻农民劳动强度，提高管理水平，实行规模化、标准化生产。

（六）加强合作，扩大宣传

积极整合科技入户、专业农民培训、测土配方施肥、良种补贴、农机补贴等项目捆绑使用，充分调动相关职能部门积极性，加强部门联动，通力协作，形成了高产创建活动大合唱。通过新华社、安徽日报、安徽电视台以及各大网站，多次宣传报道粮食绿色增产模式攻关示范创建中的好经验、好做法，营造出良好的示范氛围。

四、问题与建议

安徽省粮食生产形势基本面是好的，但也存在着一些不容忽视的问题。一是粮食价格低位徘徊，农民"卖粮难"问题显现。当前，粮食价格存在"三个倒挂"（即国内与国际价格倒挂、产区与销区价格倒挂、原粮和成品粮价格倒挂）。加之因气候条件不利，部分地方小麦不完善粒比例增加，小麦价格下行，销售不畅。据安徽省长江以北 7 个县（市、区）农村固定观察点调查，目前小麦平均市场价 2.06 元/千克，比上年同期低 0.16 元。不少农民 2014 年的玉米因价格较低，现在还存放在家。二是新型农业经营主体发展存在融资难、保险难、用地难等问题。据抽样调查，农民合作社、家庭农场能够获得贷款的不足 3%。现阶段普惠制、低层次的政策性保险对规模经营的主体来说不适用，起不到防范风险、保障持续发展的作用。沿淮淮北小麦、玉米主产区规模经营户，设施用地缺乏问题相当突出。三是绿色高效栽培技术与轻简技术有待融合。由于受到农业基础设施落后、劳动力缺乏、土地规模化经营迅速发展、农业生产经营主体变化等多方面影响，农民对轻简栽培技术的需求，给高产关键技术应用带来难度。在安徽省粮食主产市县，土地流转速度加快，新的农业经营主体更容易接受直播、免耕及机械化、规模化生产技术等，而绿色高效栽培技术要求较高，需要一定文化程度才能接受，造成了与农民所需的轻简技术不协调，给技术到位率和应用带来难度。建议进一步加大投入，组织多方力量，上下配合，加强粮食绿色增产高效轻简化技术的集成配套，扩大示范应用。

福 建 省

根据农业部统一部署，2015 年福建省在 56 个县（市、区）开展粮油高产创建，共建立万亩示范片 150 个，涉及 215 个乡镇，1 496 个村，36.45 万农户，面积 160.15 万亩，比上年增加 2.25 万亩。其中浦城县为整建制整县推进试点县，诏安县西潭乡、尤溪县新阳镇、宁化县曹坊镇、泉上镇和石壁镇、长汀县河田镇、武平县十坊镇等七个乡（镇）为整建制整乡推进试点。经过全省各级农业部门的认真实施，高产创建工作取得一定成效，全面完成各项目标任务。现就高产创建活动情况总结如下。

一、主要成效

（一）完成各创建任务

据各地上报统计，早稻 23 片，面积 24.50 万亩，亩产 497.2 千克，比目标任务 450 千克增 47.2 千克，比上年同片田每亩减产 13.74 千克；单季稻 88 片，面积 94.0 万亩，亩产 568.5 千克，比目标任务 600 千克减 31.5 千克；晚稻 25 片，面积 27.23 万亩，亩产

489.96千克，比目标任务亩产450千克增39.96千克，比上年同片田亩增10.5千克；马铃薯6片，面积6.36万亩，亩产2 265.2千克，比目标任务亩产2 000千克增265.2千克，与上年减112.75千克；油菜2片已收获，面积2.0万亩，亩产104.7千克，比上年增2千克；花生6片，面积6.05万亩，亩产220.99千克，与上年同片田持平。由于多阴雨寡照以及台风天气的不利影响，水稻、马铃薯均比上年高产创建点平均亩产减产。

（二）推进粮食生产发展

近几年福建粮食种植面积尤其是稻谷面积连年下滑，加上厄尔尼诺现象影响明显，低温、寡照、台风、暴雨等灾害性天气发生频繁，稻瘟病、稻飞虱、纹枯病、稻纵卷叶螟等病虫为害偏重发生，导致稻谷严重减产甚至部分绝收，粮食安全形势严峻。据省统计局数据，2015年福建粮食播种面积1 789.8万亩，比上年减6.82万亩，总产661万吨，比上年减5.93万吨，亩产369.3千克，比上年减2千克。其中水稻播种面积1 183.45万亩，比上年减23.3万亩，减1.93%；总产485万吨，减12.06万吨，减2.43%；亩产409.8千克，减2.1千克。虽然早稻平均亩产403.9千克，比上年亩增2.5千克，创历史新高，但面积下滑了13.65万亩，总产比上年减4.8万吨。而中晚稻生产形势更为严峻。全省中稻456.85万亩，比上年减3.01万亩，总产190.41万吨，比上年减7.74万吨，亩产416.79千克，比上年减5.4千克。晚稻456.46万亩，比上年减6.64万亩，总产185.49万吨，比上年减3.52万吨，亩产406.37千克，比上年减1.78千克。通过粮油高产创建项目实施，集成组装配套超级稻强化栽培技术、水稻精确定量栽培技术、再生稻高产栽培集成技术等水稻高产高效实用技术，技术到位率提高，科技增产能力得到提升，示范带动作用显著，水稻综合生产能力得到有效提升，为保障全省粮食安全做出了一定贡献。

（三）示范带动作用明显

各地通过强化技术培训与指导，集成应用高产栽培技术，全面开展配方施肥，强化病虫害综合防控工作，节省了用肥、用药、用工成本，提高了示范区种粮经济效益。仙游县22 042亩早稻高产创建示范区平均亩产586.8千克，与当地非示范片亩产542.1千克相比，亩增44.7千克，示范区共增产稻谷98.5万千克。其中龙华镇建华村林子锁种植的1.23亩Y两优5 867，实收亩产高达650.4千克，创福建省早稻间产新高。该示范区增产部分按早稻收购价2.7元/千克计，亩增加产值120.7元，示范区可增产增收265.95万元。通过推广测土配方施肥、病虫害专业化统防统治，轻简栽培技术等，每亩节肥省药省工50元，每亩比非示范区节本增效170.7元，示范区共增收节支376.26万元。同时，通过技术培训和各项技术的落实，提高了示范区农民的科技素质和科学种田技能，促进了科技成果的转化增值；通过组织现场观摩，让周边粮农看得见、摸得着、学得会；通过测土配方施肥和病虫害专业化统防统治，减少了化肥、农药对环境及产品的污染，减轻了劳动强度，改善了生态环境。示范区农民对高产创建项目高度认同。通过高产创建示范，促进了全县早稻生产的发展。长乐市江田镇马铃薯万亩高产创建示范区平均亩产2 430.7千克，比上年同片田亩增48.2千克，比非示范区亩增210.2千克；新品种兴佳2号百亩片亩产高达2 776.9千克，比非示范区克新18号亩增556.4千克，亩增收890.2元。通过高产创建示范带动全市马铃薯产业的发展，增加了农民收入。

（四）积极探索绿色增产模式攻关

福建省虽未被列入绿色增产模式攻关示范省，但为了促进粮油生产可持续发展，省农业厅要求承担水稻高产创建万亩示范片任务的单位都要开展 100 亩以上绿色增产模式攻关试点。重点针对生产中存在的肥料、农药施用普遍超量问题，进行集中攻关，重点突破。如浦城县仙阳镇樟溪村中稻百亩示范区化肥用量纯氮 11.8 千克，比对照减 1.7 千克，减少 12.6％，病虫害化学药剂使用量减少 7.8％，病虫害损失控制在 5％以内。通过推广抗病品种，推行统防统治，优选生物农药，推行理化诱控等，促进粮食生产安全和品质提高。此外，浦城县还在莲塘镇山桥村开展中稻＋再生稻＋油菜全程机械化生产模式，取得初步成效。

二、主要做法

（一）加强三个结合

做到行政与技术结合，形成"行政单位＋农技推广部门＋核心农户"齐抓共管的示范推广模式，构建政技结合的组织领导体系和技术指导体系；示范与推广结合，坚持建立各类"五新"核心示范片，抓好中心示范片建设，做到以点带面、点面结合，促进全面推广；规模化经营与专业化服务结合，积极扶持培植种粮大户和专业合作组织，推进集约化经营，积极开展专业化、社会化服务。2015 年参与高产创建的企业、种粮大户等新型粮食经营主体达 3 691 个，比上年有较大增长。

（二）抓好全程服务

实行"专家领衔、典型示范、分级培训、辐射推广"，做好全程指导服务，有效地提高了技术到位率，一批优质高产良种和增产节本增效新技术得到快速推广应用。同时，为了进一步加强高产创建的指导工作，积极推进农科教、产学研相结合，组织省"三农"专家指导组在生产关键季节开展巡回指导活动，分季节、分区域提出田间管理意见，指导全省高产创建工作。通过多种形式的服务，有力地促进了项目工作的扎实开展。

（三）注重宣传培训

2015 年 5 月和 8 月下旬农业厅在福州市和三明泰宁县举办两次全省粮油高产创建培训班，各设区市及全省粮油高产创建项目县（区、市）农技站长、7 个高产创建整建制推进试点乡农技站长共 80 多人参加了培训。会上浦城、宁化、武平等 8 个县介绍了近年开展高产创建活动的经验。农业厅就 2015 年全省粮油高产创建工作具体实施要求、档案资料规范管理、再生稻栽培技术等方面进行培训。为确保粮油高产创建各项技术措施落到实处，全省各级农业部门按照农业厅的统一部署和安排，派出驻点人员，建立重点联系户。注重抓宣传，充分利用各种有效方式，广泛宣传发动。据不完全统计，全省在省级以上报刊及网站发布 231 篇（次）、市级报刊及网站发布 511 篇（次）有关信息；注重抓示范，抓好万亩示范区和"五新"集中展示区建设，并及时组织乡村领导、农技干部、种粮大户、科技示范户、专业合作社成员及农户等到现场进行观摩。注重抓现场培训，农技人员到田间地头进行现场操作演示，增强了农民的感性认识，提高了农民实际应用技术水平。

（四）积极引导新型粮油经营主体参与

据各地上报统计，2015 年参与粮油高产创建的涉农企业有 72 个，种粮大户 3 434 户、专业合作社 185 个，比上年有较大增加。长乐市积极扶持农机、植保、农民专业合作社等服务组织，开展代育代耕代种、代防代治等专业化社会化服务。大力推行统一耕（整）地、统一育秧（播种）、统一肥水管理、统一病虫害防治、统一机械作业的"五统一"技术服务，提高生产服务的专业化社会化程度。整建制高产创建的河田镇大力培育专业种植大户和新型职业农民，支持发展家庭农场。探索社会化服务新模式，提升产业化经营水平，对流转土地的种粮大户和家庭农场、农民专业合作社进行一定的表彰，培养农户和新型经营主体的主动参与意识。目前该镇拥有农民专业合作社 50 余家，家庭农场 40 多家，有效地辐射带动了农业"五新"技术的推广。在河田片区开展了新品种示范和植保无人机以及"加农炮"等新农机的防治观摩会，得到了与会人员的认可，取得了辐射带动的效果。

（五）努力推进农艺农机结合

高产创建的实施，引领农业生产单项技术向集成技术转变，带动形成新的生产力。全省各地因地制宜，选择关联度大和带动性强的多项技术进行集成示范推广，做到良种良法相结合、农艺农机相配套，示范片内基本做到良种覆盖 100%，测土配方施肥和病虫害专业化统防统治全覆盖。如平潭县花生高产创建示范区加大花生播种机械化及种植模式与花生收获机械化链接配套力度，使花生机械化率更高，使农机与农艺有机融合，降低花生栽培成本，从而提高经济效益，达到既增产又增收。

三、问题和建议

（一）增加资金投入

高产创建目标高任务重，蹲点办方、千户联系等工作量大，加上种子、肥料等物资补贴，所需资金较大。建议农业部增加项目资金投入，将每示范片 16 万元增加到 25 万元，并细化资金使用方案，划出一定金额用作测产及现场会等费用。此外，各地普遍反映，现有的体系建设培训无法达到高产创建专项技术培训的要求，最好是保留原高产创建的专项培训。

（二）设立高产创建奖励制度

为了鼓励和调动各方开展高产创建积极性，建议农业部建立高产创建奖励制度，设立高产创建工作先进县、先进乡镇、先进示范农户。对先进单位和示范农户颁发奖状证书和资金奖励；对农技人员设立高产创建农技推广奖，并将获奖作为评定和聘用技术职称的条件之一。

(三) 组织培训学习

多组织基层农技人员参加技术培训，提高业务水平，组织开展异地考察，学习兄弟省份好的做法与经验，以便进一步提高基层实施粮油高产创建的总体水平。

江 西 省

2015 年，江西省创新思路，强化措施，深入推进粮棉油高产创建，大力开展粮食绿色增产模式攻关，有效促进了全省粮食生产均衡增产。现就有关工作总结报告如下。

一、项目基本情况

2015 年江西省粮棉油高产创建万亩示范片 485 个。粮食高产创建万亩示范片 436 个，其中双季稻 366 个，中稻 70 个。粮食整建制推进县 2 个，整建制推进乡镇 20 个。油料高产创建万亩示范片 39 个，其中油菜 35 个，花生 4 个。棉花高产创建万亩示范片 10 个。

二、项目实施成效

(一) 早稻高产创建测产验收结果

全省 183 个早稻高产创建示范片，其中普通万亩示范片 116 个，整建制推进试点县示范片 27 个，整建制推进试点乡镇（场）示范片 40 个。

1. 普通万亩示范片　全省 116 个部级早稻万亩示范片示范面积达 135.6 万亩，据测产验收，平均亩产 528.5 千克，比上年增加 11.9 千克，预计辐射带动农户 30 万户增产 1.6 万吨，增收 4 320 万元。

2. 整建制推进试点县　整建制推进试点县上高、新干 2 个县（市、区）早稻万亩示范片示范面积达 31.6 万亩，据测产验收，平均亩产 563.4 千克，比上年增加 44 千克，预计辐射带动农户 4.6 万户早稻增产 1.4 万吨，增收 3 780 万元。

3. 整建制推进试点乡　20 个整建制推进试点乡镇，早稻示范面积达 68.5 万亩，据测产验收，平均亩产 527.3 千克，比上年增加 27 千克，预计辐射带动农户 13.1 万户早稻增产 1.8 万吨，增收 4 860 万元。

(二) 中稻高产创建测产验收结果

全省 70 个部级中稻万亩示范片示范面积达 72.7 万亩，据测产验收，平均亩产 659.4 千克，比上年增加 11 千克，示范带动农户 20 万户中稻增产 0.8 万吨，增收 2 208 万元。

(三) 晚稻高产创建测产验收结果

全省 183 个晚稻高产创建示范片，其中普通万亩示范片 116 个，整建制推进试点县示范片 27 个，整建制推进试点乡镇（场）示范片 40 个。

1. 普通万亩示范片 全省 116 个部级晚稻万亩示范片示范面积达 135.6 万亩，据测产验收，平均亩产 565.4 千克，比上年增加 18.4 千克，预计可辐射带动农户 30 万户增产 2.5 万吨，增收 6 900 万元。

2. 整建制推进试点县 整建制推进试点县上高、新干 2 个县（市、区）晚稻万亩示范片示范面积达 31.6 万亩，据测产验收，平均亩产 574.3 千克，比上年增加 20.3 千克，预计可辐射带动农户 4.6 万户均衡增产 0.6 万吨，增收 1 656 万元。

3. 整建制推进试点乡 20 个整建制推进试点乡镇，晚稻示范面积达 68.5 万亩，据测产验收，平均亩产 577.6 千克，比上年增加 33.6 千克，预计可辐射带动农户 13.1 万户均衡增产 2.3 万吨，增收 6 348 万元。

通过高产创建示范引领和绿色增产模式攻关，有效促进了全省粮食大面积均衡增产。据国家统计局江西调查总队提供的数据，预计 2015 年全省粮食播种面积 5 566.96 万亩，比 2014 年增加 20.95 万亩。据农情调度，预计 2015 年全省粮食总产 214.71 亿千克，基本保持稳定，比上年略增 0.36 亿千克。

（四）油菜高产创建测产验收结果

全省共建设部级油菜高产创建示范片 35 个，示范总面积 36.72 万亩，共涉及 40 个乡镇、268 个行政村、农户 98 278 户。示范区油菜籽平均亩产 194 千克，总产达到 7.12 万吨，比当地同面积非示范区增加 2.46 万吨。35 个油菜高产创建万亩示范片双低优良品种覆盖率达 100%、测土配方施肥达 100%、病虫害综合防治达 100%。在示范片的辐射带动下，全省油菜良种覆盖率在 90% 以上。油菜免耕直播等一批先进实用生产技术普及迅速，应用面积达到 500 万亩以上。

（五）花生高产创建测产验收结果

全省共建设部级油菜高产创建示范片 4 个，示范总面积 4.09 万亩，共涉及 4 个乡镇、64 个行政村、农户 18 627 户。示范区油菜籽平均亩产 333 千克，总产达到 1.4 万吨，比当地同面积非示范区增加 0.3 万吨。与 2014 年相比，4 个示范区增产明显，比上年平均每亩增产 7 千克，特别是新建县和余江县示范片增产显著，亩产分别增加 10 千克和 10.8 千克。

（六）棉花高产创建测产验收结果

全省 10 个棉花高产创建示范片，其中整建制推进试点乡镇（场）示范片 2 个。全省 10 个棉花万亩示范片示范面积达 10.37 万亩，据测产验收，平均亩产皮棉 124.3 千克，比上年示范片略减 2.6 千克，比全省平均单产增 20.1 千克，预计辐射带动农户 3.27 万户增产 208.4 万千克，增收 3 126 万元。其中，2 个整建制推进试点乡镇示范面积达 6.33 万亩，据测产验收，平均亩产皮棉 123.7 千克，预计辐射带动农户 1.26 万户增产 137.3 万千克，增收 2 059.5 万元。

三、主要经验做法

（一）强化技术示范服务

一是以水稻、油菜高产创建为平台，以"四控一减"为要求，全省共建设百亩绿色增产模式攻关示范片 471 个。二是以粮食整建制推进县为平台，上高县、新干县各建设 2 个万亩双季稻全程机械化示范片。三是以中稻高产创建为平台，结合绿色增产模式攻关，全省共建设"一季稻＋再生稻"百亩示范片 70 个。四是示范推广"籼改粳"种植模式，在有粳稻种植基础的项目县重点建设百亩粳稻示范片 20 个。五是示范推广油菜轻简化栽培及"一促四防"技术，实现油菜免耕直播覆盖率达到 90％以上，"一促四防"覆盖率达到 100％。六是示范棉花直播模式，通过坂田（或油后翻耕）直播、测土配方施肥、化学打顶、化学调控集中采花等方式，在产量不减的基础上每亩节约 3～7 个工。

（二）落实绿色增产措施

为改变拼资源、拼投入品、拼生态环境的传统发展方式，2015 年主推了"四控一减"绿色措施。一是控土壤酸化。通过土壤施用石灰，调节土壤酸碱度，改善土壤结构和理化性状，缓解耕地酸化趋势。创新开展粮、经、饲三元种植结构示范攻关，以生态修复方式控制土壤酸化。二是控地力下降。大力开展耕地保护与质量提升，示范推广秸秆还田、种植绿肥、沼肥应用、增施有机肥等技术，改良土壤，提升地力，改善农业生态环境。积极拓宽肥田油菜、肥田萝卜、经济绿肥等绿肥种植新途径。三是控化肥用量。深入推进配方肥和有机肥料、缓控释肥的应用，严格控制化肥总施用量。开展氮肥后移技术示范，双季稻穗粒肥中氮肥的用量提高到 30％左右，一季稻穗粒肥中氮肥的用量提高到 40％左右，着力提高氮肥利用率。四是控病虫害损失率。着力提高病虫害预报准确率，积极推广病虫害绿色防控和综合治理技术，确保病虫为害损失率控制在 5％以内。五是减农药用量。实施农作物病虫害统防统治和绿色植保农药减量技术提升行动，融合推进专业化统防统治绿色防控，大力推广三生三诱、安全科学用药等绿色防控技术，减少农药用量，确保实现农药零增长目标。积极开展"稻蛙""稻鸭"等绿色生态种养模式试验攻关。

（三）创新开展测产测效

为确保单产稳定，着力提高效益，突出技术可行性与经济合理性的有机结合，在组织本辖区高产创建万亩示范片测产工作的基础上，创新开展粮食高产创建测效，算好单位面积效益和规模效益两笔账，引导在高产中筛选高效模式、在高效中筛选高产模式，促进生产方式向高产高效转变。委托设区市进行日常工作督导和绩效考核，省级进行抽查验收，并结合设区市考核情况进行综合排名，考评结果作为明年项目安排的依据，实行优进劣汰。

四、2016 年工作打算

当前，农业部门适应新常态、推进现代农业发展，最紧迫的任务就是要大力推进农业发展方式转变和结构调整。粮食高产创建要围绕粮食生产大局，在转方式、调结构方面先行先试。注重粮食产量与产能同步提升，结构调整与布局优化同步推进，资源利用与环境保护同步实施。围绕上述目标任务，2016 年江西省农业厅将重点打造万亩粮油生产调结构、转方式"五个示范区"。

（一）打造绿色生产示范区

建立千亩连片绿色增产模式攻关田，开展"四控一减"试验示范（即控土壤酸化、控地力下降、控化肥用量、控病虫害损失、减农药用量），示范推广"三控"绿色节本增效技术（即控肥、控苗、控病虫害），开展农药化肥减量增产行动，实现化肥、农药用量"两个零增长"，提升粮油绿色生产水平。

（二）打造高效生产示范区

按照"在高产中筛选高效模式、在高效中筛选高产模式"的原则，因地制宜示范推广"双季双机插""双季双抛秧""双季双直播""一季稻＋再生稻＋油菜""双季稻＋油菜"等高产高效耕作模式。示范推广水稻、油菜全程机械化生产，示范区内水稻机插率达 30％以上，机耕机收率达 100％，机防率达 100％。

（三）打造优质生产示范区

除试验示范及展示区域外，示范区主推品种覆盖率达到 80％以上，重点推广生产优势好、收储需求量大、市场销路好的水稻优良品种和双低优质油菜品种，实现优质优价、稳产增收。

（四）打造智能服务示范区

开展"互联网＋农业"物联网建设，大力推广"江西微农"微信公共服务平台，建立完善农情智能监测、病虫害实时自动监测等现代智能服务平台。

（五）打造"三产融合"示范区

大力培育种粮（油）大户、农机大户、农民合作社、家庭农场、农业生产社会化服务组织、农业企业等新型农业经营主体，推行"企业＋基地＋农户"等经营模式。结合现代农业示范园区建设，培育壮大粮油产业集群，做大做强一批粮油加工企业。探索发展农产品电子商务、连锁直销、农超（社）对接等现代营销模式。

山东省

2015 年，山东省精心组织，扎实推进，坚持政策驱动、科技推动、示范带动的原则，切实抓好粮棉油高产创建和粮食绿色增产模式攻关工作，通过集成推广高产高效、资源节约、环境友好的技术模式，促进生产与生态协调发展，继续保持了粮食和农业发展的好势头，确保了粮食安全和重要农产品的有效供给。现将实施情况总结如下。

一、基本情况

2015 年，山东省在小麦、玉米、水稻、大豆、花生、马铃薯、棉花 7 种作物上实施了 885 个高产创建万亩示范片（不含青岛）（见表），涉及 117 个县（市、区）。其中，建设了 1 个粮食整建制推进市、5 个整建制推进县、33 个整建制推进乡（镇）和 9 个棉花整建制推进乡（镇），在 8 个县（市、区）开展了粮食绿色增产模式攻关任务。

2015 年山东省粮棉油高产创建万亩示范片落实表

单位：片

作物	小麦				玉米				水稻	大豆	马铃薯	花生	棉花	合计
	万亩片	整县	整乡	合计	万亩片	整县	整乡	合计						
片数	279	63	66	408	209	62	66	337	9	6	10	40	75	885

二、实施成效

（一）高产攻关田

在粮棉油作物收获适期，省农业厅组织有关专家，对核心攻关田进行了实收测产。据统计，小麦实测 39 个地块，平均亩产 695.84 千克，比上年低 18.03 千克，有 22 个地块亩产超过 700 千克。莱州市种植的烟农 1212 品系亩产最高 809.13 千克；玉米实测 24 个地块，平均亩产 930.91 千克，比上年低 2.26 千克，有 8 个地块亩产超过 1 000 千克。岱岳区的省长指挥田亩产最高达 1 127.06 千克；水稻实测 2 个地块，平均亩产 674.55 千克，比上年低 2.99 千克；大豆实测 3 个地块，平均亩产 282.24 千克，比上年高 3.51 千克。菏泽市鄄城县种植的菏豆 23，1.02 亩平均亩产 308.58 千克，创菏泽市夏大豆单产最高纪录；花生实测 16 个地块，平均亩产 595.48 千克，比上年高 7.44 千克，有 9 个地块亩产超过 600 千克。文登区种植的春花生亩产最高 666.6 千克；棉花高产攻关田皮棉平均亩产 138.1 千克，有 28 个地块皮棉亩产达到 150 千克。

（二）万亩示范片

据统计，小麦万亩示范片平均亩产 602.71 千克，比上年低 3.83 千克，比全省小麦平均亩产高出 191.01 千克，高 46.4%；玉米万亩示范片平均亩产 644.93 千克，比上年低 1.07 千克，比全省玉米预计亩产高出 225.54 千克，高 51.3%；水稻万亩示范片平均亩产 620.67 千克，比上年低 0.83 千克；大豆万亩示范片平均亩产 215.65 千克，比上年高 3.69 千克；马铃薯万亩示范片平均亩产 3 290 千克，与上年持平；花生万亩示范片平均亩产 393.21 千克，比上年低 1.49 千克；棉花万亩示范片平均亩产皮棉 104.1 千克，比上年低 5.7 千克。

（三）大面积高产典型

德州市是粮食整建制推进市，小麦种植面积 795.2 万亩，平均亩产 541.7 千克，玉米种植面积784.0万亩，平均亩产598.5千克，小麦玉米周年亩产合计1 140.2千克，实现了吨粮市；5个粮食整建制推进县小麦种植面积516.47万亩，平均亩产545.44千克，玉米种植面积507.04万亩，平均亩产617.42千克，小麦玉米周年亩产合计1 162.86千克，实现了吨粮县。33个粮食整建制推进乡小麦种植面积241.37万亩，平均亩产575.93千克，玉米种植面积238.97万亩，平均亩产649.36千克，小麦玉米周年亩产合计1 225.29千克，实现了吨粮乡。9个棉花整建制推进乡植棉面积28.2万亩，平均亩产104.4千克，比上年低6.8千克。农业部组织专家对齐河县30万亩粮食绿色增产模式攻关核心示范区进行了测产验收，小麦平均亩产651.6千克，玉米平均亩产801.7千克，小麦玉米周年亩产合计1 453.3千克，创造了全国最大面积粮食高产新纪录。

三、创新性的做法

（一）培育新型农业经营主体

山东省按照"边发展边规范、以规范促发展"的思路，积极引导农民发展各类农业合作组织，着力构建集约化、专业化、组织化、社会化相结合的新型农业经营体系，积极推动农业社会化服务体系建设，提高农民组织化程度和物质装备水平，推进传统农业向现代农业快速发展。如枣庄市整合玉米高产创建、"一防双减"和重大农作物病虫害防治等项目，发展植保专业化服务组织，探索机械化模式下玉米生产全程病虫草害防控措施；扶持培育有条件的乡镇成立万亩粮食合作社，探索"合作社＋家庭农场"、"村两委＋合作社"等新型运营模式。据统计，全省种粮在50亩以上的种粮大户有2万户。其中，德州市粮食种植合作社2 800多家，泰安市农民专业合作社5 365家，植保专业化服务组织121支，从业人员2 916人。高产创建万亩示范片和部分大田粮食生产依托农机合作社、农作物专业合作社，实行种、管、收关键环节的专业化服务，既解决了分散农户种植管理粗放，又降低了作业成本，提高了病虫害防治效果，实现了节本增效。荣成市政府统一组织，引导农业龙头企业、科研院所、专业合作社通过自愿合作的形式将项目区建成"种植补贴的合作制基地"和"保护价收购的合同式基地"。潍坊市政府拿出550万元，采取政府购买、社会化服务组织统一实施的办法，开展粮食高产全程社会化服务试点工作，建设了500亩以上核心示范区3处，辐射带动3万亩。

（二）加快科技成果转化

各项目县（市、区）已将高产创建作为发展粮棉油作物生产的重要抓手，在高产攻关田、绿色增产模式攻关区中试验示范了各项增产技术，在万亩示范片、整建制推进县乡、粮食高产示范方中推广了成熟的技术模式，引导农民改变传统粗放的种植模式，提高科学种田意识和水平。如小麦宽幅精播高产栽培技术、小麦深松镇压节本栽培技术、玉米"一增四改"和"一防双减"高产栽培技术、水稻工厂化育秧和机械化插秧技术、大豆窄行密植技术、花生单粒精播技术、抗虫棉高产栽培技术、棉花轻简化生产关键技术、盐碱地棉花丰产栽培技术等得到大面积推广应用。德州市通过开展粮王大赛活动，评选出夏秋两季和全年的市县乡三级粮王，不仅把各项措施落实到位，还充分调动了农民科学种田的积极性，形成了"比学赶帮超"良好局面。

（三）加大考核奖励力度

2015 年年初，省厅下发《关于开展全省粮棉油高产创建考核检查的通知》（鲁农种植字［2015］2 号），组织全省考核检查，根据考核结果对有关项目县进行了微调。山东省财政列支 400 万元用于粮食绿色增产模式攻关工作，每县 50 万元，市、县两级财政也都加大了支持力度。枣庄市在 30 个示范乡镇实施玉米机收秸秆粉碎还田作业奖补，同时，财政列支 50 万元，奖励小麦、玉米、马铃薯高产攻关田，对在农作物高产创建项目中做出突出成绩的市、区（市）、乡（镇）先进单位或农技人员，分别授予全市高产创建先进单位或先进个人荣誉称号；德州市财政设立粮食高产创建奖励专项资金 1 000 万元，对粮食生产先进县（市、区）、先进乡（镇）进行以奖代补，表彰先进，激励后进。滕州市财政列支 60 万元用于整建制推进玉米高产创建工作，除用于补助有机肥、农药、机播费外，重点对万亩示范片高产示范户进行表彰奖励，通过政策扶持，调动了农户创高产的积极性。齐河县 30 万亩玉米统一补贴供种，高产耐密良种覆盖率达到 100%。在 2014 年补贴购置玉米单粒精播机 1 000 台的基础上，2015 年又补贴购置玉米单粒精播机 1 500 台，全县 30 万亩绿色增产模式攻关示范区可在 2 天内播种完毕，全部实现了宽垄密植栽培。

（四）及时做好防灾减灾应对

针对干旱、低温冻害、风雹等异常气候的不利影响，省厅组织有关专家实地考察会商，有针对性地提出了不同作物科学防灾减灾措施，为各地粮棉油作物生产提供了及时有效的技术指导意见。同时，各地也积极组织技术人员到田、到户开展抗灾减灾和田间管理技术指导服务，确保了高产创建示范区的稳产、高产。济南市向社会公开专家、科技人员的联系方式、业务优势等信息，方便农户咨询；向广大种植户发放"便民联系卡"，便于农户及时与科技人员联系。滕州市对全市种粮农民开展专家远程视频服务，每天对 1 万个手机用户提供农业短信服务，使种田农民足不出户，随时随地享受及时、准确、便捷、实用的农业生产技术信息。

（五）节本增效新技术新模式

按照农业部提出的"一控两减三基本"的目标，山东省在稳定粮棉油作物产量的同时，积极探索节本节水控肥药等技术的研发，集成示范推广了一批高产高效、资源节约、环境友好的粮食绿色增产技术模式。如临邑县集成推广的小麦玉米节水灌溉增产技术模式，喷灌每亩用水 30 米^3 左右，比大水漫灌节水 70% 左右，同时可以解决大水漫灌造成的土壤板结、肥料流失等问题（节水节肥）；大水漫灌每亩 10～15 元，喷灌每亩 2～3 元（节支）；大水漫灌一个机组 24 小时浇地 10～15 亩，喷灌一个机组 24 小时浇地 30～50 亩（作业效率高）；麦田喷灌可以去掉畦背，节省土地 10%（节地）；大畦利于大型机械作业（提高机械化作业效率）。岱岳区和滕州市开展的小麦"两深一浅"高产高效栽培技术攻关、临邑县开展的玉米免耕深松分层施肥播种技术攻关，种肥同播结合深松、播量播深精确，株距行距精确，解决了播种质量差、机械重复使用等问题，省工节本，根深叶茂，抗倒能力强,增产明显。齐河县依托全县 168 家社会化服务组织,购进大型飞防飞机 2 架、多旋翼无人机 6 架,全县粮田病虫害统防统治面积达到 40 多万亩,规范使用化肥、农药,提高了药效,全县农业生产开始走上环保高效、可持续发展的道路。无棣县粮食绿色增产模式攻关区施入生物菌肥和秸秆还田,每亩可减少使用化肥 20 千克;利用地下管道节水灌溉技术,节水效率提高 22% 以上,通过运用综合技术措施,每亩增加经济效益 100 元。

四、问题和建议

粮棉油高产创建实施多年来,存在以下几个问题:一是资金的问题。一方面补助资金投入偏少,只能用于小面积的种子、化肥、农药等物化补贴和专业化服务。另一方面资金下达较晚,即使省财政提前预拨了资金,但没有省农财联合行文,市级财政也不会提前拨付,严重影响了当年作物的生产投入,尤其对财政状况不好的项目县(市、区)影响较大。二是补助资金使用项目不明细,有些项目县财政局不给结算项目费用。三是粮食绿色增产模式攻关没有专门资金保障,占用高产创建补助资金,影响攻关任务的开展。四是高产创建没有专门的工作经费,技术推广过程中用车、吃饭、加班补贴等都无法保障,不利于调动基层农技人员的积极性。

建议:一是提前下达高产创建实施指导意见,力争和预拨资金一起到位。二是增加工作经费,明细高产创建补助资金的使用范围。三是缩减总片数,增加每片补助资金额度。四是扩大高产创建作物种类,增建甘薯、谷子等杂粮作物的高产创建。

河 南 省

河南是粮食生产大省,省委、省政府非常重视粮食生产,把粮食生产作为重要任务来抓。根据要求,2015 年河南省加强对项目实施的组织领导,创新工作方式和方法,加大创建工作力度,坚持政策驱动、科技推动、示范带动,狠抓关键增产技术的普及应用和生产条件的改善,努力提高单产,增加总产,推动全省粮食均衡增产。通过示范方等典型引路,大力推进了项目县区小麦标准化生产,带动了全省粮食持续健康发展,现将粮食高产创建和绿色增产模式攻关情况总结如下。

一、实施基本情况

2015 年,全省创建粮棉油万亩高产示范片 1 041 个,其中小麦 417 个、玉米 416 个,其他为水稻、大豆、马铃薯、油菜、花生、棉花、特色粮豆、特色油料作物。全省有 1 个市、5 个县(市)、44 个乡(镇)开展粮食高产创建整建制推进。按照高标准粮田建到哪里,高产创建就跟进到哪里的原则,加强高产创建与高标准粮田建设结合,选好建好高产创建示范片。高标准粮田建设围绕保粮田面积、保粮食产量、保粮农收益的目标,统筹农业综合开发、土地整理等工程项目资金,规划建设 6 369 万亩的永久性高标准粮田,确保到 2020 年实现 650 亿千克的粮食生产能力。2012 年以来,已累计整合资金近 400 亿元,建设高标准粮田 4 000 多万亩，推动了粮食生产由靠天吃饭向"看天用地"转变。各地因地制宜选择不同地力水平、不同生产条件安排万亩示范片，适当安排中低产田块，因地制宜确定高产创建目标，实现低产变中产、中产变高产、高产可持续。同时按照要求，原则上对连续 3 年以上承担高产创建任务的万亩示范片进行轮换，提早做好下一轮高产创建万亩示范片的选址和储备项目工作。同时，加快技术跟进，按照六统一（统一选用良种、统一整地播种、统一肥水管理、统一技术培训、统一病虫害防治、统一机械收获）的要求高标准建好示范片。

深入开展粮食增产模式攻关，根据河南省实际，在 5 个粮食增产模式攻关试点县滑县、唐河、温县、浚县、夏邑县的基础上，增加修武县、黄泛区农场为粮食增产模式攻关试点。2015 年在前期攻关的基础上，重点开展"三大行动"，即耕地质量保护与提升行动、砂姜黑土改良提升行动、盐碱地低产变中高产提升行动。在"三推"（推广高产高效多抗新品种、推广规模化标准化机械化的栽培技术、推进耕地质量建设）和"三控"（控肥、控药、控水）上下工夫，实现科技水平和可持续发展能力的提升。小麦以生产条件好、产量水平高的温县、滑县、唐河县为试点县，以创新集成黄淮冬麦区小麦持续增产技术模式为主要攻关内容，开展以"豫北水浇地小麦持续增产技术""豫南砂姜黑土区小麦增产技术"为主要内容的小麦增产技术模式攻关。河南玉米常年播种面积 5 000 多万亩，是第二大种植作物。玉米机播率达到 89%，但玉米机收率不足 70%，籽粒机收率更低。随着土地流转的加快和规模化种植的发展，种粮大户、农民合作社等新型农业经营主体对农业机械化作业要求越来越高，玉米籽粒机收成为阻碍玉米实现全程机械化的一大瓶颈问题。为解决这一瓶颈问题，河南省把玉米全程机械化作为粮食绿色增产模式攻关的工作重点，分别在唐河县、夏邑县、浚县选择试验田，强化措施，积极推进。

二、项目实施成效

2015 年，经过全省各级农业部门的努力，完成了各项任务。实施小麦高产创建万亩方 417 个，面积 470 万亩，平均亩产 610.5 千克，高出项目县平均亩产 110 多千克；实施玉米高产创建万亩方 416 个，面积 470 万亩，平均亩产 659 千克，高出项目县平均亩产 130 多千克；实施水稻高产创建万亩方 64 个，面积 67 万亩，平均亩产 494 千克，高出项目县平均亩产 100 多千克；实施大豆高产创建万亩方 20 个，面积 20 万亩，平均亩产 221 千克，高出项目县平均亩产 120 多千克；实施花生高产创建万亩方 50 个，面积 53 万亩，平均亩产 353 千克，高出项目县平均亩产 56 多千克；实施油菜高产创建万亩方 26 个，面积 26 万亩，平均亩产 203 千克，高出项目县平均亩产近 10 千克。在高产创建推进工作中，鹤壁市、焦作市涌现一些高产典型。同时，先进技术得到落实。在示范片区项目实施过程中，实行统一整地、统一机械化播种、统一肥水、统一技术培训、统一病虫害防治、统一机械化收获。技术人员直接服务到户，良种良法直接到田，配方施肥、药剂拌种、病虫害专业化统防统治得到大面积推广应用。农民科技水平得到提升。通过科技培训、示范引导，农民的科学种田意识得到了加强，农民整体技术水平有了很大提高。打造了一批样板田。通过高产创建项目的实施，整合了一批农业项目资金，集中投入到高产创建示范区，加强水渠、机井、道路、电网等基础设施建设，改善农业生产基础条件，打造了高产、稳产的示范田。

粮食增产模式攻关工作也取得新的突破，集成总结了"豫北水浇地小麦持续增产技术"和"豫南砂姜黑土区小麦高产技术"。小麦品种展示试验已发现有综合性状优良的苗头品种；增施粗肥、综合利用沼渣沼液等技术提升了土壤肥力；深耕深施等农机农艺配套技术改变种植模式。在小麦模式攻关中，滑县通过绿色增产模式攻关技术的应用，每亩减少种子播量 2 千克，每亩减少尿素用量 15 千克，统防统治病虫害每亩节约农药成本 5 元；充分利用农用机械，每亩减少人工 0.4 个；采用机械深耕，每亩增加投入 10 元；为培肥地力，每亩增施有机肥 800 千克，增加投入 240 元。模式攻关田每亩平均产量 660.8 千克，较全县平均亩产 524.2 千克，增产 136.6 千克，每千克 2.55 元，产值增加 348.3 元，收益增加 174.3 元，增效显著。唐河县通过比较分析，采用增产攻关模式都比常规生产每亩收益高，尤其是超高产攻关模式和百亩方攻关田模式，分别比常规生产的每亩收益高 373.8 元和 188 元，机械化耕作的模式，也分别比常规生产高 90 元，病虫草害综合防控技术示范的每亩收益比小麦常规生产高 16 元。据修武县农业局组织专家验收组测产：百亩方平均亩产 653 千克，较一般大田的 526 千克增产 127 千克；各攻关点平均亩产均超 700 千克，小面积高产攻关田最高亩产突破 800 千克；模式攻关田每亩投入成本 875 元，较一般大田的 720 元增 155 元，增加部分主要是人工 100 元，机械深耕 20 元，农药、化肥 35 元。按市场价每千克小麦 2.4 元计，模式攻关田每亩纯收益 692.2 元，较一般大田每亩纯收益 542.4 元净增 149.8 元。

玉米模式攻关也取得初步成果。熟期：30 个参试品种在浚县、夏邑县的熟期最短的为 97 天，最长为 110 天。倒伏倒折率：浚县示范点遭受大风，有几个品种抗倒性不理想，出现了倒伏，倒伏倒折率为 10%～30%，其他品种未倒伏倒折或倒伏倒折率低于 5%。抗病性：2015 年玉米锈病大发生，生产上绝大部分品种均感锈病，部分品种出现青枯病危害。收获时籽粒水分：2 个品种水分低于 27%，其他品种水分均在 27%以上，最高的 2 个品种分别达到了 35%和 34.9%。产量表现：2 个品种亩产量达到了 700 千克，20 个品种亩产量达到了 600 千克，8 个品种平均亩产量均在 600 千克以下。籽粒破损率：3 个品种籽粒破损率在 5%以下，12 个品种籽粒破损率为 5%～7%，其他品种籽粒破损率均在 7%以上，2 个品种籽粒破损率达到了 10%以上。在 2015 年的气候及管理水平下，综合抗倒、籽粒水分、产量、籽粒破损率等因素，表现较好的有 3 个品种，籽粒破损率均在 5%以下，产量接近 600 千克，实现了丰产性和适宜籽粒机收性状的有机结合，为今后大面积推广提供依据。

三、主要工作措施

(一) 加强组织领导

河南省高度重视高产创建工作，始终把高产创建活动作为落实关键技术，提升粮食综合生产能力的突破口和着力点抓紧抓实。及时研究制定了《河南省 2015 年粮棉油高产创建项目实施方案》，下发各县区，指导切实抓好落实工作。同时，调整成立了高产创建领导小组，领导小组下设办公室，省农技站站长任办公室主任，组织专门人员任办公室成员，负责高产创建日常管理工作。为切实加强高产创建技术集成创新力度和技术推广的有效性，实行首席专家负责制和技术人员分片包干责任制。根据实际情况，分别设立小麦、玉米、水稻、花生等作物首席专家，建立首席专家领导下的分作物省级专家技术团队，首席专家具有项目专家组成员的选聘权和项目经费的支配权。省级专家团队主要负责研究制定本作物高产创建技术实施方案。省辖市成立市级专家团队，专家分包到县。县成立县级技术指导组，负责开展技术培训、指导、咨询、推广等，落实项目实施方案技术措施。同时，县级实行技术人员分片包干责任制，制定技术人员花名册，包括姓名、职称、职务、联系方式等基本情况，以及技术指导员包抓高产创建示范方、示范面积等，农技人员开展培训与指导的时间、人员、内容及效果，实行台账式记录管理。

（二）加强技术落实

一是落实关键技术。针对不同地区、不同区域粮食生产特点、生产存在问题、技术应用现状等基本情况，推广促进当地粮食生产发展的关键技术。如小麦宽幅匀播、玉米适时晚收等关键技术。二是抓住关键时期。在作物生产关键时期，及时深入田间地头开展苗情、墒情、病虫情调查，全面把握生产动态，制定关键时期生产技术指导意见。密切关注不同的气象条件，针对作物生长发育中的突发问题，组织专家会诊，研究对策，制定防灾减灾技术预案，指导农民科学应变管理，有效应对灾害天气。三是服务关键对象。主动适应新常态下农技推广新要求，在服务对象上，从一家一户向种粮大户、家庭农场、专业合作社等新型农业经营主体倾斜，加大对其培训指导力度，培养一批有文化、懂技术、善经营、会管理的现代农业带头人。为确保各项技术措施的落实，经常性地抽调有关专家和技术人员深入生产一线，分包示范片村，示范户，开展技术培训、入户指导、试验示范等技术服务。继续开展"万名科技人员包万村"行动，积极深入所包村，认真制定技术方案，并根据作物生长发育进程和田间存在的问题，及时提出管理意见和应对措施，搞好示范引导，服务高产创建活动。

（三）着力培育新型经营主体

印发了《河南省调整完善2015年农业三项补贴政策实施方案》，制定了支持示范性粮食适度规模经营细化措施，加快推进土地适度规模经营。种粮大户等新型经营主体是新技术的引领者、示范者、带动者，高产创建和模式攻关项目安排向新型经营主体倾斜。为加大对新型经营主体的技术支撑，在全省开展"百站包百家"活动，即农技推广部门针对种粮大户等新型经营主体做好技术指导与服务，帮助解决生产中遇到的技术问题。目前，河南省在工商部门登记注册的合作社有10.4万家，入社农户570多万户，占农户总数的28.6%；100亩以上种粮大户有4.3万家，全省土地流转种植粮食面积1 625万亩。

（四）加大资源整合

积极整合各项惠农项目，在不违背项目区选择原则的前提下，尽量向高产创建示范区倾斜，整合资源，充分发挥资金优势，促进各项措施落实。通过农业综合开发项目实施，项目区农田基础设施建设得到了改善；通过有机质提升项目实施，项目区耕地基础肥力得到了提高；通过测土配方施肥项目的实施，对项目区的土壤养分进行了分析化验，为制定合理的施肥配方提供了依据；通过阳光工程培训和农技推广体系改革与建设项目实施，项目区技术培训和技术服务工作得到了加强。

（五）强化督查指导

经常组织有关专家和技术人员，深入各县区督导检查高产创建项目实施情况、作物长势情况、存在问题等，提出意见和建议，提升建设水平。在小麦成熟收获前，市县农业局组织市农技站、植保站、土肥站、种子管理站等专家和技术人员，成立高产创建测产验收组，随机抽查核实各县区测产验收情况，确保每个示范片测产数据的真实性、准确性。

（六）规范项目管理

科学选点。按照农田水利基本条件好、交通便利、农民种田水平高等要求，科学选择示范方。规范标牌。各项目县区在示范方内明显位置设置高产创建标牌，明确责任人、技术措施、指导专家和目标产量等内容。按照相关要求，全省统一规范标牌内容、尺寸、图案、字体和颜色。建立档案。每个示范方均建立了工作和技术档案，详细记录示范方基本情况、技术推广、专家培训、作物生育阶段进程、田管措施及产量情况，并建立数据库，为各级领导和专家指导高产创建活动提供科学依据。

（七）营造良好氛围

抓好宣传发动，促扩大影响。组织召开全省高产创建活动会议，要求各级各部门必须高度重视、加强领导、强化责任、狠抓落实，全身心地投入到高产创建工作当中，确保目标任务的完成。组织发动群众。利用发放宣传手册、出动宣传车、张贴标语等多种方式，进一步加大宣传力度，广泛动员农民群众积极参与高产创建活动，增强广大农民学科技、用科技和传播科技的自觉性。通过广播、电视、报刊、网络等媒体，跟踪报道高产创建活动的政策措施、先进经验和实施效果，大力营造良好社会氛围和舆论氛围，全面推动高产创建工作的开展。

四、问题和建议

存在一些问题：一是项目资金标准低。一个万亩高产创建示范片只拨付经费 16 万元，标准偏低。在 1 万亩的示范片上，若想把各项高产技术、品种推广落实到位，资金量就显得杯水车薪。二是基层技术力量不足。项目县反映，县级技术人员编制数量有限，大多数人身兼数职，高产创建任务较重，在技术推广、技术培训等方面略显不足。三是工作推动不平衡，有的示范方建设标准高，有的建设标准低，部分乡级千亩示范方和村级百亩示范方抓得不实，示范带动的面还小，效果不突出。

建议：一是加大对种粮生产的扶持力度。由于小麦种植的季节性强，且生产效益相对较低，因此，增加良种、肥料、农药、农机等方面的物化补贴，不断加大对种粮生产的扶持力度，尤其是对种粮大户的补贴力度，不断调动农民群众参与高产创建的积极性，增强高产创建工作的凝聚力和吸引力。二是加大农民科技培训力度。农民科技文化水平和技术接受能力高低是影响小麦高产创建成效的关键因素，建议上级有关部门，将高产创建与农民培训相结合，在项目经费中增加农民培训专项经费，采取多种形式，以培训农业科技知识为重点，加大培训力度，提高农民科学文化素质，促进农业生产快速稳定发展。

湖 北 省

2015 年，湖北省紧紧围绕"稳粮增收调结构、提质增效转方式"的工作主线，以粮棉油高产创建为契机，全力促进粮油产业稳产增效，为实现全省粮食"十二连增"夯实了基础。

一、实施成效

（一）万亩创建提档升级

湖北省粮棉油高产创建万亩示范片扩大了创建规模，对水稻、小麦、玉米、油菜、棉花、马铃薯、花生、大豆、红小豆、芝麻 10 个作物开展了高产创建，实施万亩示范片创建、整乡整建制试点、整县整建制试点三个层次同步推进，提升了创建档次。36 个县（市、区）创建小麦高产示范片 88 个，示范面积 102.58 万亩，涉及 102 个乡镇、569 个村、20.42 万农户。46 个县（市、区）创建油菜高产示范片 72 个，示范面积 82.27 万亩，涉及 81 个乡镇、511 个村、22.31 万农户。6 个县（市、区）举办马铃薯高产创建示范片 8 个，示范面积 9.4 万亩，涉及 10 个乡镇、43 个村、1.86 万农户。19 个县市创建早稻高产示范片 29 个，示范面积 36.74 万亩，涉及 28 个乡镇、248 个村、7.7 万农户；78 个县市创建中稻高产示范片 199 个，示范面积 220.05 万亩，涉及 185 个乡镇、1 353 个村、45.88 万农户；19 个县市创建晚稻高产示范片 29 个，示范面积 37.02 万亩，涉及 27 个乡镇、233 个村、7.19 万农户。49 个县市创建玉米高产示范片 79 个，示范面积 86 万亩，涉及 96 个乡镇、619 个村、23.78 万农户。32 个县市创建棉花高产示范片 42 个，示范面积 44.7 万亩，涉及 41 个乡镇、395 个村、15.79 万农户。7 个县市创建花生高产示范片 8 个，示范面积 9.32 万亩，涉及 13 个乡镇、71 个村、2.27 万农户。5 个县市创建大豆高产示范片 6 个，示范面积 7.63 万亩，涉及 9 个乡镇、41 个村、2.83 万农户。

万亩示范片产量均比上年有较大提高，小麦、马铃薯（鲜薯）、油菜平均亩产量分别为 461 千克、2 571.1 千克、215.9 千克，同比增加 11.5 千克、232 千克、6.1 千克，增幅分别为 2.56%、9.92%、2.91%。早稻、中稻、晚稻和玉米平均亩产量分别为 491.88 千克、711.55 千克、554.28 千克和 618.36 千克，同比增加 9.28 千克、26.38 千克、10.97 千克和 18.84 千克，增幅分别为 1.92%、3.85%、2.02% 和 3.14%。棉花亩均 124.03 千克，比上年增加 5.95 千克，增幅为 5.04%。新增高产创建示范片增幅均超过了

2%，其中鹤峰县走马镇白果村中稻万亩示范片增幅高达 39.61%。

（二）集成技术普及推广

高产创建示范片内集成技术应用实现全覆盖。湖北省积极推进高产创建与高标准农田相结合，推广良田、良种、良法、良机、良制配套；推行统一整地播种、统一品种定向、统一肥水管理、统一病虫害防治、统一机械收获的"五统一"技术服务。水稻重点推广秸秆还田、配方施肥、集中育秧、旱育抛秧、机械插秧、病虫害统防统治等综合配套技术；玉米重点推广精准播种、合理密植、配方施肥、测墒灌溉、综防统治等集成技术。加快了农机、农艺和现代物联网等信息技术集成融合，推进粮食高产创建精准化、数字化、信息化。加快了农业生产关键技术的组装配套和推广应用，据统计，全省良种覆盖率、测土配方施肥覆盖率达到了 95% 以上。

（三）辐射带动全省丰收

通过高产创建发挥的辐射带动，湖北省粮棉油大面积增产，为全省粮食实现"十二连增"奠定了坚实的基础。2015 年湖北省夏粮种植面积 2 084.88 万亩，亩产 241.95 千克，总产 50.445 亿千克。油菜种植面积 1 877 万亩，总产 26 亿千克。早稻面积、亩产、总产分别为 634.5 万亩、397.62 千克、25.23 亿千克，同比增加 15.9 万亩、11.8 千克、1.36 亿千克，早稻面积、总产、亩产增量、增幅均居全国第一，成为全国早稻生产的突出亮点。预计全省秋粮面积 3 957.35 万亩、亩产 483.85 千克、总产 191.28 亿千克，同比增加 91.72 万亩、7.39 千克、7.29 亿千克，呈现三增态势。2015 年湖北省粮食总产预计为268.885 亿千克，有望突破历史纪录。

二、主要做法

（一）强化组织领导

2015 年，省委 1 号文件、省农村农业工作会、省秋播会、省春季农业现场会等，都将高产创建作为重要工作强调安排部署。成立了省、县高产创建领导小组，每个万亩示范片都明确了行政负责人和技术责任人，层层制定了粮棉油高产创建实施方案，明确了创建目标、工作任务及保障措施。部分县市将高产创建工作列入年度考评的重要内容，与乡镇和有关部门签订了目标管理责任状。

（二）强化科学减灾

针对湖北省秋季作物生长期间灾害性气候较多，科学制定了防灾减灾预案。合理安排中稻播插期，主动避开高温热害，压减直播晚稻，防范寒露风危害。北部连旱地区调整种植结构，发展玉米、薯类等耐旱粮食作物，科学减灾避灾。落实好小麦"一喷三防""水稻防低温促早熟"等防灾减灾稳产增产关键技术补助政策，推广水稻集中育秧等防灾减灾技术，保证示范片的技术落实到位，真正发挥高产示范作用。

（三）强化项目管理

在项目管理上，实行"四严"。一是严格合同管理。签订了省粮棉油高产创建办公室、项目承担县市农业局、市州农业局的三方合同，明确规定了各方的职责任务。二是严格检查督办。组建督办组，在关键时节深入示范片村组农户，实行产前、产中督办，及时纠正存在的问题，促进工作与技术措施及时落实到位。以市州为单位开展测产验收。三是严格资金管理。要求项目承担单位建立资金使用台账制度，做到有章可循、有据可查，并对高产创建资金管理进行了抽查。四是严格档案管理。建立高产创建档案，并将高产创建有关文件、方案等技术资料汇编成册归档。

（四）强化舆论宣传

湖北省农业厅充分发挥媒体宣传导向作用，积极宣传全省粮棉油高产创建成效。一是主流媒体大力宣传报道。中央电视台、农民日报、湖北日报等主流媒体，积极宣传高产创建工作，扩大了社会影响。襄阳市小麦"一喷三防"被农民日报头版头条报道，监利、潜江等县市综合种养模式被主流媒体多次报道，成为学习的典型。二是精彩缤纷开展特色活动。武汉、沙洋、蕲春、英山等多个县市成功举办"油菜花旅游节"，在高产创建示范片内打造油菜花景点，以龙头企业搭建宣传平台，挖掘了油菜的旅游价值，带动了相关产业的发展。三是农业部门主动宣传。各项目县市农业部门积极编发简报、沟通情况、推介典型、交流经验，做好农民的发动宣传，调动农民参与的积极性。同时，积极宣传引导组织粮油加工企业参与高产创建活动，推进订单化生产，确保优质优价和提质增效。

三、机制创新

（一）政策支持方式创新

整合农业项目资金，重点向高产创建万亩示范片倾斜。2015 年年初省财政安排 4 000 万元，用于举办 200 个省级高产创建示范片。各项目县也出台配套政策，积极落实配套资金，有效推进了工作开展，确保了高产创建项目的顺利实施。武穴市对高产创建、模式攻关配套 350 万元专项资金，用于有机肥、化肥、农药及试验补贴。

（二）项目实施方式创新

针对当前农村劳动力转移增多、规模化种植发展的趋势，积极引导扶持新型经营主体参与高产创建。枣阳市积极引入金华麦面集团、三杰集团、贤德面粉等产业化龙头企业与高产创建示范区对接，以高于市场价 3%～5% 收购，签订小麦订单 100 万亩，全市 60% 以上的小麦实现未产先销，通过龙头企业带动，每年增收 8 000 多万元，户均增收 400 元。

（三）种植技术模式创新

各地根据气候特点、种植制度、栽培习惯，结合地域优势，开展特色高产创建。武穴市在总结油稻稻、薯稻稻及全程机械化等绿色增产模式攻关的基础上，采用油菜"一穴双株"增产技术，探索了油稻再、薯稻再模式，实现稻田周年两季种植、三季收成，提高了土地产出率、劳动生产率和生产效益；肥料油菜—双季稻、饲料油菜—中稻—再生稻模式不仅提高了复种指数，增加了种植效益，而且拓宽了油菜油用、花用、饲用、菜肥、肥用、绿（化）用、蜜用功能，扩大了油菜综合利用，稳定了油菜种植面积；油菜棉林套栽、短季棉、机采棉成功示范，有望成为破解当前棉花生产困境的重大突破口。潜江、公安、监利等县市推广的"虾稻共作""稻鳖共作""稻鳅共作"等生态高效综合种养模式，激发了种粮积极性，推动了全省农业产业结构的调整，实现了粮食安全、食品安全、生态安全，农民增收、农业增效、镇村增地的"三安三增"。

（四）技术服务方式创新

按照农业部绿色增产模式攻关的部署和总体要求，湖北省农业厅会同湖南、江西、江苏、四川等省农业部门，成立长江中下游油菜绿色增产模式攻关协调组，省农业厅厅长戴贵洲任组长，傅廷栋院士和官春云院士等专家团队全程参与、精心指导，成功选育并通过省审圣光 127 等早熟双低品种；改进机械作业技术，在降低劳动强度的同时减少了收获的损失率；组装集成了油—稻—稻三熟三高栽培模式、油菜—中稻—再生稻模式、高产杂交油菜—超级稻模式、油菜棉林套栽（套播）模式、绿肥油菜—双季稻高产栽培等五大增产模式。同时，湖北省还积极探索农科教大联合的工作机制，合力推进模式攻关。农业部门与专家联合开展万亩油菜全程机械化生产示范，举办机械直播大比武活动，有力推进农机农艺融合。

四、工作建议

1. 开展表彰奖励　办好高产创建需要依靠行政力量的推动，集成技术的支撑，农技部门的宣传指导，农户的示范带动。建议农业部对在高产创建工作中表现突出的先进单位和个人给予表彰奖励。

2. 及早下达方案　近两年，翌年中央高产创建资金一般在头年底下达到省，但因高产创建实施方案 3 月中下旬才下发，资金虽然到得早却不能及时分解到县。建议方案能与资金同步下达，最好方案能提前到头年秋播前下达，以利于工作落实和项目资金管理。

湖 南 省

一、基本情况

2015 年，湖南省落实农业部财政部粮棉油高产创建示范片 641 个，其中水稻 460 个、旱粮 72 个、油料 83 个、棉花 26 个。包括在 23 个乡镇实施双季稻、2 个乡镇实施棉花高产创建整建制乡镇示范，在 11 个试点县市区开展双季稻全程机械化绿色增产模式攻关示范、2 个试点县开展油菜绿色增产模式攻关示范。同时，继续推进"整万千百"梯级示范，2015 年粮油棉作物高产创建规模突破 1 532 万亩，比上年扩大 108 万亩，其中国家粮棉油高产创建示范面积达到 787.8 万亩。

二、实施成效

根据农业部要求对高产创建和模式攻关进行了现场测产，460 个水稻示范片加权平均亩产 538.8 千克（其中早稻 211 片亩产 516.1 千克，晚稻 210 片亩产 546.3 千克，中稻 39 片亩产 629.7 千克），比上年亩均增产 40.3 千克，增幅为 8.1%，比非示范区亩均增产 98.6 千克。特别是双季稻全程机械化绿色增产模式攻关示范，双季稻平均亩产 1 210.7 千克，比上年亩均增产 146.3 千克，其中早稻亩增 46.1 千克，晚稻亩增 100.2 千克。赫山等 6 个县双季稻亩产达到 1 200 千克以上。2015 年新增加的桃源县示范片双季稻亩产也达到了 1 082 千克。从季别来看，早稻平均亩产 567.4 千克，比上年亩增 46.1 千克，赫山区、醴陵市 2 个县攻关片亩产过 600 千克。晚稻平均亩产 643.3 千克，比上年亩增 100.2 千克，湘阴等 8 个县攻关片亩产过 600 千克。赫山、醴陵 2 县的早晚两季攻关片均过 600 千克，创造了我国双季稻机械插秧高产新纪录，并实现了农药化肥用量零增长，其利用率提高 10% 以上，活化成本下降 6.4%，经济效益提高 20.3%。旱粮作物中，63 个玉米示范片亩产 564.9 千克，4 个大豆示范片亩产 201.1 千克，5 个马铃薯示范片亩产 2 192.8 千克，油料作物中，79 个油菜示范片亩产 166.8 千克；衡阳县油菜模式攻关区油菜平均亩产 147.6 千克，较全县亩均增产 19.6 千克，增产 15.3%，较对应示范区上年亩均增产 31.7 千克，增产 27.4%。4 个花生示范片亩产 279.6 千克，比示范区上年每亩增产 24.65 千克；26 个棉花示范片，平均亩产 124 千克，全部达到了 120 千克的示范目标。同时，湖南省高产创建示范与湘米优化工程示范基地相结合，重点推广"早超—晚优"品种搭配模式，推广绿色无公害保优栽培技术，打造"湘米"品牌，高产创建示范基地高档优质稻占 36%。通过高产创建，提高了作物亩产量，促进了农业生产节本增效。以水稻为例，每亩增产 40.3 千克，节约生产成本 18.5 元。按每千克稻谷 2.70 元计算，全省部级水稻高产创建示范片增加产值 6.39 亿元，节省成本 1.09 亿元，累计增收节支 7.48 亿元，亩均增收 127.4 元。

三、创新做法

湖南省高产创建在抓好强化技术服务，实行综合组装配套、技术培训、实地指导以及营造氛围、扩大影响等常规工作的基础上，突出在工作机制和模式攻关上进行了探索和创新。

(一) 工作机制创新

2015 年全省创新和完善了高产创建工作机制，促进了高产创建工作的持续发展。重点在联动、投入、经营、激励四项机制上进行创新。一是联动机制。在加强组织领导、强化落实责任的基础上，实行省、市、县、乡、村五级纵向联动和省农委、省财政、省科研院所多个单位横向互动，通过上下联动、部门配合，形成了高产创建合力。成立湖南省绿色增产模式攻关专家组，实行分攻关示范项目、分区域专家负责制度，为高产创建和模式攻关提供技术支撑。二是投入机制。各项目县市区千方百计增加高产创建投入，落实了高产创建配套资金，并从粮食奖励资金中安排一定比例资金支持高产创建，用于高产创建示范区内基础设施建设和技术推广。如棉花示范县华容、澧县、汉寿、沅江市，在棉花结构调整中，每个片配套 20 万元资金投入，力保创建片集中连片，并加强新技术推广，夺取棉花高产。三是经营机制。2015 年高产创建示范区继续实施"1142"工程，即 1 个万亩示范片，联结 1 个加工企业、4 个合作社和 20 个种粮大户，推进高产创建与规模生产的有机融合，带动全省规模生产经营进一步发展。如宁乡县通过实行"1142"工程，高产创建示范区与卫红米业粮食银行实现对接，粮食银行对示范区农户稻谷全部按照国家保护价进行收购；示范区大户比上年增加 11 户，规模化种植面积 30 000 亩，占示范区面积 39.5%。岳阳县创新玉米种植大户与企业、与专业服务组织的产销衔接及服务机制。与宏日农机、凌云粮食合作社等专业合作组织协作，开展育秧、病虫害防控、收获等生产环节有偿服务，与岳阳骆驼饲料有限公司等企业签订了购销合同，实行优质优价收购。四是激励机制。省农委制定了严格、科学的高产创建效果评估办法，从组织领导、政策措施、粮食产量、双季稻面积、集配技术覆盖率、示范效果、农民满意度、宣传资料、信息报送等方面进行考核。

（二）模式攻关

2015 年，全省双季稻绿色增产模式攻关示范面积达到 150 万亩，同比增加 130 万亩，辐射带动全省完成机插秧面积 1 500 万亩，机插秧同比提高 15%。通过科技创新，取得了三个方面突破，一是机插技术瓶颈获得突破。针对水稻机插薄弱环节，重点开展"四双"超高产技术攻关，完善集成和推广机械插秧"五改"技术。"四双"即双季（早晚两季）均为超级稻、双季均为机械插秧、双季药肥"零增长"、双季均过 600 千克，"五改"即一改中迟熟普通品种为早中熟超级稻品种；二改宽行插秧机（30 厘米）为窄行插秧机（25厘米）；三改毯盘育秧为钵毯盘育秧；四改稀植为合理密植；五改机械插秧为机械抛秧。二是双季稻品种搭配获得突破。针对当前双季稻品种生育期过长制约晚稻机插秧发展问题，组织专家和试点县进行专题攻关，筛选出了中早 39、H 优 518 等一批适合湖南双季稻栽培的中熟偏早、早稻苗期耐低温、晚稻耐迟播迟栽、后期耐寒、分蘖力强、能安全齐穗的品种，并进行早配中、中配早或早配早等形式的合理搭配，解决了双季稻机插品种搭配难题。三是全程机械化技术集成获得突破。重点推广履带旋耕机耕地，提高整地水平，减少机插漏秧和死苗；推广带碎草装置的收割机，实现早稻收获时稻草全喂入粉碎，将割茬高度降低至 15 厘米以下，利于晚稻耕整地；推广大型专业化病虫害防治机械，提高了防治效率和效果；引进水稻机插施肥一体化技术，机插与施肥同步，实现肥料定位深施，减少氮肥用量，提高肥料利用率 10% 以上；推广新型稻田筑埂机、开沟机，大大提高了稻田筑埂及开沟效率，降低了用工成本。同时，还在绿色增产技术上进行了新的探索，2015 年湖南省 11 个试点县市区重点机械插秧品种筛选试验、秧龄弹性试验、"四双"超高产技术集成攻关、机插秧栽插方式 4 个方面开展了攻关试验。示范了农业部推荐的 4 项绿色增产模式技术。各专题正在抓紧总结，完成后汇编成册报农业部。农业部对湖南省开展绿色增产模式攻关示范给予了充分肯定和高度评价，并在湖南省召开了全国水稻全程机械化及绿色增产模式攻关示范现场会议，推介了湖南省的经验和做法。农民日报、湖南日报对湖南省双季稻全程机械化模式攻关和四双高产进行了专题报道。油菜模式攻关，一是通过专家团队、科研院所开展品种攻关，筛选了早熟"三高"油菜品种，合理搭配油菜、早晚稻品种，缓解了"油稻稻"三熟制季节矛盾。二是通过高密度种植、早施肥和基肥一次施入、矮化栽培攻关，促进集中成熟，有利于机械化收割，实现全程机械化。三是通过机械化栽培，稳定了一批劳动力在家务农。

四、问题和建议

湖南省高产创建工作虽然取得了显著成效，但也存在一些问题，其中最主要的是两个，一是高产与高效生态协调发展问题。在资源约束很紧的现实条件下，实现高产、高效、可持续发展不但重要，而且难度越来越大。二是农田水利基础设施差，有效灌溉率仍然不高，洪涝、干旱灾害时有发生，机耕道路不配套，对双季稻高产创建和全程机械化增产模式攻关十分不利。

建议：一是进一步加大绿色增产模式攻关示范力度。针对当前形势下农民种植粮棉油等大宗农作物的增产技术瓶颈、增收实际问题，探索和组装高产优质与高效生态相统一的绿色增产模式，如湖南省早超晚优、稻鱼共生技术模式。二是将新型经营主体作为高产创建项目的具体实施主体，激活高产创建活力。大力培植发展种粮大户、粮食专业合作组织、家庭农场等新型经营主体，扶持粮食产业专业化社会化服务组织发展，动员和组织新型经营主体参与高产创建和绿色增产模式攻关示范，实行全程"套餐式""点菜式"生产经营服务，促进高产创建持续发展。三是加快基础设施建设步伐。全面改善基本农田的基础条件，实现渠相通，旱能灌，涝能排，机能行，加强中、低产田的改造。四是进一步加大项目资金的投入力度。增加高产创建万亩示范片每片的项目资金规模，确保高产创建工作的顺利开展。

广东省

2015 年，全省各地认真贯彻落实中央一号文件和中央农村工作会议精神，按照省委、省政府的统一部署，紧紧围绕"稳粮食、促增收、强基础、保供给、调结构、转方式"的目标，内强素质，外迎挑战，加快转型，创新发展，努力突破制约产业发展瓶颈，深入开展粮食稳定增产行动，严格实行粮食考评责任制，强化落实各项惠农政策，扎实推进粮油糖高产创建活动，突出抓好粮食增产模式攻关和整建制创建试点工作，切实抓好指导服务和防灾减灾，全面完成高产创建任务，全省粮食生产获得丰收。

一、实施成效

2015 年，广东省采用申报制，依据《2015 年广东省国家级粮油糖高产创建项目申报指南》，组织各县（市、区）自选申报，通过专家评审，择优选择。根据评审结果，对不同作物间的示范片数量和承担试点任务的市县进行了适当调整。最终选择 30 个县（市、区）承担 220 个示范片创建任务，集中连片开展高产创建，突出抓好整县整建制推进和粮食增产模式攻关试点工作，加强良种良法配套、农机农艺融合、高产优质安全技术的推广应用。据统计，全省粮油糖高产创建示范面积约 233.9 万亩，涉及农户 77 万多户。全省共计投入资金 3 520 万元支持高产创建工作，每个国家级粮油糖高产创建示范片安排资金 16 万元，主要用于高产创建万亩示范片大面积推广区域性、标准化成熟技术所需的物化投入和推广服务补助。

在农业部下达的粮油糖高产创建三大作物中，已全面组织测产验收，完成各项创建任务。各示范片落实情况如下。

1. 水稻 在全省选择了 26 个县，共建设国家级水稻高产创建万亩示范片 184 个，示范面积 196.19 万多亩，涉及农户 83.4 万多户。其中：

（1）国家级水稻高产创建示范县 24 个。共创建 144 个万亩示范片，其中早稻万亩示范片 64 个，示范面积约 69.1 万亩，涉及农户约 25 万户；晚稻万亩示范片 80 个，示范面积约 84.9 万亩，涉及农户 28 万多户。经测产验收，早稻 64 个万亩示范片平均亩产 547.62 千克；晚稻 80 个万亩示范片平均亩产 542.59 千克。

（2）国家整县制推进创建试点县 1 个。水稻整县制创建试点县高州市在石鼓镇、镇江镇等 16 个粮食主产镇共创建 20 个水稻万亩高产示范片，同时在示范片内各建立千亩核心区。其中，早造万亩示范片 10 个，示范面积为 10.6 万多亩；晚稻万亩示范片 10 个，示范面积为 10.8 万多亩。经省农业厅、国家统计局广东调查总队组织专家测产验收，示范片核心区早稻平均亩产 573.89 千克，晚稻平均亩产 556.42 千克，比高州市 2014 年水稻平均亩产 454 千克有显著提升。

（3）水稻增产模式攻关试点县 1 个。兴宁市（县级）是广东省自行设立的增产模式攻关试点县。该市在刁坊镇、大坪镇等 7 个粮食主产镇共创建 20 个水稻增产模式攻关示范点。其中早晚稻各设 10 个示范点，示范面积为 10.4 万多亩，涉及农户约 5.2 万户。经测产验收，早稻平均亩产 696.02 千克，晚稻平均亩产 701.13 千克。其中早稻最高亩产达 744.4 千克；晚稻最高亩产达 751.7 千克。兴宁市粮食增产模式攻关试验方亩产与全市 2015 年水稻平均亩产 555.2 千克相比，增产效果显著。

2. 玉米 在 2 个县创建 8 个国家级（冬、春种植）甜玉米万亩高产示范片，其中惠城区和徐闻县各创建 4 个万亩示范片。实际示范面积 8.3 万多亩，涉及农户 2.6 万多户。经测产验收，示范片平均亩产（鲜苞）1 181.16 千克。

3. 马铃薯 在惠东县创建 4 个国家级万亩高产示范片，示范面积 4.11 万亩，涉及农户 0.87 万多户。经测产验收，示范片平均亩产 2 970.9 千克。

4. 甘薯 在陆丰市创建 4 个国家级万亩高产示范片，示范面积 4.12 万亩，涉及农户 0.42 万多户。经测产验收，示范片平均亩产 2 900 千克。

5. 花生 在 4 个县各创建 4 个国家级万亩高产示范片，示范面积 16.88 万亩，涉及农户约 8.4 万多户，经测产验收，示范片平均亩产 299.69 千克。

6. 甘蔗 在雷州市创建 4 个国家级万亩高产示范片，示范面积 4.05 万亩，涉及农户 1.18 万户。经测产验收，示范片平均亩产 6 826.25 千克。

通过粮油糖高产创建项目的实施，广东省高产创建工作成绩显著，主要体现在以下几个方面。

（一）创建工作稳步发展，创建水平不断提高

按照"依靠科技，提高单产，增加总产"的思路，根据农业部、财政部要求，2015 年广东省对高产创建项目实施项目竞争性分配，由县自行申报，省组织专家评审，评选出 30 个领导组织强、农技队伍充实、工作基础扎实、自然条件好的项目县承担粮油高产创建。集中资源抓好水稻增产模式攻关和整建制推进试点工作。在仍保持国家级万亩示范片 220 个基础上，全省共办部、省和市、县高产示范面积达 250 多万亩，形成了以部省级万亩示范片为核心、市县高产示范片为补充、增产模式攻关试点和整县整乡整建制推进试点的高产创建格局。

（二）创建模式更加丰富，单产水平稳步提高

为不断提高粮食高产创建水平，进一步挖掘粮食增产潜力，2015 年广东省筹集发展粮食生产专项、高产创建等项目资金 575 万元，组织华南农业大学、广东省农业科学院，与国家杂交稻工程技术研究中心合作，在兴宁市、高州、雷州和五华等地开展华南双季超级稻亩产 1 500 千克模式攻关。把现有技术集成配套，形成标准化、模式化的技术模式，作为今后促进粮食和农业稳定发展的关键因素。兴宁市大力开展双季稻强源活库优米栽培、超级稻强化栽培、测土配方施肥以及农机农艺一体化技术集成 4 种模式攻关。虽然早造受到长期阴雨不利天气影响，兴宁市早稻攻关田平均亩产 696.02 千克，最高亩产达 744.4 千克；晚稻平均亩产达到 701.13 千克，最高亩产达 751.7 千克。2015 年广东省各地克服了低温寡照、台风等气象灾害的影响，获得了好的收成。据测产验收，早稻有 39 个国家高产创建万亩示范片平均亩产超 550 千克，占国家水稻万亩示范片的 48％以上，其中有 14 个万亩示范片核心区亩产突破 600 千克；晚稻有 48 个国家高产创建万亩示范片平均亩产超 550 千克，占国家水稻万亩示范片的 58.8％以上，其中有 18 个万亩示范片核心区亩产突破 600 千克；南雄市花生万亩示范片平均亩产 337.4 千克；惠城区玉米万亩示范片平均亩产 1 251.2 千克。示范片以点带面、辐射带动，促进了所在区域大面积平衡增产，为全省粮食稳定增产发挥了重要作用。

（三）资源整合不断优化，整建制试点有效推进

2015 年广东省集中精力重点抓好粮食增产模式攻关和整县整建制创建试点工作。继续在基础条件好、增产潜力大的高州市开展整县整建制推进工作，在水稻创高产条件较好的兴宁市开展水稻增产模式试点工作，辐射带动更大范围均衡增产。整县推进的高州市，2015 年示范片早稻平均亩产达 573.89 千克，晚稻平均亩产达 556.42 千克，最高亩产达 623.29 千克。据统计，全市水稻平均亩产 457 千克，比 2014 年增 3.5 千克，增幅 0.8％；总产 36.58 万吨，比 2014 年增 0.87 万吨，增幅 2.44％。

（四）技术集成更加到位，带动效应明显增强

广东省成立了省、市、县各级高产创建专家指导组。其中省高产创建专家指导组有

30 人，除在省级农业相关部门、高校和科研单位聘请 15 名专家外，在高产创建任务较重的地级市聘任了 15 名技术人员担任省粮食高产创建专家。建立了专家联系示范片制度，每一位省级专家具体负责 2 个以上示范县；地级市专家负责所在地市或指定地市的技术指导、培训工作。在生产关键时期，组织专家和技术人员分区域、分季节、分层次开展技术指导和培训。各地以万亩示范片和整建制试点为平台，率先示范推广新品种、新技术，辐射带动面上各项增产措施的落实，加快新品种和高产配套技术的推广应用，促进大面积平衡增产。2015 年广东省要求各示范片建立超级稻新品种与超级稻强源活库优米技术集成示范核心区，大力推广超级稻及配套技术。广东省推广超级稻面积超过 800 万亩，超级稻强源活库优米技术应用面积达到 480 万多亩，全省良种覆盖率达 95% 以上，水稻抛秧、测土配方施肥等技术的推广基本实现全覆盖。

二、主要做法

2015 年以来广东省认真贯彻落实中央各项工作部署，及早部署高产创建各项工作，加强组织协调，强化政策支持，增强科技支撑，落实工作责任，扎实推进高产创建工作。

（一）加强组织领导，确保工作落实到位

广东省委、省政府高度重视农业和粮食生产工作。中央农村工作会议召开后，3 月 24 日，省委、省政府召开全省农业工作会议，贯彻落实中央农村工作会议精神，把深入开展粮食稳定增收、提质增效定为 2015 年省政府重点工作任务，对粮食稳定增收、提质增效行动做出部署。省农业厅及时印发了《2015 年广东省国家级粮油糖高产创建项目实施方案》和《关于广东省开展粮食绿色增产模式攻关的意见》，明确粮食高产创建及粮食绿色增产模式攻关任务，形成一级抓一级、层层抓落实的工作机制。各高产创建示范县均成立了实施小组，将部门行为上升为政府行为，县政府主要领导亲自挂点，分管领导亲自抓、负总责，农业部门牵头落实，协调财政、发改、科技、国土、水利等各方力量，密切协作，落实各项措施，确保高产创建各项工作落实到位。

（二）加强科技支撑，确保技术措施落实到位

广东省建立省、市、县各级专家技术指导制度，省级高产创建专家指导组专家扩充至30 人，省农业厅向各位高产创建专家颁发了聘书。建立专家联系示范片制度，每一位省级专家负责 2 个以上示范县的高产创建技术指导工作。各县也成立了高产创建专家指导组，实行专家和技术员承包责任制，量化任务指标，开展全程技术指导，基层农技人员建立联系户制度，开展蹲点服务，确保关键技术落实到位。年初省厅制定和下发了《广东省粮油糖高产创建专家指导组工作规范及 2015 年工作方案》《2015 年广东省粮油糖高产创建技术指导意见》，要求各地因地制宜示范推广主导品种和主推技术。示范片核心区全面推行统一供种，实现良种覆盖率、测土配方施肥、病虫害统防统治、机耕机收分别达到 100%。

（三）加强技术培训指导，确保提升工作效能

分层开展技术培训，省对县、乡（镇）技术骨干进行培训，县对万亩示范片的技术人员和科技示范户、种植大户进行培训。7月3日广东省农业厅在茂名良种示范中心召开了"水稻新品种展示现场观摩会"，组织了全省26个水稻高产创建示范县的农业技术推广人员、农民专业合作社、种粮大户及省高产创建专家组成员等200多人进行观摩和技术培训。在生产关键时期，广东省农业厅组织高产创建专家和技术人员分区域、分季节、分层次开展技术指导。各地农业部门结合高产创建工作，积极开展各级技术培训，组织农技人员组成技术服务队，深入田间地头进行技术指导，确保各项技术措施落实到位。各市、县在水稻成熟期，分别组织召开水稻高产创建现场观摩与经验交流会，促进了所在区域高产创建工作的开展。

（四）加强工作督导检查，确保高产增效创建工作目标实现

在早、晚造生产的关键时期，省政府领导多次深入田间地头调研、指导生产。广东省农业厅多次组织督导组到各市、县开展检查指导，并对重点地区实行蹲点督导，促进了粮食稳定增收行动和高产创建各项措施的落实。同时印发了《关于切实做好防御强降雨和加强早稻中后期田间管理工作的紧急通知》和《关于抓好晚稻中后期田间管理工作的通知》；在低温、洪涝和台风等重大自然灾害发生期间，省农业厅及时派出专家组赴灾区督导防灾减灾工作，指导灾害区农民开展农业救灾复产工作，并及时发出各种防御紧急通知。全省各市、县农业部门也切实加强高产创建工作的督导力度，建立行政人员分片落实责任、专家分片指导制度，确保各项任务、技术措施到位。

（五）加强工作绩效考核，确保高产创建工作扎实开展

广东省坚持实行高产创建绩效考核制度，每年在早、晚稻两季召开二次以上省专家组会议，对各地高产创建工作情况、测产验收情况、实施成效进行综合评估。2015年广东省进一步完善高产创建验收办法和工作考评办法，量化考核指标，对高产创建组织领导、措施落实、实施成效等进行综合评估，鼓励开展地区间、县市间交叉验收，确保科学准确，杜绝虚报浮夸。对成绩显著的示范县进行通报表扬，并作为下一年度项目安排和评先树优的重要依据，对考核不合格的进行通报批评并不予安排下一年度高产创建示范项目。各地结合实际，制定统一规范的高产创建考评和表彰办法，充分调动各方开展高产创建活动的积极性，有力推进了高产创建活动深入持续有效开展。

三、机制创新

随着农业农村形势不断变化，对粮油生产提出更高要求，广东省着力破解自然条件、机制体制等发展瓶颈，积极适应新常态，创新工作方式，扎实推动粮油高产创建上水平，上层次。

一是创新项目运行机制，调动基层工作积极性。广东省高产创建任务过去一直由省直

接下达到县，基层农业部门逐渐产生组织领导不重视，技术措施不到位的现象。2015 年开始，广东省对高产创建项目实施项目竞争性分配，由县自行申报，省组织专家评审，评选出 30 个领导组织强、农技队伍充实、工作基础扎实、自然条件好的项目县承担粮油高产创建。项目管理实行专家巡回监督，对田间作物长势、产量目标、档案管理、资金管理、宣传典型等指标进行量化和打分，打分结果作为下一年度项目竞争性分配的考核指标之一。

二是以市场为导向，积极引导农业新型经营主体参与创建。一直以来，参与高产创建的新型经营主体多是种粮大户、家庭农场和农民专业合作社，规模较小，实力弱，市场意识不够，只停留在信息服务、初级产品加工和销售的层面上，带动能力和可持续发展能力普遍不强。而真正能进行深加工、提高稻米产品附加值的大型农业龙头企业参与高产创建的还很少。近年来，广东省开始在雷州、海丰、罗定 3 个产粮大县建设现代粮食产业示范区，按照"标准化生产、规模化种植、机械化耕作、组织化经营、产业化开发"的思路，引进、扶持大型农业龙头企业、农民专业合作社等新型经营主体参与粮食种植、加工和销售，促进粮食高产创建与新型经营主体的对接，把粮食高产创建与现代粮食产业示范区建设有机结合起来。

三是优化作物结构，推进粮油作物产业调整。广东省坚持发挥高产创建的示范带动作用，把高产创建作为种植业结构调整的有力抓手。近年来，受糖价下跌影响，甘蔗效益下滑，农民种植甘蔗的积极性下降，广东省调减了甘蔗高产创建规模，扩大玉米高产创建规模，示范带动甘蔗主产区农民调整作物结构，大力发展冬种鲜食的加工型、出口型甜玉米，增加了农民收入。随着市场需求、人们饮食结构、农民种植意向的改变，一些作物品种逐步退出高产创建，同时将一些有特色、效益好的作物品种纳入高产创建的范围，使高产创建成为产业结构布局的风向标，为提高粮油作物产量，满足市场供给提供有力支撑。

在实践中，各地也着力构建政技结合的组织领导体系和技术指导体系，充分吸收科研、教学、生产、推广等各方面力量，形成科技兴粮的合力。通过开展专业化服务、水稻新品种展示和高产创建专用配方肥示范、订单生产和建立激励机制等，有效调动了当地农业部门、农业企业、农民群众和指导专家的积极性，有力推动了高产创建工作的落实。如梅县区农业局遴选出 4 家基础条件好、粮食生产实力强、集粮食生产与加工一体的粮食生产龙头企业为梅县区 2015 年农业部粮食高产创建实施主体。以这 4 家粮食生产龙头企业为中心建立水稻万亩高产创建示范片，辐射带动全区粮食高产创建工作；曲江为推进项目顺利实施，每个示范片均成立了项目工作组，每个小组设 3～5 个技术人员组成，设 1 名组长。项目工作小组在区领导小组领导下具体负责水稻高产创建项目的方案制定和组织实施，协调各方关系，根据方案要求组织开展各项建设工作，搜集、整理项目资料。龙川、五华、丰顺等地为调动技术人员与农民的积极性，实施激励机制，开展水稻创高产竞赛活动，丰顺按验收产量从高到低评定一、二、三名。第一名奖励 5 000 元，第二名奖励 3 000元，第三名奖励 2 000元。

四、下一步工作计划

广东省粮油糖高产创建工作虽然取得了一定的成效，但在创建实践中也存在一些困难和问题。主要困难是种粮比较效益偏低，种粮积极性不高。随着农资价格和人工成本上涨，种粮生产成本增加，而目前全省市场粮食价格比较低迷，部分市县早稻谷市场收购价还不到 120 元，低于国家最低收购保护价，严重影响农民种粮积极性。高产创建活动中主要存在的问题是高产创建工作开展还不够平衡。主要表现在：一是示范县之间不平衡，有的县高度重视，工作做得很好，但有的县工作落实不到位，效果不明显。二是在同一万亩示范片内核心区与非核心区不平衡，对百亩核心片非常重视，品种较统一、措施到位率高，但相距不远的非核心区工作落实不到位，技术措施效果差，生长不平衡产量不高。

下一步广东省将进一步贯彻落实农业部的要求和部署，认真总结高产创建经验和教训，创新思维方式和工作方法，认真抓好全省粮油糖高产创建工作。一是进一步加强管理。强化项目动态管理，对工作不落实、示范效果差的示范县进行淘汰，不再安排下年度高产创建任务。二是进一步整合优化资源。2016 年将对过去创建工作完成出色的主产区示范县进一步加大项目支持力度，扩大示范规模、提升示范水平、挖掘增产潜力和扩大示范影响。三是调整发展方式，突出生态高效，进一步优化作物产业结构。2016 年继续将一些有特色、效益好的作物品种纳入高产创建的范围，使高产创建成为产业结构布局的风向标，为提高粮油作物产量，满足市场供给提供有力支撑。四是进一步创新机制，推动创建主体多元化。引进、扶持大型农业龙头企业、种粮大户、农民专业合作社、种子企业和粮食加工企业等新型经营主体参与创建工作，同时，把粮食高产创建与现代粮食产业示范区建设有机结合起来，有效加快良种良法推广应用，促进产业化发展。五是继续实行项目申报制。由项目运行情况来看，通过竞争性分配，基层对开展高产创建的积极性大大提高，组织领导和技术措施更加到位，为了进一步调动示范县积极性，落实工作责任，加强管理，明年将继续实行项目申报制，进一步提升高产创建的水平。

广西壮族自治区

2015 年，广西农业厅按照农业部的工作部署，围绕全年粮食生产目标任务，扎实推进粮食高产创建和绿色增产模式攻关工作，有力促进了广西粮食的持续稳定发展，为全区粮食总产稳定在 150 亿千克以上做出了积极贡献。

一、基本情况

根据财政部和农业部的文件精神，广西财政和农业部门在各地自愿申报的基础上，组织农业、财政等部门的专家共同审议，制定了 2015 年广西粮食糖料高产创建项目资金分配方案，将广西粮食高产创建示范片补助标准由 2014 年每片 16 万元提高到每片 20 万元，粮食高产创建万亩片建设数量由 2014 年 255 片相应调整为 204 片，项目资金于 2014 年 12 月 30 日提前拨付到各县（市、区）。2015 年 4 月，广西农业厅会同财政厅共同制定了实施方案，将项目计划任务分解落实到 82 个项目县（市、区）。项目共建设 204 个万亩粮食高产创建示范片，其中水稻万亩示范片 133 片、玉米万亩高产创建示范片 61 片，冬种马铃薯高产创建示范片 10 片；在 204 个万亩高产创建示范片中，整建制推进试点乡镇 9 个共 31 片、整县推进试点县 1 个共 19 片，马铃薯绿色增产模式攻关试点县 1 个共 10 片。据统计，项目共涉及 307 个乡镇、1 640 个村、91.43 万农户，实施总面积 219.05 万亩。

二、主要做法和经验

(一)加强领导，早抓落实

广西各级农业部门高度重视抓好粮食高产创建工作，切实把高产创建和推进粮食绿色增产模式攻关作为农业工作的重点任务来抓，粮食也列入 2015 年自治区党委、政府启动的广西现代特色农业产业品种品质品牌"10+3"提升行动中的重点发展产业之一，着力提升粮食产业发展的水平。区农业厅根据农业部的部署，积极与财政部门联系，组织各相关县（市、区）申报，会同财政部门组织专家评审，确保项目资金及时拨付到各相关单位，并会同财政厅印发了实施方案，把项目计划任务落实到各项目实施单位，确保项目顺利实施。

(二)整合资源，增加投入

在做好粮食高产创建专项资金落实的同时，加强与水利、国土、财政、发改等部门的沟通，努力争取相关部门对粮食主产区和高产创建活动的资金投入。自治区财政 2015 年投入 6 300 万元专项资金扶持粮食新型主体发展粮食生产、建设粮食示范片；投入 2 500 万元实施水稻生产全程机械化示范推广项目，扶持 25 个粮食生产经营主体开展以水稻育秧和收获烘干为重点技术环节的全程农机化服务；此外，经自治区人民政府同意，由国土、农业等部门联合印发了《广西壮族自治区耕地保护责任目标考核实施暂行办法》，要求全区各地按每亩耕地 1 元的标准将耕地土壤改良与培肥示范专项经费纳入县（市、区）财政预算，促进了各地对耕地质量建设的财政投入，改善了粮食高产创建基础条件。

(三)突出绿色，推进攻关

1. 加强技术的集成优化 制定并印发了《广西推进粮食绿色增产模式攻关意见》和《农药化肥零增长方案》；组织广西农科院、广西大学农学院和农业厅厅属专业技术部门的专家针对广西粮食生产实际，进一步集成优化绿色、高产、高效、优质粮食生产技术，制定了广西粮食增产增效"十大主推技术"，通过层层开展培训，以高产创建示范片为平台进行现场展示，提高技术到位率和入户率，促进技术在生产中的转化，提高粮食高产创建的整体水平。

2. 开展马铃薯绿色模式攻关 以广西粮食高产创建专家指导组以及水稻、玉米和薯类创新团队为技术创新主导力量，以农机农艺相融合、高产与绿色相统一为发展方向，全面推进粮食绿色增产模式攻关。在桂平市开展马铃薯双行机垄播稻草覆盖模式、马铃薯双行机垄播地膜覆盖模式、双行机垄播地膜覆盖＋水肥一体化模式、双行垄播＋双膜覆盖模式进行攻关，实现了亩产超 2 000 千克的预期目标，为进一步扩大冬种马铃薯绿色增产模式应用打下了技术基础。

3. 粮食绿色生产取得新进展 在相关技术团队的指导下，超级稻超高产攻关、有机稻高产高效生产技术攻关、农药化肥"零"增长行动并取得新进展。有机稻"一稻两鸭"栽培模式试验获得成功，形成了水稻生长全程不用化肥农药、单季亩产 400 千克以上、亩年增收 6 000 元的绿色增产增效模式。

（四）扶持主体，激励参与

1. 创新推进高产创建，调动广大科技人员参与高产创建积极性 各地采取各种有效办法，调动科技人员深入基层、开展技术指导的积极性。钦州市 2015 年在全市范围内举办"科技兴农创高产"农民擂台赛，密切了科技人员与农户的联系和合作，形成农业系统各技术部门、市县乡镇各级农业部门之间踊跃参加竞赛的可喜局面。该市农业局还探索亩产 5 吨粮的粮食高产新模式。

2. 加大资金扶持力度，调动了新型主体参与高产创建的积极性 自治区财政增加了对粮食经营主体的扶持，增强了新型经营主体的服务能力，提高了高产创建的专业化服务水平。

3. 加强政策引导指导，调动新型主体发展适度规模经营的积极性 自治区党委、政府印发了《关于引导和规范农村土地经营权有序流转的意见》，推进土地承包经营权有序流转，重点扶持发展 50～100 亩的适度规模经营，为新型粮食生产主体的发展提供政策支持。

（五）加强检查，规范管理

1. 加强考核 将高产创建工作列入政府绩效考核内容，强化各地做好粮食高产创建工作的责任。

2. 加强对项目实施工作的检查督导 组织开展了专项检查，按照"县自评自查、市检查评分、自治区抽查"的方式对各项目实施单位进行检查，督促落实各项工作措施。

3. 规范收集资料 按照农业部的要求组织测产验收，确保测产数据的可靠性。

三、主要成效

（一）促进粮食单产提高

落实示范片建设面积 219.05 万亩，其中 65 个早稻万亩示范片面积 72.88 万亩，平均亩产 530.0 千克；7 个中稻万亩示范面积 7.12 万亩，平均亩产 624.1 千克；61 个晚稻万亩示范片面积 64.84 万亩，平均亩产 503.6 千克；61 个玉米万亩示范面积 64.16 万亩，平均亩产 597.6 千克；马铃薯绿色增产模式攻关项目实施试验示范面积 10.04 万亩，平均亩产（鲜薯）2 156.6 千克。9 个整建制推进试点乡镇示范片平均亩产 511.48 千克，带动所在县单产比 2014 年提高 5.6 千克；1 个整建制推进试点县示范片平均亩产（含马铃薯鲜薯）564.11 千克，带动整县粮食单产比 2014 年提高 8.9 千克；204 个粮食高产创建示范片带动所在县（市、区）粮食总产（含马铃薯鲜薯）增产 9.85 万吨。

（二）调动各地创高产的积极性

粮食高产创建的全面开展，极大调动了各地争创粮食高产的积极性，不断刷新广西粮食单产的最高纪录。其中，浦北县小江镇六桥村顺丰农作物合作社种植的 30 亩马铃薯，平均亩产 4 266.7 千克，创出了广西冬种马铃薯亩产的新高；钦北区平福村创出了双季稻模式下早稻亩产 861.1 千克的高产水平；灌阳县水稻超高产攻关基地采取超级稻加再生稻套种玉米方式创出了一季稻亩产 968.4 千克的高产纪录。据国家统计局广西调查总队统计，全区春收马铃薯鲜薯平均亩产 1 397.2 千克，比 2014 年增产 89 千克，增产 6.8％，早稻平均亩产比上年增产 0.54％。

（三）促进粮食生产方式的转变

1. 粮食经营主体成为粮食高产创建主力军　参与粮食高产创建的种粮大户、专业合作社、农机合作社、涉农企业等新型粮食经营主体达到 1 252 个，比 2014 年增加 310 个，新型服务主体服务面积占示范区面积的 90％以上。

2. 社会化服务水平明显提高　通过要素合作、定向包销、土地入股、土地租赁、无偿供地、农机代耕等方式积极推进土地流转，形成适合广西实际的粮食新型主体发展模式和服务模式，特别是"代育秧、代耕田、代插秧、代防治、代收割、代加工"的全程机械化代耕服务得到快速发展，出现了一批装备无人机等新技术新装备为特点、以网络信息为手段的智能化、自动化、高效化粮食生产经营服务新主体，提高了社会化服务水平。

3. 农机农艺进一步融合　建立百亩以上的水稻集中育秧与机插秧、玉米"一增三改"和水稻重大病虫害综合治理技术等粮食生产"十大主推技术"示范点 5 083 个、总面积 298 万亩，特别是工厂化育秧与机插秧技术进一步优化整合，大大提高了水稻生产综合机械化水平，高产创建示范区综合机械化水平超过 80％，高于全区平均水平。

4. 促进了质量效益同步提高　示范区良种覆盖率和优质率均超过 95％以上，新型粮食经营主体以高产创建示范区为基地打造了一批优质粮食品牌，富硒粮食、有机稻米生产得到进一步发展，全区粮食"三品一标"生产企业达到 62 个、生产产品 102 个、生产面积 346.97 万亩、总产量达到 183.62 万吨；全区富硒粮食生产面积超过 5 万亩，总产量超过 2 万吨，实现农民亩增收超过 500 元，实现了品质和效益的同步提高。

四、存在的问题及建议

（一）存在的问题

1. 部分地方存在项目资金到位迟的问题　尽管项目资金在 2014 年年底就拨付到各项目县（市、区），但仍有部分县（市、区）到下半年资金才到位使用；有个别地方由于单位合并调整情况而影响项目资金到位使用。

2. 检查工作仍需加强　由于项目实施单位数量多，分散于全区各地，尽管组织了检查督促，但督促力度仍有待进一步加强。

3. 粮食增产增效的任务仍相当艰巨　当前粮食生产比较效益仍偏低，促进粮食增产增效以保持粮食稳定发展的任务非常艰巨。

（二）有关建议

1. 完善项目资金管理办法　加强项目资金落实情况的绩效考评，强化责任追究，从制度上确保资金及时到位使用。

2. 加强项目中期的检查督促 采取切实有效的措施，解决项目实施过程中存在的工作不落实、资金不到位的情况。

3. 加大对粮食生产的扶持力度 进一步调动各地推进粮食增产增效的积极性。

海 南 省

2015 年海南省创建 30 个高产万亩示范片，总实施面积 30 万亩。其中：水稻 18 个，实施面积 18 万亩；花生 2 个，实施面积 2 万亩；甘蔗 10 个，实施面积 10 万亩。

一、实施成效

根据农业部高产创建任务安排，结合海南省粮油糖生产情况，落实 2015 年高产创建任务。

10 个水稻万亩高产创建示范片：早稻 5 个，在海口市、文昌市、定安县、临高县实施；5 个晚稻万亩高产示范片，实施地点在万宁市、儋州市、屯昌县、乐东县、保亭县等 5 个市县。2 个水稻整建制试点，每个试点含早稻万亩示范片 2 个、晚稻万亩示范片 2 个，实施乡镇为澄迈县瑞溪镇和琼海市嘉积镇。

4 个甘蔗万亩高产示范片，实施地点在海口市、澄迈县、白沙县、昌江县等 4 个市县；甘蔗整建制（整乡）推进试点 2 个，每个试点含甘蔗万亩示范片 3 个（共含 6 个万亩示范片），在临高县皇桐镇、儋州市王五镇实施。

2 个花生万亩高产示范片，地点在文昌市和定安县。

全省落实高产创建面积 310 437 亩，涉及 13 个市县，22 个乡镇，249 个村，85 580 户。其中，水稻高产创建面积 190 602 亩，涉及 13 个乡镇，156 个村，64 099 户；落实甘蔗高产创建面积 98 789 亩，涉及 9 个乡镇，64 个村，12 392 户；花生高产创建面积 21 046 亩，涉及 4 个乡镇，29 个村，9 101 户。

2015 年上半年气候冬暖春旱，1 月份降雨量 31 毫米，2 月份降雨量 23 毫米，3 月份降雨量 30 毫米，早造生产区部分水源缺乏地区出现了插老龄秧，秋苗前期生长缓慢，造成部分田块苗数不足，对早稻的产量造成一定影响。6 月强台风"鲸鱼"和 10 月的超强台风"彩虹"再一次给海南省农业生产造成巨大损失。目前水稻与花生高产创建示范点顺利测产验收，甘蔗示范片测产验收工作尚未完成。

从总体上看，2015 年海南省农作物高产创建工作技术措施到位，取得一定的增产效果，但受上半年干旱和下半年台风、降雨影响，早稻整体增幅较小，个别晚稻与花生减产。经省、市县组织专家实收测产验收和产量调查，结果如下。

临高县、文昌市、海口市（2 个）和定安县 5 个早稻万亩高产创建示范片平均亩产稻谷 480.7 千克，比 2014 年增产 39.0 千克，增产率 8.8%，比 2014 年增产率 8.7% 增加了 0.1 个百分点。共增产稻谷 2 082 吨，农民增加收入约 541 万元（以每千克 2.6 元计），平均亩增收 101.4 元，比上年减少 17.6 元。大旱之年对大春作物播种、栽插和生长造成严重影响，早稻万亩示范片许多水稻面临水资源缺乏插老龄秧，各市县农业部门加强管理，通过管水，协调水稻生长的水、肥、气、热条件，促进水稻健康生长，及时喷药防治病虫害等技术措施，使水稻较快地恢复了生长，在大灾之年还获得稳定的增产。

儋州市、万宁市、屯昌县、乐东县和保亭县5个晚稻万亩高产创建示范片平均亩产稻谷414.2千克，比上年增产18.2千克，增产率4.6%，比上年增产率3.9%增加0.7个百分点。共增产稻谷920吨，农民增加收入约239万元（以每千克2.6元计），平均每亩增收47元，比上年增加3元。万宁市受台风"鲸鱼"袭击，晚稻万亩示范片许多水稻面临绝收，灾后及时组织技术人员深入示范片，指导示范户采取了疏通沟渠排水、增施叶面肥和氮钾肥、及时喷药防治病虫害等有效技术措施，使水稻较快地恢复了生长，最终还获得了亩产480.52千克的较好收成。

2个整乡（镇）推进试点4个示范片早稻平均亩产稻谷450.4千克，比上年增产33.7千克，增产率8.1%；晚稻平均亩产稻谷400.0千克，比上年增产49千克，增产率14.0%，平均每亩增收约127.4元。

花生高产创建平均亩产241.67千克，比2014年增产21.97千克，增产率10%，比上年增产率3.2%增加6.8个百分点。共增产花生447.1吨，农民增加收入约223.5万元（以每千克5元计），平均每亩增收109.8元，户均增加收入约106元。

通过高产创建项目的实施，一批新品种、新技术得到推广应用，培养了一批农民技术骨干，农民种植水稻、甘蔗、花生的栽培管理水平明显提高；机械化整地、集约化育秧、机械化插秧、统防统治等专业化服务水平逐步提升，增强了抵御各种灾害能力。高产创建辐射带动单产提高，据统计，在部分市县受干旱、台风影响，全省粮食整体受灾的情况下，2015年海南省水稻平均亩产331千克，比2014年减少1千克，减产0.3%，总产149.21万吨，同比减少6.6万吨，减产4.63%，水稻高产创建实施市县2014年2造平均亩产712.2千克，比上年增产33.2千克，增产率达4.9%，效果显著；花生平均亩产193千克，比2014年提高5千克，增产2.7%，总产11.45万吨，同比增加0.58万吨，增产5.34%。基本实现高产创建项目目标任务。

二、主要做法

（一）加强领导，精心组织

为确保海南省粮油糖高产创建工作顺利开展，促进粮油糖生产稳定发展，结合本省实际，省农业厅和省财政厅共同制定《2015年海南省粮油糖高产创建项目实施方案》，明确目标任务、实施内容、保障措施；由省农业厅、省财政厅领导组成的海南省粮油糖高产创建领导小组，加强对全省粮油糖高产创建工作的领导和指导；由省农科院、省农技中心、海南大学、中国热带科学研究院等单位具有高级以上职称的专家组成的省级高产创建专家组，负责制定技术路线和技术规程，指导市县实施高产栽培技术措施，深入示范片开展技术咨询和现场指导。

各项目市县粮油糖高产创建领导小组由分管副市县长为组长，农业、财政、农技等部门负责人为成员，同时成立技术指导小组，具体负责项目的组织实施和技术指导，制定具体的粮油糖高产创建工作方案，科学选择万亩示范片建设地点，制定具体的技术路线，创建目标任务，明确创建单位、负责人、技术指导人，确保高产创建工作顺利开展。整建制推进试点镇还相应成立由政府主要负责人任组长的领导小组，加强组织领导，明确责任目标，做好统筹协调，从上到下形成强有力的行政推动，确保各项措施落实到位。

（二）强化政策支持，加大资金投入

2015 年中央拨付海南省粮油糖高产创建项目资金 480 万元，项目单位按照资金使用范围和要求，加强资金管理，确保项目的顺利开展。除中央安排的专项资金外，2015 年省财政配套安排专项资金 240 万元用于高产创建活动。各项目市县也积极争取财政资金支持，整合种子工程、植保工程、测土配方施肥、土壤有机质提升补贴、农民培训、农机购置补贴、农业综合开发等项目资金，向高产创建示范片倾斜，充分发挥项目资金的综合效益。

（三）建立档案，设立标牌

项目市县按照《2015 年海南省农业高产创建项目实施方案》的要求，指定专人收集高产创建有关文件、工作记录、测产验收记录、项目总结报告等有关资料，造册归档，规范项目管理。示范片的各村委会和包点技术人员根据各创建点种植的品种、生产方式和植期，结合面上苗情考察工作，建立高产创建田块苗情考察点，定期做好苗情动态考察、分析工作，同时及时做好水稻生产全过程农事活动记录，建立田间生产档案，为扩大推广高产创建工作提供科学依据。每个示范片都按照农业部制定的统一规范标牌内容和样式，设立一块标牌，标明创建单位、负责人、技术指导人、品种名称、产量目标、技术要点等内容，方便农民学习，扩大社会影响，接受社会监督。

（四）加强技术指导，做好技术服务

为加强对高产示范片的技术指导，各级农业部门整合农业科研、教学、技术推广人才和资源，组成高产创建技术服务队伍，深入田间地头，开展技术指导。项目市县针对示范地点的不同土壤、气候条件，制定相应的配套高产栽培技术，采取多媒体授课、现场观摩、开展技术咨询、发放技术资料、深入田间指导等灵活多样的培训方式，形成了"技术指导员＋良种＋良法＋综合配套技术"的推广模式。充分发挥测土配方施肥触摸屏服务平台、农业有害生物预警与控制区域站、植物医院、农机专业服务队等专业队伍和设备的作用，提高了专业化服务水平。项目市县利用农业有害生物预警与控制区域站和蝗虫预警站的防控设备，整合病虫害防控资金，组织专业防治队伍，统一购买农药，对高产创建示范片进行统防统治。海南省水稻示范片良种覆盖率达 100%，根据各地土壤、气候特点选择良种；花生示范片选择良种汕油 27、汕油 188、粤油 45 和本地优质品种乌坡小花生相结合。测土配方施肥技术得到全面实施，秸秆还田技术普遍推广，保证高产技术入户率达 100%。2015 年全省推广秸秆还田面积合计 100 万亩。据不完全统计，省、市县有近 420 多名农业专家和技术人员在高产创建示范片开展技术培训和指导，全省共举办各类大小型技术培训班、现场培训观摩会、专题讲座等共 450 期次，发放各种技术资料 4 万多份，培训和指导农民约 4.5 万人次。

（五）积极推进农艺农机相结合的专业化服务新模式

海南省已建 9 个集约化育秧场，同时购置插秧机械，继续发挥集约化育秧和机械化插秧的作用，对水稻示范片发挥良好作用，推广集约化育秧插秧面积约 3 万亩。集约化育秧场同种子企业、专业合作社、种粮大户等有机结合，推广优良品种，发展规模化生产，农技部门对育秧、新品种推广和生产进行技术指导，企业组织机耕、机插、机割等，合作社联结农户，做好生产安排。机械化育秧秧苗健壮且整齐一致，机械化插秧省工且均衡，插后分蘖较多，有效穗也较多，生长较一致。集约化育秧和机械化插秧，比人工育秧插秧每亩节本约 150 元，机械插秧比人工插秧增产 5％～10％，每亩增产稻谷 30 千克左右。如定安县示范片机耕、机收 1 万亩，占 99％以上，机插 1 000 多亩，都取得良好效果。机械化育秧和插秧减轻农民劳动强度，解决劳动力紧缺难题，受到农民的欢迎，是海南省水稻生产机械化的一个方向，各市县正在积极探索和完善农艺农机相结合的专业化服务新模式。

（六）认真做好测产验收

按照农业部制定的高产创建测产验收办法组织测产验收，对农业部安排的万亩示范片，先由市县进行理论测产和估产后，再由省农业厅组织专家与市县共同进行现场实割测产验收。整建制推进试点乡镇由所在市县农业和统计部门依据整建制试点产量调查的办法组织测产验收。为做好整建制试点测产，省农业厅组织省农技中心、省农科院、中国热带农业科学院和海南大学等单位专家到各项目市县进行测产验收。

三、机制创新

2015 年海南省对推进高产创建工作机制创新进行了一些探索。一是推行层层负责的责任机制。省农业厅、财政厅下达高产创建实施方案，并成立高产创建工作领导小组；项目市县制定具体的实施方案，市县、乡镇两级也相应成立高产创建工作领导小组，形成层层行政负责的责任机制。省、市县两级都成立专家组，保证全省示范片的技术指导和服务。二是形成规模经营带动机制。每个示范片都培育几个种粮、种蔗大户，以这些大户为示范核心区，把集成先进适用的栽培技术贯彻到整个示范片，甚至辐射到周边农户。三是资源整合机制。种粮直补、农田基本建设、农田有机质提升、测土配方施肥、病虫害统防统治等项目向高产创建示范片集中，发挥了综合效益。

四、经验启示

（一）领导重视，政府统筹，行政推动，农民积极参与，是做好高产创建工作的关键

海南省六年来开展高产创建的实践证明，项目市县各级领导重视，积极发动农民参与，依靠政府统筹，行政推动，集人力、物力、财力、技术、宣传等资源，创新工作手段，共同推动高产创建工作，达到示范推广、辐射带动和平衡增产的目标。政府筹集资金，加大投入，强化政策扶持，在种子、肥料和病虫害防控等方面予以补助，调动了农民

高产创建的积极性，强化了新技术的应用，加强了田间管理；测土配方施肥流动服务站、病虫害专业化防控与可视化诊断的植物流动医院、农机专业化服务、集成技术的精确定量栽培等都体现了工作手段和技术推广服务的创新，确保了"五统一"技术措施的落实，实现高产创建目标。

（二）组建一支责任心强、技术熟练的推广队伍是高产创建的基础

水稻高产创建的宗旨是全面提高单产水平，需要有一支责任心强、懂技术的农技员为广大农民服务，推广适合当地种植的优质、高产、高抗的优良品种和集成先进适用的栽培技术，开展技术指导和培训，提高农民种植管理水平。省农业厅成立由农业推广、科研、教学等部门具有高级职称的专家组成的省级专家组，加强对示范片的技术指导。项目市县抽调责任心强、技术熟练的技术骨干包点包片，在经费上给予支持，做到每个生产环节都有技术人员指导，确保技术措施落实到位。

（三）培植种植大户是推进高产创建的重要手段

种植大户是农村的能人，拥有较多的土地资源、农业机械和生产技术，通过培植种植大户，推动高产创建工作，达到示范推广、辐射带动和平衡增产的目标。海南省 30 个高产创建示范片多数以种植大户加一定数量的农户形成核心示范区，示范带动整个示范片实施高产创建，进而将高产创建的成果推广到周边地区，充分发挥高产创建的辐射带动作用。

（四）推广机械化是平衡增产和农民增收的重要途径

机械化整地、喷药、施肥，机插、机收大幅降低种植成本，解决了人力资源缺乏、人工费用增加的难题，机械插秧还能实现水稻精确定量栽培、提高单产，推广机械化农民增收效果显著。

五、存在的主要问题及建议

（一）存在的主要问题

1. 项目资金少，市县级没有专项工作经费，影响技术指导措施全面贯彻到位。中央拨给省高产创建资金 480 万元，海南省配套 240 万元，平均每个万亩片 24 万元，只能对核心示范区进行补贴和总体上常规的培训，不利调动整个示范片农户的积极性，也缺乏资金组织高级专家在作物各个关键生长期进行全面的技术指导。

2. 海南省水稻生产多属于一家一户小规模种植，效益低下，农户对高产创建示范认识不到位，种植水稻只求解决口粮和种植冬季瓜菜轮作的需要，高产创建万亩示范片各种措施全面落实到位有一定难度。

3. 每年 6～9 月，易出现台风、暴雨天气，高产创建示范效果易受影响。其中定安县降雨量大且集中，土壤水分饱和引发花生死株、烂果和果仁充实度差，涝渍造成花生提早收获，对产量有一定影响。6 月底台风"鲸鱼"，对部分示范片影响较大，万宁市晚稻示范片受重大影响，产量下降。

（二）建议

一是建议加大补贴力度，由农业部制定国家级高产创建项目资金管理办法，明确省、市县根据财力安排配套资金，各地有据可依、有章可循，使高产创建工作各项措施得到全面贯彻。

二是建议加强对示范片农民的宣传和培训力度，提高农民对高产创建工作促进增收的认识，同时使农民掌握高产关键技术。

三是建议适当放宽高产创建补贴资金使用范围，规定一定比例的工作经费，解决实施单位工作经费不足的困难。

重庆市

2015年，重庆市按农业部粮油高产创建总体部署及要求，在全市范围内继续深入实施高产创建及粮食增产模式攻关。通过各部门的通力合作，按照科学规划、强化管理、狠抓落实、创新体制机制的原则，充分发挥高产创建示范工作对粮食生产的带动作用，促进了全市粮食生产再上台阶。

一、基本情况

2015年，重庆市在32个区县共建设256个万亩高产创建示范片，实施面积287.57万亩，涉及农户124.03万人。涵盖水稻、玉米、马铃薯、小麦、油菜、大豆、花生、高粱、甘薯9大粮油作物，辐射面积700万亩以上，示范规模再创新高。其中在万州区实施部级整区推进，建设万亩示范片25个，面积52.57万亩，涉及25个镇街，184个村。在巫溪县推进马铃薯绿色增产模式攻关（10个马铃薯万亩片），实施面积10.51万亩，涉及10个乡镇（街道），116个村社，5.41万农户；在永川区来苏镇、开县南雅镇等9个粮食主产乡镇推进整乡镇粮食高产创建（共计36个万亩片），实施面积42.347万亩。

在国家下达的部级高产创建资金3 520万元的基础上，重庆市配套了1 000万元市级农业发展资金和580万元产油大县奖励资金，用于2015年粮油高产创建工作，每个万亩片按照20万元（中稻—再生稻万亩片30万元）、整乡（镇）推进示范80万元（中稻—再生稻万亩整乡推进90万元）、整县（水稻）推进400万元、整县马铃薯推进200万元的标准下达到区县财政。资金主要用于高产创建万亩示范片大面积推广区域化、标准化成熟技术所需的物化投入和推广服务补助；其中，用于物化技术推广、信息服务、技术支撑、考核等方面经费在市级财政补助资金中安排，且每个万亩片不得超过2万元。

二、主要做法

（一）建立两项制度，营造公开公平、积极作为的氛围

一是申报评审制度。采取"乡镇和区县公开申报、市级专家评审、农财两家联合批

复、监察审计全程监督"的办法，2015 年还对原则上两年一轮换，三年必须轮换作了硬性规定，保证了项目承担实施的公正性。二是绩效考评制度。任务下达后，通过层层签订责任书，市、县、乡、村各司其职。市里采取交叉检查考核的方式，对各个示范片进行逐片指导、检查和验收。严格绩效考评，对考核前列的区县和示范区在通报表彰的基础上，对下一年项目进行优先安排。

（二）将高产创建与重点产粮乡镇规划紧密结合，努力构建粮食稳定发展的长效机制

近几年来，重庆市将粮食面积大、基础条件相对较好、商品率高的 520 个乡镇规划为全市重点产粮乡镇，全部纳入了高标准农田建设规划，这些乡镇粮食产量约占全市的 80％。规定今后各级各部门要把这些乡镇作为实施高产创建等与粮食有关项目的首选区。

（三）有效整合资源，不断提升高产创建整体形象

每年在市政府召开的春耕现场会和下发的粮食稳定发展意见中，将高产创建工作作为粮食稳定发展的主线，要求各部门从资金、物资、人力等方面共同整合投入。首先是项目整合。将产粮大县奖励资金的 50％和产油大县奖励资金全部用于粮油高产创建，将测土配方施肥、土壤有机质提升、统防统治与绿色防控等项目以及国土整治、农业综合开发、农田水利项目、新增千亿斤粮食生产能力等资金向粮油高产创建示范区集中。其次是人员整合。将各级发改委、财政、科技、水利、气象、农综等 11 个部门和农技、土肥、植保、种子、科研、教学、农机等技术人员整合，共同参与高产创建。

（四）以生态效益为中心，集成示范一批绿色增产技术模式

在大力推广成熟的增产技术同时，针对重庆市丘陵山区特点，完善建立了农技、种子、植保、土肥、农机等方面专家共同参与的技术研发指导组，围绕生态环保、提高耕地产出率、劳动生产率，集成完善了水稻油菜全程机械化生产、中稻—再生稻全程机械化生产、粮食作物轻简抗逆高产栽培、粮食作物共生育苗、油菜"油蔬两用"高效栽培等粮油新型实用技术。同时为了提高耕地综合效益，探索成功了粮菜、粮果、稻虾（蟹）、稻鳅（蛙）、稻鱼等 20 余种新型高效种植养殖模式。

三、主要成效

一是示范效果更明显。2015 年，重庆市按照农业部要将示范片向中低产区倾斜的要求，在 32 个区县建设了 256 个万亩高产创建示范片，其中中低产地区占 39％。实施面积 287.57 万亩，涉及农户 124.03 万人。涵盖水稻、玉米、马铃薯、小麦、油菜、大豆、花生、高粱、甘薯 9 大粮油作物，辐射 700 万亩以上。其中，万州区 52.57 万亩中稻实施整区推进，重点建设万亩示范片 25 个；巫溪县推进马铃薯绿色增产模式攻关 10.51 万亩；在永川区来苏镇、开县南雅镇等 9 个粮食主产乡镇推进整乡镇粮食高产创建（共计 36 个万亩片）实施面积 42.3 万亩。据调查测产验收，示范片比非示范区平均增产 22％，增产粮食 24 万吨。

二是带动了全市粮油稳产增收。通过高产创建，有效地减轻了春旱、暴雨洪涝、风雹等自然灾害以及重大病虫害的影响，在粮食面积有所减少的情况下，预计2015年粮食总产量可达1 155.7万吨，同比增11.1万吨，增1.0%；种植油料464.4万亩，增加14.5万亩，单产128.3千克/亩，增1.7千克/亩，总产59.6万吨，增2.6万吨。

三是涌现出一批高产高效典型。高产创建和绿色增产模式攻关成为农业部门狠抓技术落实、强化科技防灾减灾、展示才能的有效平台。2015年在开县应用二级优质杂交稻渝香203、宜香2 115品种，实施的中稻—再生稻高产示范，千亩片平均亩产1 212千克（其中中稻771千克，再生稻441千克），最高田块达1 316.3千克。且再生稻谷价格比普通中稻谷高30%以上，还供不应求；巫溪县朝阳镇绿坪村张友军流转土地51亩，全程机械化种植"费乌瑞它"等，平均亩产2 099千克，销售商品薯10万千克，收益4.5万元。

四是推进了丘陵山地粮油作物机械化水平的提高。由于重庆市丘陵山地多、间套作比重大，平原地区大型机械难以推广应用。通过多年探索实践，水稻、油菜已基本实现全程机械化，马铃薯、玉米等作物机械化取得明显突破。对减轻劳动强度、节省成本、促进规模经营起到明显促进作用。巫溪县马铃薯机播机收全程机械化生产成本较传统生产下降451.4元/亩。潼南区、巫溪县玉米全程机械化的成功探索，突破了薯/玉套作模式下机械化的技术瓶颈。

五是产业功能得到有效拓展。重庆市积极拓宽粮油产业功能，潼南、南川、垫江、秀山等14个区县借助油菜高产创建示范片，成功举办菜花观光旅游节，吸纳游客1 000万人次，实现旅游收入2亿元，同时增加蜜源促增蜂业收入2亿元。推广的油菜"一种双收"技术，既可采收菜薹，又能收获油菜籽，每亩增收200元以上。江津、万州等地大力实施"稻鳅蛙"种养一体化模式，配合油菜、高粱观光旅游，亩产稻谷500千克左右，新增产值1万元/亩的综合效益。

四、主要经验

（一）争取领导重视

高产创建工作战线长，分布广，涉及财政、水利、气象、农综、防汛抗旱、农技、种子、植保、土肥、农机等多个部门，需要各部门加强协作才能集中优势力量做好工作。在项目实施过程中实行"市、县、乡、村"四级联创、以县为主的工作机制，有力地促进了"工作到位、责任到人"。四级联创中的县级领导小组由政府分管领导任组长，直接加大了区县在高产创建上的工作力度，保证了多个涉农部门协同推进高产创建工作，确保了示范片各项资金、技术、政策等措施能够迅速落实到位。

（二）突出效益是高产创建的动力

在确保粮油目标任务的基础上，依托高产创建，结合实际发展特色效益粮油，积极探索促农增收新途径。

渝北区、綦江县、武隆县依托玉米高产创建项目，整合资源、集成技术，倾力打造石壕镇"万亩糯玉米生产基地"，政府为其销路牵线搭桥。如今当地"花坝糯玉米"走进周边省市各大超市，采用错峰上市方式，使每千克平均达 3 元左右，亩纯收入达 2 500 元以上，其效益显著高于常规种植。渝北区依托地理优势发展近郊糯玉米基地，采用春（黑）糯玉米＋秋（黑）糯玉米耕作模式，每亩纯效益达 3 000 元以上。近年当地玉米种植面积不断攀升，产量持续提高。

巴南区大豆高产创建，结合姜家镇"五黑"特色粮油基地，在水源村一农户和蔡家寺一业主中探索种植了 50 亩黑糯玉米和黑豆的复合种植模式，还多种了一季秋种，形成了春黑糯玉米＋黑大豆＋秋黑糯玉米模式和春黑糯玉米＋黑大豆＋紫薯模式，取得了意外的惊喜——黑糯玉米物尽其用，黑大豆锦上添花。黑糯玉米已于 6 月中旬陆续上市，平均亩产 750 千克左右，最高达 1 000 千克，上门批发带壳每千克 5 元左右，体验式采摘则达每千克 10 元，玉米秆还作为青饲料被光大奶牛场利用，每吨 350 元，仅黑糯玉米的亩产值就达 4 100 元左右。

荣昌县大力发展酿酒高粱，并引进周边酒类企业实行订单收购，同时延伸高粱产业链，将秸秆用作青贮饲料或将高粱穗制作扫帚，在纯利 2 000 元/亩的基础上实现额外增收 300～400 元/亩，使荣昌成为重庆市高粱种植大县。

潼南县借助高产创建举办油菜花节，在农户得到较高种植收入的基础上促进旅游增收，助推了当地乡村基础设施建设，招商引资 105 亿元以上，极大地促进了当地农村生活水平，使高产创建工作得到农户的大力拥护。

随着粮油生产结构调整，高产创建与效益粮油结合，多渠道增收是调动农民积极性的关键，是高产创建的动力。

（三）广泛发动群众是抓高产创建的基础

高产创建的根本落脚点在于广大农民群众积极参与，2015 年除了良种良法配套补贴、农资综合补贴、农机购置补贴、种粮大户补贴、政策性农业保险等惠农扶农政策优先在高产创建示范片实施，示范户优先享受外，还在示范片建设上推行"五个一"，即"选出一个带头人、培养一批示范户、建立一个农民专业合作社、培育一支专业服务队、引入一个龙头企业"，充分发挥市场机制的作用，进一步发动群众、引导群众积极参与高产创建，争取使高产创建成为示范片农户的自觉行为。

五、存在的问题及改进建议

一是高产创建项目补贴扶持力度不足，建议加大高产创建工作的扶持力度。高产创建及粮食增产模式攻关对促进粮油全面平衡增产具有重要意义，但粮食依然是弱势产业，受市场粮价下跌和农资价格不断上扬、种粮成本持续攀升两方面的影响，农户种粮积极性不断下降，建议国家进一步加大补贴力度。同时种粮大户对大中型粮食烘干设备和农机库房有迫切需求，建议国家增加其补贴力度。

二是西南地区农机化水平较低，成为推进高产创建工作的瓶颈，建议大力推进山地丘陵区农机化发展。推进农业机械化是解决农村劳力缺乏、提高农作效率、提升产业发展水平的关键。近年来虽然重庆市水稻机械化水平得到显著提高，但因受特殊地理条件限制，其他旱地作物机械化水平还存在相当大的差距，建议加速研发适合重庆市丘陵山区的小型农机具，并配套适应品种和农技措施，在生产实践中改进，真正实现农机农艺的互相融合。

三是水稻、玉米、薯类等主要高产创建作物效益一般，建议扩大高产创建作物范围，把高效作为重要目标。小杂粮具有适应范围广、管理难度小、种植成本低、效益高等特点，是西南山区发展特色效益粮油重要途径。建议扩大高产创建作物范围，将荞麦、食用豆类等作物纳入部级粮油高产创建，以推动粮油结构调整，促进粮油全面增产增收。

四川省

2015年，四川省继续承担了水稻、小麦、玉米等8个作物高产创建任务和玉米、油菜、马铃薯的模式攻关任务。按照农业部的要求，及时制定了《2015年四川省粮棉油高产创建项目实施方案》和《四川省粮食绿色增产模式攻关方案》，对全省粮油高产创建及绿色模式攻关总体思路、实施区域、目标任务、实施内容、资金使用、保障措施等进行了明确。在项目推进工作中，通过进一步强化行政推动、加大投入保障、规范项目管理、强化工作督导、严格绩效考评等举措，确保了项目的顺利实施，助推了全省粮油生产能力不断提升，现将有关情况汇报如下。

一、基本情况

2015年，在21市（州）的100个粮油主产县（市、区），共建设粮油高产创建万亩示范片557个，示范面积595.96万亩。其中，水稻232个万亩示范片，落实面积246.1万亩；小麦103个万亩示范片，落实面积107.5万亩；玉米104个万亩示范片，落实面积118.3万亩；大豆16个万亩示范片，落实面积16.85万亩；马铃薯42个万亩示范片，落实面积43.4万亩；荞麦2个万亩示范片，落实面积2.05万亩；油菜44个万亩示范片，落实面积46.96万亩；花生14个万亩示范片，落实面积14.8万亩。

在宣汉县、广汉市、盐源县开展玉米、油菜、马铃薯绿色模式攻关试点，分别落实核心示范片面积1.68万亩、2.2万亩和0.35万亩，主推玉米"两增两早（增温早育、增密早栽）"增产技术，探索推广标准化技术模式、全程机械化增产技术模式，油菜机直播配套技术模式、育苗移栽超高产技术模式、机直播病虫草害综合防治技术模式，马铃薯全程机械化技术模式。

二、实施成效

（一）单产水平整体提升

全省高产创建万亩示范片粮食平均亩产541.5千克，比全省平均水平高193千克；油料平均亩产227.5千克，比全省平均水平高72千克。其中：水稻、玉米、小麦、马铃薯、大豆、荞麦平均亩产分别为 635.4 千克、609.3 千克、365.9 千克、2 165 千克、140.8 千克、157 千克，分别比 2014 年增 17 千克、23.4 千克、16.1 千克、84.4 千克、3.1 千克、14 千克，增产 2.7％、4.0％、4.6％、4.1％、2.3％、9.8％；油菜、花生平均亩产分别为 202 千克、308.3 千克，比 2014 年增加 11 千克、7.8 千克，增产 5.8％、2.6％。

（二）辐射效果明显增强

四川省高产创建万亩示范片以点带面、辐射带动，促进了所在项目区域的大面积均衡增产。水稻、玉米、小麦、马铃薯、大豆、荞麦、油菜、花生高产创建项目县平均亩产均较上年进一步增加，分别是 543 千克、436.2 千克、243.8 千克、1 240 千克、126 千克、156 千克、154.9 千克、186.1 千克，比上年提高 9 千克、8.5 千克、6.8 千克、43 千克、1.5 千克、14 千克、5.1 千克、2.4 千克，增产 1.7％、2％、2.9％、3.6％、1.2％、9.9％、3.4％、1.3％。

（三）整建制创建稳步推进

2015 年，四川省继续在广汉市开展油菜整县推进高产创建活动，在广汉、泸县、宣汉、盐源等 7 个县（市）和旌阳区黄许镇等 31 个乡（镇）继续开展粮食整建制高产创建活动。共落实了示范片 229 个，示范面积达到 233.5 万亩。通过深化整建制推进高产创建活动，项目区粮棉油作物平均单产普遍提高。其中，水稻亩产 612 千克、提高 22.4 千克，玉米亩产 622.2 千克、提高 65.8 千克，油菜亩产 207 千克、提高 18.8 千克，小麦亩产 391.6 千克、提高 28.6 千克，马铃薯亩产 2 056 千克、提高 456 千克。

（四）绿色模式攻关成效初显

初步筛选出了荃玉 9 号、川单 189 等耐密植、穗位齐、抗倒伏、宜机收的玉米品种，德油早 1 号、绵邦油 1 号、志远油 8 号、龙庭 100 等适于密植、机播、机收、产量较高的油菜品种，选用凉薯 97、凉薯 14、凉薯 17、米拉等一批适宜二半山和高寒山区种植的优质马铃薯品种；探索集成了玉米全程机械化技术，马铃薯机播、机收和油菜全程机械化生产技术并进行试验示范。

（五）涌现了一批高产典型

四川省各地以粮油高产创建为载体，积极开展高产攻关竞赛，涌现了一批高产和超高产典型。广汉市整县推进 10 个小麦万亩示范片，平均亩产 443 千克，攻关田块最高亩产达到 687.6 千克；泸县高产创建整县推进 20 个水稻万亩示范片，中稻平均亩产 648.42 千克，其中最高亩产达到 732.2 千克；隆昌县整乡推进 3.06 万亩水稻示范片，中稻平均亩产 654.9 千克，百亩核心示范片平均亩产达 734.4 千克，再创历史新高；宣汉县 20 个玉米万亩示范片平均亩产 626 千克，玉米增产模式攻关核心示范片平均产量达到 817.8 千克；盐源县马铃薯绿色增产模式攻关核心示范片平均亩产鲜薯 2 377 千克，较全县大面积增产 1 086 千克，增产 84.1％；广汉市油菜机直播配套技术模式示范区平均亩产达 203 千克，较全市平均亩产增产 22 千克，增长 12.2％，亩增加直接效益 121 元。

三、主要做法

（一）坚持行政推动，强化组织领导

省政府成立了以副省长任组长的领导小组，定期召集省级相关部门负责人研究和协调相关重大事项。省农业厅设立了领导小组办公室，负责全省高产创建活动日常工作、成效宣传和督导督促；设立了整建制高产创建领导小组，由分管厅长担任组长。具体工作由厅粮油处（省农技推广总站）牵头，厅属相关单位参与。各项目县均成立了由当地政府主要负责人任组长的领导小组。通过强化行政推动，切实把高产创建工作由部门工作上升为政府行为，由单纯的技术推广上升为生产组织方式的转变。

（二）加强项目整合，保障资金投入

2015 年，四川省在全面落实国家粮食直补、农资综合直补、良种补贴、农机具购置补贴等强农惠农政策基础上，继续加大了对高产创建活动的专项支持力度。省财政安排专项资金 1.12 亿元，加上农业部下达专项资金，2015 年全省高产创建投入资金达到 2.24 亿元，重点支持 100 个县（市、区）开展高产创建工作，实现了主要粮食产区、重点作物全覆盖。特别是向模式攻关试点县重点倾斜，投入资金 1 600 余万元，推动基础设施建设、品种筛选、技术集成推广、机械化生产和经营方式的突破。同时，四川省将中央财政产油大县奖励资金集中用于发展油料产业，重点安排全省 45 个县（市、区）建设油菜高产创建示范片，投入资金 1.5 亿元以上。各项目县（市、区）以及相关市（州）也出台配套政策，引导龙头企业、科研单位、新型经营主体等共同参与，全省上下形成了多项目带动、多主体参与的投入格局。

（三）突出指导服务，推动技术落实

积极探索了行政与科研相结合、产学研农科教相结合的工作机制，共同推进高产创建技术落实。一是实行了农科教联动。省成立了由四川农业大学、省农科院、省农技推广总站等相关机构专家组成的省级专家指导组，关键农事季节组织农业、科研、教学等单位相关专家，深入高产创建示范片开展调查，及时会商生产中出现的新情况和新问题，有针对性地提出解决办法和措施。二是万名科技人员开展技术服务。以高产创建为载体，组织全省万名农业科技人员深入高产创建示范区开展技术培训与指导，先后开展指导培训 500 余次，培训实用技术 2 万人次。三是统一了配套技术规程。高产创建示范片实行了"五个统一"，即统一供应良种、统一肥水管理、统一病虫害防控、统一机械作业、统一技术指导，实现了高产创建标准化生产。

（四）突出主体培育，发展规模经营

围绕高产创建规模化、标准化的要求，在高产创建示范片积极培育种粮大户、家庭农场、农民专业合作社、职业经理人等多种形式的粮食生产主体，推行种粮大户带动、"大园区、小业主"全程托管、土地股份合作社等适度规模经营模式和"龙头企业＋专合组

织＋种粮大户（农户）"的产业化经营模式，引导和推进适度规模经营。在落实全省种粮大户补贴政策的基础上，在农机购置补贴、农业基础设施建设、技术培训方面予以优先考虑，高产创建核心区示范区物资优先向规模化经营主体倾斜。积极开展农业购买社会化服务试点工作，重点扶持了一批农机、植保等专业化服务组织，有效带动全省专业化服务水平大力提升，全省主要农作物耕种收综合机械化水平达到 48％以上，水稻机插秧面积达到 500 万亩。

（五）创新实施方式，严格项目管理

2015 年，四川省在示范片的安排上充分尊重项目县的意愿，在全省安排示范片总数不变的情况下，由项目县根据当地实际对创建作物及示范片进行选择和调整。在生产关键季节，省、市派出工作组深入项目区对高产创建工作进展情况进行督导，并将高产创建工作及成效作为推荐粮食生产先进单位、先进个人以及申报全省粮食生产丰收杯奖励的重要指标。项目县也实施"三定三挂"责任奖励机制，即高产创建示范区定人、定点、定责和实施成效与年终考核、职称评聘及奖励工资挂钩，保障了创建工作的顺利开展。为严格规范项目验收工作，下发了《四川省粮棉油高产创建测产验收方案》，由省农业厅组织市（州）交叉、市（州）内县与县交叉对万亩片和整建制区域进行测产验收，确保测产验收工作科学规范、公开透明。

四、问题及建议

结合四川省实际，提出以下几方面建议：一是适当提高示范片补贴标准。近年来，农资价格和人工成本普遍上涨，技术推广费用逐年增加，每亩补助资金偏低，对调动农民采用高产技术模式的积极性作用有限，建议将示范片补贴标准提高到 50 元/亩。二是适当扩大资金使用范围。为进一步搞好高产创建工作和宣传工作，除主要用于物化投入和技术推广费用外，建议增加劳务投入、测产验收等支出费用示范片资金。三是扩大高产创建规模。四川省是全国 13 个粮食主产省之一，粮食作物品种多，增产潜力较大，建议增加四川省高产创建示范规模，以促进全省粮食持续稳定增产。四是单独安排模式攻关经费。据初步测算，开展粮食绿色增产模式攻关，玉米每亩需物资费用 400 元，油菜需 250 元，马铃薯需 600 元以上，目前项目经费从高产创建项目资金中安排，缺口较大。建议对粮食增产模式攻关的专家组攻关经费、试点县示范经费、协作单位的工作经费予以单独安排。

贵 州 省

为深入落实中央 1 号文件精神，确保国家粮食安全，保障农产品有效供给，农业部下达了 2015 年粮油高产创建项目。贵州省各级党政部门把粮油高产创建项目作为粮油增产的重大措施来抓，加大力度组织实施。在农业部的指导和省委、省政府的领导下，各级党委、政府和农业部门精心安排组织，经过广大农技干部共同努力，圆满完成了计划任务，取得显著成效，为实现稳定全省粮油产量做出了突出贡献。按照农业部种植业管理司《关

于开展高产创建绿色增产模式攻关测产验收和全年工作总结的通知》（农农（粮油）
〔2015〕194 号）和《关于做好 2015 年种植业（粮油）财政项目总结工作的通知》要求，
将贵州省项目实施情况总结如下。

一、项目实施基本情况

(一) 项目计划任务

1. 总体目标　2014—2015 年夏收作物在全省建设 66 个示范片，其中马铃薯 42 个示范片，小麦 3 个示范片，油菜 21 个示范片；整乡推进 21 个万亩示范片，其中马铃薯 10 个万亩示范片，小麦 2 个万亩示范片，油菜 9 个万亩示范片。

2015 年在全省建设 265 个粮油高产创建示范片，其中：2015 年秋收作物示范片 183 片，2015—2016 年夏收作物示范片 82 片；粮食 235 片，油料 30 片。以万亩高产创建示范片为基本单元，通过项目实施，力争示范片单产水平比上年提高 2% 以上，辐射带动所在县均衡增产。

继续抓好 20 个整乡推进高产创建试点，不断提升高产创建层次和水平，辐射带动更大面积的均衡增产。

2. 各作物万亩示范片实施目标与考核指标

水稻：选择遵义、绥阳、湄潭等 48 个县（市、区、特区）建设 54 个水稻万亩高产创建示范片。目标：万亩集中连片水稻亩产 650 千克以上（二级杂交优质稻示范区平均亩产 600 千克、特色或常规优质稻示范区平均亩产 400 千克以上）。

玉米：选择大方、织金、黔西等 43 个县（市、区、特区）建设 55 个万亩玉米高产创建示范片。目标：万亩集中连片玉米亩产 600 千克以上。

马铃薯：2014—2015 年选择威宁、纳雍、赫章等 37 个县（市、区、特区）建设 42 个马铃薯万亩高产创建示范片，万亩集中连片马铃薯亩产 2 000 千克以上；2015—2016 年选择威宁、纳雍、赫章等 36 个县（市、区、特区）建设 42 个马铃薯万亩高产创建示范片，万亩集中连片马铃薯亩产 2 000 千克以上。

小麦：2014—2015 年选择兴义、习水、沿河等 3 个县（市、特区）建设 3 个小麦万亩高产创建示范片，万亩集中连片小麦亩产 300 千克以上；2015—2016 年选择兴义、沿河、普定等 3 个县（市、特区）建设 3 个小麦万亩高产创建示范片，万亩集中连片小麦亩产 300 千克以上。

高粱：选择仁怀市建设 1 个万亩高产创建示范片。目标：万亩集中连片高粱亩产 250 千克以上。

薏苡：选择兴仁、晴隆、安龙等 5 个县建设 8 个万亩高产创建示范片。目标：万亩集中连片薏苡亩产 300 千克以上。

苦荞：选择纳雍县建设 1 个万亩高产创建示范片。目标：万亩集中连片亩产 150 千克以上。

油菜：2014—2015 年选择遵义、福泉、西秀等 20 个县（市、区、特区）建设 21 个油菜万亩高产创建示范片，万亩集中连片油菜亩产 160 千克以上；2015—2016 年选择遵义、福泉、西秀等 20 个县（市、区、特区）建设 20 个油菜万亩高产创建示范片，万亩集中连片油菜亩产 160 千克以上。

花生：选择关岭县建设 1 个万亩高产创建示范片。目标：万亩集中连片花生亩产 160 千克以上。

3. 整乡推进实施目标与考核指标   以万亩示范片为基本单元，结合各地资源条件、生产基础、种植制度，2015—2016 年在开阳县楠木渡镇、遵义县茅栗镇、余庆县龙溪镇、湄潭县永兴镇、务川县镇南镇、习水县良村镇、独山县上司镇、福泉市陆坪镇、惠水县雅水镇、锦屏县敦寨镇、黎平县敖市镇、三穗县八弓镇、碧江区滑石乡、纳雍县中岭镇、黔西县大关镇、兴仁县巴铃镇、普安县窝沿乡、威宁县小海镇、迤那镇、双龙镇等 18 个县（市、区）的 20 个乡（镇）安排 4 个万亩示范片，开展整乡（镇）高产创建试点。其中水稻 33 万亩，玉米 28 万亩，高粱 2 万亩，油菜 9 万亩，马铃薯 8 万亩。目标：水稻亩产 580 千克、玉米亩产 550 千克、马铃薯亩产 1 500 千克、高粱亩产 300 千克、油菜亩产 160 千克。所在乡（镇）粮食平均亩产提高 5 千克，油菜平均亩产提高 3 千克，辐射带动全县均衡增产。2014—2015 年，油菜、马铃薯和小麦的亩产目标分别为 160 千克、2 000 千克和 300 千克。

（二）项目任务完成情况

1. 示范面积超计划完成

（1）2014—2015 年夏收作物完成情况   全省完成 66 个夏收作物粮油高产创建万亩示范片，其中：油菜 21 片、马铃薯 42 片、小麦 3 片，实施面积共 70.41 万亩，超计划 6.69％。整乡推进完成夏收作物粮油高产创建万亩示范片 21 个，面积 22.36 万亩，超计划 6.48％。共完成夏收作物粮油高产创建示范面积 92.78 万亩，超计划 5.78 万亩。

（2）2015 年示范片完成情况   2015 年秋收作物粮油高产创建万亩示范片 183 片按计划完成，完成示范面积 196.59 万亩，超计划 13.59 万亩，超 7.43％。其中：万亩示范片水稻完成 58.88 万亩、超计划 9.03％；玉米完成 59.15 万亩、超计划 7.55％；高粱完成 1.01 万亩、超计划 1.36％；薏苡完成 8.94 万亩、超计划 11.71％；苦荞完成 1.09 万亩、超计划 9.24％；花生完成 1.08 万亩、超计划 8.05％。整乡推进完成秋收作物粮油高产创建 63 个万亩示范片，面积 66.44 万亩，超计划 5.46％，其中：水稻完成 35.64 万亩、超计划 8.01％；玉米完成 28.74 万亩、超计划 2.64％；高粱完成 2.05 万亩、超计划 2.71％。

2015—2016 年夏收作物粮油高产创建示范片 82 片按计划落实，落实示范面积 83.95 万亩，超计划 2.38％，其中：万亩示范片马铃薯落实 42.95 万亩、超计划 2.25％，油菜落实 20.54 万亩、超计划 2.72％，小麦落实 3.08 万亩、超计划 2.75％；整乡推进马铃薯落实 8.17 万亩、超计划 2.12％，油菜落实 9.21 万亩、超计划 2.33％。

2. 单产指标   根据农业部丰收计划测产验收办法，省高产创建技术小组聘请省内外专家成立验收小组，会同各地区，对项目县进行了理论和实测验收。此外，各项目县均成立验收小组，按高、中、低三个类型田块按比例抽样，采取理论测产并结合实割实测方法进行验收。测产结果表明高产创建项目平均亩产 523.15 千克，比项目区上年平均每亩增产 55.82 千克，增产 11.94%；比当年非项目区常规栽培每亩增产 120.32 千克，增产 29.87%；亩产超计划目标 29.30 千克。其中，粮食作物平均亩产为 568.91 千克，比项目区上年平均每亩增产 62.64 千克，增产 12.37%，比当年非项目区常规栽培每亩增产 130.42 千克，增产 29.74%。油菜加权平均亩产 175.23 千克，比项目区上年平均每亩增产 3.4 千克，增产 1.98%，比当年非项目区常规栽培每亩增产 44.38 千克，增产 33.92%；花生加权平均亩产 164.58 千克，比当年非项目区常规栽培每亩增产 17.58 千克，增产 11.96%。

示范片：水稻加权平均亩产 669.12 千克，比项目区上年平均每亩增产 64.04 千克，增 10.58%，比当年非项目区常规栽培每亩增产 141.68 千克，增产 27.54%；玉米加权平均亩产 638.99 千克，比项目区上年平均每亩增产 81.79 千克，增产 14.68%，比当年非项目区常规栽培每亩增产 166.58 千克，增产 37.03%；马铃薯加权平均每亩产 417.41 千克，比项目区上年平均每亩增产 42.57 千克，增产 11.36%，比当年非项目区常规栽培每亩增产 117.47 千克，增产 39.16%；小麦加权平均亩产 324.73 千克，比项目区上年平均每亩增产 29.26 千克，增产 9.9%，比当年非项目区常规栽培每亩增产 76.26 千克，增产 31.42%；高粱加权平均亩产 380.50 千克，比项目区上年平均每亩增产 58.30 千克，增产 18.09%，比当年非项目区常规栽培每亩增产 43.60 千克，增产 12.94%；薏苡加权平均亩产 312.41 千克，比项目区上年平均每亩增产 24.88 千克，增产 8.65%，比当年非项目区常规栽培每亩增产 36.02 千克，增产 12.93%；苦荞加权平均亩产 131.56 千克，比项目区上年平均每亩减产 32.25 千克，减产 19.69%，但比当年非项目区常规栽培每亩增产 16.27 千克，增产 14.11%；花生加权平均亩产 164.58 千克，比项目区上年平均每亩增产 19.58 千克，增产 13.50%，比当年非项目区常规栽培每亩增产 17.58 千克，增产 11.96%；油菜加权平均亩产 174.96 千克，比项目区上年平均每亩增产 6.97 千克，增产 4.15%，比当年非项目区常规栽培每亩增产 46.22 千克，增产 36.02%。

整乡推进：水稻加权平均亩产 626.83 千克，比项目区上年平均亩增产 33.36 千克，增 5.62%，比当年非项目区常规栽培亩增产 104.71 千克，增 20.68%；玉米加权平均亩产 613.68 千克，比项目区上年平均亩增产 86.62 千克，增 16.43%，比当年非项目区常规栽培亩增产 143.05 千克，增 30.96%；马铃薯加权平均亩产 394.84 千克，比项目区上年平均亩增产 115.71 千克，增 41.45%，比当年非项目区常规栽培亩增产 106.05 千克，增 36.72%；小麦加权平均亩产 273.8 千克，比项目区上年平均亩增产 67.3 千克，增 32.59%，比当年非项目区常规栽培亩增产 92.3 千克，增 50.85%；高粱加权平均亩产 334.70 千克，比项目区上年平均亩增产 79.30 千克，增 31.05%，比当年非项目区常规栽培亩增产 91 千克，增 37.34%；油菜加权平均亩产 175.85 千克，比项目区上年平均亩减产 4.5 千克，减 2.5%，但比当年非项目区常规栽培亩增产 39.32 千克，增 28.80%。

（三）绿色增产模式攻关完成情况

为增强工作活力，贵州省在高产创建项目大力开展绿色增产模式攻关示范，突出抓好高产高效化、优质化、机械化、轻型化、产业化，涉及优质稻订单生产、稻鱼（虾、蟹、鸭）共生、新农药连片示范、直播、抛秧、新品种示范、机插秧、缓控肥的施用、有机栽培、优质米的无公害化生产、粮经复合种植等。全省共办绿色增产模式攻关示范片 2 150 个，示范面积 18.5 万亩，其中水稻和玉米绿色增产模式攻关平均亩产 568.5 千克，节本增效 30.31%，超计划 20.31 个百分点。

比较典型的有：湄潭县积极发展"稻鱼共生"模式，为养殖发展和粮食安全同步发展探索了可行之路。推行稻鱼共生种养模式，在水稻生长季节在稻田里放养一定数量的鸭子，一般每亩 8~10 只，实施面积 1.28 万亩，采用水稻绿色栽培综合技术，生产的稻米品质高，比常规稻谷售价每千克高 1.50 元左右，按亩产 460 千克计算，增加产值 690 元，同时稻田每亩平均产鱼 25.2 千克，鱼产值 1 260 元，稻鱼共生种养模式每亩增加产值 1 950 元；稻蟹共生种养，稻米亩产值 3 250 元，蟹亩产值 4 000 元，稻谷与蟹合计亩产值 7 250 元；同时积极开展"稻虾共生"试验，实现优质稻产业和水产养殖业同步协调健康发展，是绿色、生态农业的发展方向之一。

联合国粮农组织于 2011 年 6 月将贵州从江侗乡稻鱼鸭复合系统列为全球重要农业遗产保护试点。从江县以推广"从江侗乡稻鱼鸭复合系统"为契机，大力推广水稻绿色增产模式。2015 年 从江县的县级绿色增产示范片在往洞镇增盈村实施，示范面积 304 亩，全部实行优质稻的有机栽培，经组织专家测产，有机稻谷平均亩产 436 千克，稻田鲤鱼亩产 19.1 千克，稻田放鸭亩产 40.6 千克，有机稻谷按订单收购价 5.2 元/千克，稻田鲤鱼和鸭按市场平均价格（稻田鲤鱼 60 元/千克，鸭 60 元/千克）折算，平均亩产值达 5 849.2 元，亩投入生产成本 2 643 元，亩净利润 3 206.2 元。与当地水稻常规栽培相比，亩增效达 4 倍多。项目区农户杨福安说："今年我在农业部门和公司的发动下，在我的全部责任田 3.6 亩种有机稻，虽然产量与去年的常规施用化肥、农药相比，产量降低了 100 多千克，但是公司到田边来收每千克 5.2 元，比去年还多收入 3 000 多元。"

（四）经费安排与使用情况

2015 年农业部下达贵州省高产创建经费 4 240 万元，省级财政还在经济十分困难的情况下为高产创建项目配套资金达 3 360 万元。中央和省财政经费于 2015 年 3 月 9 日全部下达到示范县。全省 265 个万亩示范片，每个示范片部级下达资金 16 万元，其中水稻和马铃薯万亩示范片，每个片省级配套资金 21 万元，玉米和薏苡万亩示范片，每个片省级分别配套资金 16 万元和 11 万元，20 个整乡推进每个部级下达资金 64 万元、省级配套经费 12 万元。高产创建经费主要用于三个方面：一是物化补贴，材料、农资、小型仪器设备等技术投入品的购置，该项补助不低于项目经费的 70%；二是专业化社会化服务。依托农民专业合作社、机耕队、机防队等社会化服务组织，对开展机防、秸秆还田、机耕机播机收等专业化社会化服务给予补助和试验示范田租用及整理，该项补助不低于项目经费的 20%；三是技术推广工作费。项目实施必需的审计、检查、指导、验收、评比、总结等管理费用，推广服务、宣传、技术咨询以及技术推广相关的其他支出，该项补助不超过项目经费的 10%。要求中央财政资金不得用于技术人员和骨干农民培训，项目所需培训资金从省级配套资金或相关项目资金中支出。管理中各地按照财政部会同科技部、农业部制定的《中央财政科技成果转化和农业技术推广资金管理办法》（财农〔2014〕31 号）和黔财农〔2015〕15、16 号文件执行，经省、市（州）组织的检查，各地均做到了建立专账、专款专用，未出现严重违规使用经费的情况。

二、主要做法

（一）组织管理

1. 加强领导与协作，合力保障项目实施　为加强领导，搞好管理，省、市（州）、县分别成立粮油高产创建实施领导小组和技术指导小组及办公室，并实行分区联系负责制和目标考核管理。省级成立了由刘远坤副省长任组长，省农委主任任副组长，省财政厅、省科技厅、省农委、贵州大学和省农科院等有关厅局领导为成员的省粮食高产创建项目领导小组，并成立了由省农委总农艺师任组长的技术指导小组和各作物专家顾问组。各市（州）、县（市、区）也参照省级成立了相应领导小组和技术指导小组，整建制推进试点均由所在县（市、区）、乡（镇）党政主要负责同志任组长。领导小组主要负责粮油高产创建项目组织领导，研究决定计划、资金安排等问题，开展经验交流，搞好检查督办，组织测产验收、总结，协调解决项目实施中的困难和问题。技术指导小组负责拟定实施方案，开展技术培训、指导、集成、展示和兴办示范样板，检查技术到位率，开展大面积测产，完成项目总结等工作。

省、市（州）、县三级农业部门的农推、种子、植保、土肥等单位齐心配合抓项目实施。农业、科技、院校协作配合，整合农业系统和贵州大学、省农科院、各市（州）农科所技术力量，实行联合攻关。贵州大学、省农科院、各地区农科所均派有技术员参与高产创建示范片的实施，使高产创建成为专家们的试验地和产学研大联合、大协作的重要平台，实现技术的"系统集成"，专家教授和基层农技人员的"大合唱"。

2. 科学制定方案，建立奖惩结合的激励机制　根据《农业部办公厅财政部办公厅关于做好2015年农业高产创建工作的通知》，贵州省在总结前几年粮油高产创建工作经验的基础上，制定了《2015年贵州省粮油高产创建工作方案》和水稻、玉米、马铃薯、小麦、高粱、薏苡、苦荞、花生、油菜等作物技术方案，建立了严格的目标责任制。还制定了贵州省粮油高产创建测产验收办法、高产创建中期交叉检查考评方案、省级考核奖励办法，实行项目申报和淘汰相结合。

各示范县结合实际，也都制定了相应的实施方案。实施中各地将计划任务落实到点、到村、到户、到田，明确到具体责任人。各示范点均实行目标责任合同管理，与相关业务站、乡镇和村组签订项目责任合同，并将办点人员的出勤率、技术到位率、完成情况、目标产量等列入考核内容，与浮动工资、驻点补贴、年度考核等挂钩，达到目标产量的予以奖励，完不成任务或任务完成差的予以处罚，极大地调动了办点人员的工作积极性，增强了其责任心。

3. 深入基层，强化督促检查和技术指导　为保证各项措施落实到位，各级项目领导小组和技术指导小组采取定期与不定期结合方式，狠抓督促检查和技术指导，项目实施中定期和不定期地到项目区进行了多次督促检查。

各示范市（州）领导小组也在各关键时期多次到点上进行检查和指导。5～6月由各市（州）农委组成工作组，对本市（州）秋冬种作物高产创建进行了中期交叉检查考评，对项目规模、技术规范化程度、组织管理等方面进行细化现场考评。8～9 月由各市（州）农委组织督查工作组对各市（州）秋收作物高产创建进行督导检查考评，对项目规模、技术规范化程度、组织管理等方面进行细化现场检查考评。检查的结果作为年终考评的重要指标之一。省农委多次以分组的形式对项目区的实施情况、资金管理及使用、技术到位率、项目经济效益等方面进行督查。从检查情况来看，2015 年高产创建实施情况较好，组织措施落实、技术到位率高、宣传培训扎实、农民满意度得到提高。

4. 强化培训与观摩，提升扩大示范成果 在项目实施中，始终将培训作为工作重点来抓。2015 年，先后多次组织培训和观摩会，邀请省内外有关专家为项目县农技干部授课，交流总结先进的工作做法等。3 月 9～10 日在黔东南州凯里市召开全省高产创建水稻绿色增产模式攻关研讨会；3 月 29 日，在贵阳召开了全省特色杂粮高产创建技术培训会；4 月 30 日，在绥阳县召开全省油菜高产创建轻简栽培技术现场研讨会；6 月 4～5 日在毕节市赫章县召开全省马铃薯高产创建项目现场观摩会；6 月 12 日在遵义市湄潭县召开全省水稻高产创建绿色增产模式攻关现场观摩暨培训会；9 月 29 日，在碧江区召开全省水稻全程机械化示范项目测产验收现场会。

各市（州）农委首先对基层农技人员和乡镇干部开展集中培训，然后由农技干部深入第一线开展"手把手""面对面"等多种形式的技术培训，培养了一大批有文化、懂技术、会经营的新型农民。据各地农技系统统计，全省参加办点人数 4 376 人，共办培训班 7 772 期（次），培训 93.91 万人次，印发技术资料 140.81 万份。

项目实施中，共在各级广播电台宣传 128 次，电视台进行新闻报道 713 次，进行网络宣传报道 498 次，发出简报 1 990 期（次），张贴宣传标语 2 752 幅。通过采取不同形式宣传，使项目区广大农民知道项目、了解项目、参与项目，促进项目的顺利开展。

5. 规范示范标牌、痕迹及档案管理 省农委按农业部的统一要求，结合贵州省实际确定了示范标牌的样式，各示范片均按统一要求在示范区竖立了规范化标牌，将示范样板方位图、面积、产量目标、种植品种、关键技术、指导专家及实施单位、技术负责人等进行明示，同时在示范片内开展的新技术示范、新品种展示、技术员责任田等均竖立了小标牌，接受社会监督，便于群众学习和检查。

各级项目实施单位均安排专人管理粮油高产创建项目痕迹、档案管理，将项目实施区域、示范点规划图、示范样板及配套试验示范相关图片、技术培训、技术咨询、实施方案、落实地点、面积、示范农户、生产管理、测产验收数据等有关资料建档立案。

（二）突出抓好"四个结合，两个突破"

为进一步提升粮油高产创建增产增效作用和确保持续发展，2015 年在项目实施中特别强调要突出抓好"四个结合，两个突破"，即"抓好与农机的结合、与产业化的结合、与种粮大户及农民专业合作组织的结合、与新技术的结合，实现产量与效益的突破"，每个示范片均明确了 1～2 个重点，确定了具体指标。

1. 抓好农艺与农机结合，提升生产效率 针对贵州省农村劳动力大量外出的情况，为提高生产效率，实施中大力推进农艺与农机结合，与农机部门配合，大力推广应用农业机械化技术，减轻了劳动强度，提高生产率和规模化种植水平，适应了现代农业发展。项目区机耕面积达到 180.05 万亩、机插（播）面积 10.04 万亩、机收面积 57.79 万亩，均比 2014 年有较大幅度的提高。

突出的是贵州省在独山、遵义、碧江、惠水、平坝、西秀区（县）与华南农业大学合作，以农业部水稻高产创建项目为平台，引进华农的激光平地机、精量直播机、农用直升机等新产品、新技术开展了水稻全程机械化试验示范，取得较好的效果。其中独山县经专家组实测实割，机直播示范片平均亩产 692.71 千克、半机械直播示范片平均亩产 680.69 千克、机插秧示范片平均亩产 688.31 千克、对照平均亩产 637.92 千克，验收结果表明机直播、机插秧、半机械直播在 2015 年多雨寡照的情况下，仍获得了较高的产量，均比对照增产。

湄潭县水稻高产创建项目采用以种粮大户、专业合作社和稻米加工龙头企业为依托，全力推广水稻生产全程机械化攻关模式，积极实施 1 个龙头企业对接 1 个万亩高产示范片、带动 5 个专业合作社、服务 10 户种粮大户，全力推广水稻生产全程机械化攻关模式。省工节劳特别明显，平均机收每亩费用 100~130 元，每亩节省费用 70 元左右，而且能够抢天气及时收割，统一烘干、减少晾晒、减少杂质、减少天气不好稻谷霉烂的风险。

2. 抓好与产业化发展的结合，推进优势作物产业化生产 在高产创建项目实施中，贵州省积极抓好与产业化发展的结合，推进优势作物产业化生产，全省高产创建示范片与产业化龙头企业结合达 98 个。比较典型的有：

黎平县农业局利用项目资金积极发展优质稻种植基地，并与当地侗乡米业公司（省龙头企业）、金华米业公司（州龙头企业）签订订单收购合同。2015 年共计规范种植优质稻面积 2.85 万亩，已种植优质高产水稻凯香优 1 号、锡贡 12、红优 5 号、中浙优 1 号、宜香 800、俞香 203、宜香 2115、川香优 6203 等品种，通过采取旱育秧，规范化栽插，增施农家肥、有机肥、测土配方肥，安装太阳能杀虫灯，利用高效低毒、低残留农药统防统治，基地水稻长势喜人。平均亩产 645.8 千克，基地共计收获得干稻谷 516.64 万千克，侗乡米业公司按照 3.60 元/千克全部收购，8 086 户农户收入 1 859.90 万元，户均收入 2 300元。

开阳县将项目实施与现代高效农业示范园区建设相结合，引进农业龙头企业（贵州硒味园食品开发有限公司）建立富硒有机优质稻基地，创造了"硒味园"牌有机大米等系列产品。

3. 抓好与种粮大户及农民专业合作组织的结合，大力推进社会化服务 在高产创建项目实施中，贵州省根据农业部指导思想，积极推进生产组织方式创新，鼓励高产创建与种植大户、专业合作社结合，探索规模化生产的新路子。全省培植了种粮大户 1 413 户，科技示范户 4.22 万户，开展与合作社协作 263 个，与产业化龙头企业结合 98 个。

施秉县牛大场镇牛大场村种粮大户舒礼平，建立了贵州汇鑫园生态农业科技发展有限公司，实施"种玉米—养牛"的生态种植养殖循环模式。将牛粪作为玉米底肥施用，玉米秸秆全部实行还田，采用综合增产技术，如选用优良品种铜玉 3 号、种植绿肥、玉米秸秆还田、育苗移栽、机耕、机播、缓控释肥等绿色增产技术，实行"种植—养牛—还田"的生态循环种养模式。2015 年，该农户种植玉米 160.8 亩，同时饲养 200 余头牛，玉米平均亩产 562.32 千克，按当前市场收购价 2.2 元/千克，玉米亩收入 1 237.1 元，扣除亩生产成本 774.8 元，亩纯收入 462.3 元，仅玉米总纯收入达 74 338.48 元。

4. 抓好项目与新技术的结合，不断创新和发展　高产创建技术创新是增产增效和持续发展的关键，贵州省高产创建在开展大面积示范的同时，安排了多个点次的试验研究，以不断完善全省粮油作物大面积高产栽培技术模式，为大面积推广应用粮油高产栽培技术奠定了基础。

主要有以下几个方面的试验研究：一是高产优质抗逆的杂交良种筛选及引种试验；二是稻—菜—菜、玉米//中草药、玉米//花生、稻//青田鱼—油等稻田和旱地耕作制新模式试验示范；三是缓控释肥技术试验示范；四是机械化直播、地膜覆盖精量直播技术试验；五是超高产栽培技术试验示范；六是防病虫害高效低毒新农药试验等。

（三）选好技术模式，把好关键技术

贵州省根据农业部的技术指导意见，结合各示范区的生产特点，依据近年实施水稻和玉米超高产示范工程，以及马铃薯产业化项目等项目的经验，对现有先进技术进行科学集成，提出了全省高产创建各作物技术方案，确定了项目的技术模式和关键技术。各示范点技术小组再根据省技术方案，结合本地特点，制定了项目具体的实施技术方案。

1. 选好增产增效技术模式　2005 年贵州实施高产创建以来，通过试验示范，总结和提炼出了多种适合全省不同生态、生产条件的粮油增产增效技术模式，2015 年项目实施中，各示范县根据当地生态和生产条件因地制宜选准适合当地的增产增效技术模式。主要增产增效技术模式为：

水稻主要有五种技术模式：一是适宜于大部稻区的稻油两熟的无纺布生态旱育秧＋宽窄行（或宽行窄株）栽插＋配方肥＋病虫草害统防统治；二是适宜于灌溉条件好稻区的稻油两熟的无纺布生态旱育秧＋宽厢丢秧＋配方肥＋病虫草害统防统治；三是适宜于灌溉条件好的坝区的稻油两熟的机插秧＋配方肥＋病虫草害统防统治；四是适宜于小麦区的稻麦两熟的无纺布生态旱育秧＋宽厢丢秧＋配方肥＋病虫草害统防统治；五是适宜于优质稻开发区的无纺布生态旱育秧＋宽窄行（或宽行窄株）栽插＋配方肥＋病虫草害统防统治。

玉米主要有五种技术模式：一是适宜于大部地区的育苗移栽＋宽窄行起垄栽培＋膜侧栽培＋病虫害防治；二是适宜于高海拔、伏旱常发地区的育苗移栽＋地膜覆盖＋宽窄行起垄栽培＋病虫害防治；三是两熟区的麦套玉米间豆，育苗移栽＋宽窄行分带套作小麦（绿肥，间作黄豆）＋病虫害防治；四是伏旱常发两熟区的麦套玉米间豆，育苗移栽＋地膜覆盖（或膜侧栽培）＋宽窄行起垄栽培＋病虫害防治；五是城郊型的宽厢宽带种植，育苗移栽＋宽厢宽带分带套作经济作物＋病虫害防治。

马铃薯主要有四种技术模式：一是高海拔黔西北地区的早熟品种＋高垄双行、稻草包芯播种＋配方肥＋晚疫病防治＋机械收获；二是适宜于大部分山地的早熟品种＋宽窄行分带套作玉米＋配方肥＋病虫害防治；三是适宜于坝区的中耕起垄＋配方肥＋病虫害防治＋机械化收获；四是城郊的宽窄行分带套作蔬菜＋适期早种＋配方肥＋病虫害防治。

小麦主要有三种技术模式：一是适宜山地的优良高产抗病品种＋条播＋配方肥＋病虫

害防治；二是稻麦两熟区选用抗倒伏高产品种＋机播机收＋病虫害防治；三是麦套烟/玉米区，抗病高产耐密大穗品种＋宽窄行分带套作（烟或玉米）＋条播＋配方肥＋病虫害防治。

油菜主要有三种技术模式：一是稻油两熟区，育苗移栽＋配方肥＋增施硼肥＋病虫害防治＋机械化收获；二是稻油两熟区，直播技术＋配方肥＋增施硼肥＋病虫害防治；三是油菜烤烟/玉米两熟区，育苗移栽＋配方肥＋增施硼肥＋病虫害防治。

2. 把好关键技术 贵州省根据农业部"统一供应良种、统一整地播种、统一肥水管理、统一病虫防治、统一机械收获"的"五统一"要求，结合全省水稻、玉米、马铃薯、小麦、杂粮、油菜和花生生产实际，提出了"技术五统一，物资五统供，技干五到位"的技术保障措施。

（1）品种统一，种子统供，技术干部发放和讲解到位 项目各示范区统一采用杂交优良品种，一个示范区品种控制在3个左右，全部实行统一采购供种，由技术干部统一发到户，讲解优良品种的特性和栽培要点，形成了"科技人员直接到户，良种良法直接到田，技术要领直接到人"的推广模式，保证了品种优良性的充分发挥，为项目区实现目标产量奠定了基础。全省配套供种达67.61万吨。

（2）统一育苗，统供育苗专用物资，技术指导到位 水稻统一应用新型旱育秧，玉米统一营养球或营养块育苗，油菜统一采取"三精三一"方法进行育苗。为保证育苗统一，水稻统一供应旱育保姆、无纺布和旱秧除草剂；玉米统一供应薄膜、复合肥和锌肥；油菜统一供应了硼肥。核心示范区实行集中育苗，农技干部直接指导农户集中育苗，示范区技干指导到田块。为抓好统一育苗，全省共统一配套塑料薄膜52.22万千克、专用复混肥3.62万吨、农药17.37万千克。

（3）统一种植密度，统供绳子，移栽时指导到位 根据各示范片各类作物品种特点和示范片土壤肥力情况，做到各示范片各类型田块统一密度。为保证统一密度，示范区统一供应打点绳子，还配套供应了石灰，栽插或移栽时技术员亲自指导，保证移栽（栽插）到位。如贵定县水稻高产创建进行技术培训，配套供应打点绳子，宽窄行规范化栽插实现全覆盖，落田亩穴数统一达到1.1万株以上。项目区上等肥力田平均亩密度1.2万窝，中下等肥力田平均亩密度1.3万窝，项目区种植密度较常年有很大提高，保证了田间基本苗，为高产奠定了基础。

（4）统一肥水管理，统供重点化肥，物资发放到户到田 根据各示范片各类作物品种特点和示范片土壤肥力情况，在关键肥水管理环节进行了统一管理。水稻重点做到根据示范田类型统一氮、磷、钾比例，统一施基肥，统一施钾肥，统一施穗肥；玉米重点做到统一氮、磷、钾比例，统一施基肥和苗肥，统一施穗肥；马铃薯重点做到统一施腐熟有机肥和复合肥作基肥；小麦做到统一氮、磷、钾比例，统一施基肥和苗肥；油菜重点做到统一施基肥、苗肥和薹肥。为保证统一肥水管理，示范区统一供应了全部化肥，并由技术员发放到户到田块，及时督促农户施到田块。

（5）统一病虫草鼠害防治，统供重点农药，指导统防到位 根据各示范片各作物病虫害发生情况，各示范片按省技术方案进行了统一的病虫害防治。各示范点分派植保技术员统一设置了病虫害监测点，组建了机防队，推广应用频振式杀虫灯。加强健身控害栽培，在提高自身抗性的基础上根据病虫害预测预报，改变重虫轻病，重治轻防的传统习惯，抓住防治关键时期，统一供应对口高效、低毒、低残留农药进行统一联防联治，技术干部临田指导，防治到位。

三、项目实施成效

（一）增产增收效果明显

高产创建发挥了十分突出的增产增收效果，为全省粮油产品安全做出了突出贡献。高产创建项目与项目区常规栽培比较，万亩示范片粮食作物平均亩增产 32.81%，新增总产量 24.05 万吨，油菜平均亩增产 36.02%，新增总产量 1.04 万吨，花生平均亩增产 11.96%，新增总产量 19 万千克；整乡推进粮食作物平均亩增产 27.74%，新增总产量 9.31 万吨，油菜平均亩增产 28.8%，新增总产量 0.40 万吨。高产创建共计增产粮食 34.35 万吨，增产油菜籽 1.44 万吨。

按新丰收计划项目效益分析方法，项目区与当年非项目区对照比较，平均亩增纯收入 304.10 元，亩经济效益 187.40 元，总经济效益 5.42 亿元，推广投资年均纯收益率 8.97 元/元，项目区 102.5 万户，户均增收 528.78 元，获得了较好的经济效益。

2015 年，黔南州平塘县玉米高产创建示范区农户龙再富秋收时乐得合不拢嘴，他家田块经专家验收平均亩产达到 854.79 千克！他高兴地说："未实施该项目前，我家亩产量只有 500 千克左右，现在整整增长了两三百千克，这个项目真的给我们带来了特别大的实惠。"

（二）辐射效果突出

高产创建有力推动了项目区粮油生产的发展，提高了项目区粮油生产科技水平，提高了单位面积产量，增加了总产量。项目区粮食面积 3 272.25 万亩，与 2014 年项目区相比，亩产提高了 28.16 千克，亩增产 8.72%，总产增加 111.42 万吨，增产 10.74%；油菜面积 458.08 万亩，与 2014 年项目区相比，亩产提高了 5.07 千克，亩增产 4.19%，共增产油菜籽 2.28 万吨，增产 4.10%。

（三）综合效益突出

项目实施中通过推广应用良种、无纺布覆盖旱育秧、育苗移栽、沼液沼渣综合利用、配方肥等技术，提高作物自身抵御病虫害能力，节省种子、秧田、用水、化肥、农药、人工和能源等，提高了资源利用率；推广应用病虫害综合防治技术，选用抗病品种，采用稻—鸭和稻—鱼生态种养模式，实施绿色灭虫、万家灯火工程，应用绿板、黄板，使用高效低残留农药，提高了农产品品质，减少了对人畜的为害；推广应用周年轮作间套技术，提高了耕地的作物覆盖率，减少了水土流失，粮肥间作与秸秆还田，增加了有机质投入，培肥地力，增强了后劲。这些综合措施降低了农业的面源污染，节约了资源，进一步改善生态环境，提高了农产品品质。进一步完善了高产技术、培养了创建队伍，为全省大面积、大幅度提高粮油作物产量奠定了基础。

四、主要经验与体会

体会：领导重视是前提，高产高效是基础，资金投入是保障，实行双向承包、奖惩结合是有效手段，科学集成先进技术是关键，整合力量协作攻关、强化督导是保证，抓好"四个结合，实现绿色化、规模化、现代化的飞跃"是活力。

八年来高产创建项目已成了凝聚农业系统力量、稳定队伍、展示技术的最好平台，是贵州省农业上的重大惠民工程，是保证全省粮油安全和经济协调发展、实现农业现代化、构建农村和谐社会的重要措施。

五、存在的问题和建议

（一）存在的问题

1. 夏秋季降雨偏多，局部发生洪涝灾害 全省多数地区夏秋降雨过多，日照偏少。气象资料显示，全省大部分县（市、区）气温接近正常；6～10月平均降水量比2014年偏多15.8%。6月份，全省出现大雨以上等级的强降水72站次，暴雨以上等级31站次，其中17县（市、区）连续两天日降水量均在大雨以上等级，5县（市、区）连续两天日降水量均在暴雨以上等级。全省一半多的县（市）不同程度受灾，雷山、松桃、丹寨等县遭受了百年不遇的洪涝灾害。

2. 粮食生产受到挤压 受资源约束限制，受城镇化、工业化，以及农业结构调整的影响，耕地面积减少，粮食生产受到挤压。

3. 农业基础设施薄弱 贵州省是一个典型的山区农业省，人多地少，农业基础设施薄弱，特别是农田水利设施建设滞后，一些地方在很大程度上"靠天吃饭"的状况仍然没有改变，抵御自然灾害的能力不强，严重制约了全省农业的快速稳定发展。

4. 粮食生产成本上升 农资价格上涨、人工费用增加，粮食生产成本呈逐步上升的趋势，而粮食价格涨幅低于成本增幅，种粮比较效益长期偏低，不利于调动农民种粮积极性。

（二）建议与计划

习近平指出："农业出路在现代化，农业现代化关键在科技进步。"耕地有限，技术进步无限，不但要向土地要粮，还要向科技要粮。走中国特色现代化农业道路，要给农业插上科技的翅膀，加快构建适应高产、优质、高效、生态、安全农业发展要求的技术体系。高产创建是提高产量和效益、保障粮油产品供给、确保粮油生产持续发展的有效途径，对实现农业现代化、构建农村和谐社会具有重要作用，是凝聚农业系统力量、稳定队伍、推广新技术的重要平台。"藏粮于技"是粮油生产的必然选择，要通过培肥地力，推广优良品种，采取标准化高产高效绿色技术模式，提高粮油生产效率和水平。建议2016年继续增加投入实施。2016年贵州省粮油高产创建项目拟计划实施整乡推进示范乡镇20个80万亩（每个整乡推进示范4万亩以上），万亩示范片200片200万亩。同时结合开展粮油绿色增产模式攻关，每个示范片建立粮油绿色增产模式攻关示范片 2 个以上，每个面积不小于 100 亩。

云 南 省

一、基本情况

2015 年农业部安排云南省 272 个粮油高产创建示范片（其中：水稻 89 片、玉米 116 片、马铃薯 31 片、麦类 23 片、特色粮豆 5 片、大豆 3 片、油菜 5 片）。据实施县上报资料汇总，272 个万亩粮油高产创建示范片共涉 105 个县、332 个乡（镇）、3 150 个自然村、91.45 万农户，实际完成示范面积 290.08 万亩。其中：粮食高产创建示范面积 284.7 万亩，与 2014 年比平均亩增产 25.55 千克，预计增产粮食 7.276 万吨；油菜高产创建示范面积 5.05 万亩，与 2014 年比平均亩增产 9.3 千克，增产油菜籽 50.02 万千克。

（一）万亩示范片

水稻完成 89 片、面积 90.6 万亩，平均亩产 644.82 千克，较 2014 年平均亩增产 25.46 千克，增 4.11%；玉米完成 116 片、面积 124.36 万亩，平均亩产 667.69 千克，较 2014 年平均亩增产 14.17 千克，增 2.17%；马铃薯完成 31 片、面积 31.5 万亩，平均亩产（鲜薯）1 820.37 千克，较 2014 年平均亩增产 309.69 千克，增 20.5%；小麦完成 23 片、面积 25.79 万亩，平均亩产 344.57 千克，较 2014 年平均亩增产 40 千克，增 13.13%；大豆完成 3 片、面积 3.15 万亩，平均亩产 134.14 千克，较 2014 年平均亩增产 14.49 千克，增 6.9%；特色粮豆完成 5 片、面积 5.3 万亩，平均亩产 182.12 千克，较 2014 年平均亩增产 13.58 千克，增 8.06%；油菜完成 5 片、面积 5.38 万亩，平均亩产 203.72 千克，较 2014 年平均亩增产 9.3 千克，增 4.8%。

（二）整建制推进试点

2015 年 1 个县、19 个乡镇开展整县整乡整建制推进试点，完成粮食播种面积 456.42 万亩，其中：示范片面积 84.2 万亩，辐射带动 372.22 万亩；试点围绕主要作物水稻、玉米、马铃薯和麦类等开展高产创建，完成水稻万亩核心示范片 30 片、创建面积 32.4 万亩，玉米万亩核心示范片 41 片、创建面积 42.56 万亩，马铃薯万亩核心示范片 9 片、创建面积 9.3 万亩，麦类万亩核心示范片 2 片、创建面积 2.1 万亩；预计增粮 4.986 万吨。

（三）绿色增产模式攻关完成情况

2015 年农业部安排云南省开展 2 个增产模式攻关试点，其中，宣威市为部级玉米增产模式攻关试点、会泽县为部级马铃薯增产模式攻关试点。

宣威市强化集成示范"良种＋集雨栽培＋黑膜覆盖＋配方施肥＋机播机收＋套种绿肥"绿色增产模式，重点开展影响单产提高、品质提升、效益增加、环境改善等技术瓶颈攻关，提升创建的层次和水平。完成试验示范 5 片、5 万亩，通过省市专家实测验收，试验示范区平均亩产 808 千克，其中百亩攻关平均亩产 1 004 千克，最高亩产达 1 102 千克。玉米绿色增产模式攻关比全市玉米平均亩产 380.77 千克亩增 427.23 千克、比整建制粮食高产创建亩产 734 千克亩增 74 千克、比对照亩增 266.9 千克，每千克玉米按 2.0 元计，亩增效 533.8 元，玉米绿色增产模式攻关共增效 2 672.68 万元。

会泽县强化集成示范"脱毒种薯＋整薯深播＋高垄双行＋测土配方施肥＋病虫害统防统治"等增产技术模式，实现良种、良法、良田和农机、农艺综合配套。完成试验示范 10 片、11 万亩。通过省市专家实测验收，试验示范区平均亩产 2 598.69 千克，较非示范区亩增 598.69 千克，增 29.93%，每千克鲜薯按 1.5 元计，亩实现增收 898 元。其中开展核心技术集成攻关试验示范 3 项，一是冬马铃薯膜下滴灌集成示范 3 000 亩，示范区平均亩产 3 473.8 千克，亩增 1 257.6 千克，增 56.75%。二是春播马铃薯窝塘覆膜集雨栽培集成示范 2 000 亩，平均亩产 3 046.7 千克，较同区域常规露地种植平均亩增 628.4 千克，增 25.99%。三是机播、机收等全程机械化技术集成示范 2 000 亩，与常规种植相比，实现了亩净增纯收入 200 元以上目标。

二、主要做法

（一）高度重视，及早谋划抓落实

2014 年 11 月 4 日云南省农业厅印发了《关于做好 2015 年省级科技增粮项目计划申报工作的通知》，自下而上组织各州县开展 2015 年科技增粮措施计划申报，并制定和印发了《全省 2015 年主要科技增粮措施实施方案》，及时将增粮科技措施计划任务分解落实到各州市，明确了各地的目标任务，使各地在工作上积极主动，准备充分；3 月 26 日，省政府在宣威市召开全省春耕生产暨水利建设工作现场会议，省委副书记、省长陈豪，副省长张祖林出席会议，作重要部署；省政府把以高产创建为重点的"十大科技增粮措施"作为重点督办事项和全省粮食生产奖考核内容，在全省建立横向到边、纵向到底的农业农村经济工作目标责任制管理机制，确保工作有序推进。

（二）加大投入，积极扩大创建规模

以高产创建为重点的科技增粮措施是全省战胜各种自然灾害、实现粮食连年丰收的重要措施。2015 年，在部省下达计划的基础上，各州市县多渠道筹集资金加大投入，积极开展自建万亩高产创建示范片 189 片。全省大小春两季共完成粮油作物高产创建示范片 1 061 片（含整建制和模式攻关），共投入资金 2.132 亿元，其中：农业部安排 5 920 万元，省级财政安排 12 000 万元，州市县财政投入资金 3 780 万元。

（三）整合资源，努力提高创建水平

为深化高产创建的实施，提高创建水平，各地按照部省高产创建实施指导意见和方案的要求，一是进一步加大良种补贴、测土配方施肥、新型农民培训、基层农技推广体系改革与建设等项目和资金整合力度，统筹规划，重点向高产创建示范区倾斜，努力提高资金

的使用效益。二是集聚当地种子、栽培、土肥、植保、农机等方面的技术骨干，组建一支沉得下、蹲得住的高产创建技术指导组，集成适宜不同生态区的技术模式，狠抓技术培训，确保高产创建示范区良种覆盖率达到 100%、测土配方施肥达到 100%、病虫害专业化防治达到 100%，培训农户达 95% 以上，实现项目区户均有一个科技明白人。同时，通过培育和扶持产销协会及大户，切实搞好产前、产中、产后服务，帮助农民解决种什么、怎么种，销哪里等问题，提高了产业化经营水平。

（四）注重推广，强化技术集成示范

一是大力推广实用技术。切实抓好主导品种和主推技术发布，努力提高良种和实用技术的覆盖率。全省完成水稻集中育秧 40.6 万亩、移栽大田 433.09 万亩，水稻精确定量栽培 327.5 万亩，玉米集中育苗 20.6 万亩、移栽 340.22 万亩，玉米"三干"播种 567.3 万亩，以玉米、马铃薯为主地膜覆盖栽培 1 570.09 万亩，油菜、玉米、马铃薯免耕栽培 177.3 万亩、间套种技术示范推广 4 045.13 万亩。二是强化关键技术集成。坚持良种良法配套、农机农艺结合，水稻集成推广优质良种，培肥苗床，应用"旱育保姆"简化育秧、旱地育秧、旱育旱管、集中育秧，适龄壮秧移栽、扩行减苗、氮肥后移以及精确定量施肥灌溉、适时机械收获。重点突破壮秧适龄浅插，氮肥后移促穗、增粒、钵盘集中育秧机插等技术瓶颈。玉米集成推广耐密高产良种、机耕机耙、合理密度、地膜覆盖抗旱集雨栽培等技术。冬马铃薯集成推广以脱毒良种为基础，综合配套高垄双行栽培或平作起垄栽培、合理轮作、测土配方施肥、地膜覆盖、膜下滴灌等技术。麦类集成推广选用耐旱多抗高产良种、增施有机肥、抢墒适期播种、精量半精量播种、条播、适时追肥、条锈病等主要病虫草害统防统治、适时机械收获等技术。油菜集成推广选用优质"双低"品种，适时播栽、免耕栽培、合理密植、增施硼肥，防治根肿病、菌核病及蚜虫等技术。

（五）转变方式，加强示范引领

一是农机农艺融合，推进全程机械化示范。全省完成粮食生产机耕机耙达 65%，水稻机插秧 41.96 万亩，玉米机播 27.18 万亩，马铃薯机播 7.22 万亩，麦类机播 13.76 万亩。二是培育新型经营主体，开展适度规模种植。各地在破解土地流转非粮化问题上，积极采取有效措施，把种粮大户纳入高产创建给予补贴。同时，在农机上，解决种植大户对旋耕机、插秧机等机械设备耕作、栽插的需要。通过项目资金倾斜、技术服务全程跟进，加大对种粮合作社、种粮大户等新型经营主体的培育扶持力度，充分发挥其在粮食高产创建过程中的示范引领作用。三是创新模式，推进"绿色"生产。一方面，推进以水稻为载体的稻田养鱼（鸭、蟹）等新型种养模式，从单一种粮比较效益差、"高产低效"的困境中摆脱出来，实施增效稳粮工程。如：元阳的稻—鸭—鱼模式、龙陵县的"烟—稻—鱼"模式、勐海的稻—鱼—菜模式、德宏的稻＋土著鲻鱼模式、临沧凤庆的稻—鱼—牧饲模式等。通过种养结合，既减少农药、化肥的使用量，又保证了农产品的生态和安全。另一方面，在曲靖、昭通等地推广玉米间种豆类、套种绿肥模式，既增加了牲畜青饲料的供应，又提升了耕地有机质，同样有利于旱地作物综合效益的提高，增加农民收入。四是优化耕作制度，推进用地与养地结合。实施水旱轮作，粮菜、粮豆、粮肥轮作。如开远的稻—

菜—菜模式，芒市的稻—菜—冬马铃薯模式，滇中的稻—蚕豆或水稻—油菜模式等。五是优化施肥结构，控肥提效。深入开展测土配方施肥，大力推广生物有机肥，推进秸秆还田，开展畜禽粪便资源化利用，控制化肥使用量，降低成本，提高效益。

（六）完善机制，提高服务指导水平

一是加强落实责任。省农业厅牵头，组织省农科院、云南农大、云南农业职业技术学院成立技术专家组，分片包干，按照农业厅印发的《关于开展科技增粮项目管理督导和技术指导行动的通知》的要求，一抓到底，认真抓好落实。二是加强督导指导。为切实抓好科技增粮行动，省农业厅分别于 2014 年 11 月，2015 年 2 月、4 月、5 月、7 月，组织厅机关有关处室、厅属各站所分别组成春耕生产督导组，深入田间地头，督促各地抓好春耕备耕、抗灾减灾和田间管理工作。三是加强观摩培训。省农业厅分别于 3 月 10 日、5 月 26 日、8 月 14 日、8 月 16 日、9 月 14 日和 10 月 14 日召开了全省冬马铃薯膜下滴灌水肥一体化现场培训会、全省科技增粮技术指导组联席会、全省青贮饲用玉米现场观摩培训、全省马铃薯新品种展示暨种薯产销对接观摩培训、全省玉米新品种展示暨粮食增产模式攻关现场观摩会、全省超级稻生产技术培训和全省稻田种养技术现场观摩培训会，对以高产创建为重点的科技增粮工作的组织领导、项目管理、创建指标、机制创新、测产验收和绩效考核等进行了全面的安排部署及培训，共培训州市县业务骨干 800 多人次；初步统计，全省各级农业、农技推广部门累计派出机关干部和科技人员 78 万人次，开展专题及现场培训、咨询讲座等培训农技人员及农民 650 多万人次，发放农业部粮食高产高效技术模式书籍 283 本，科技指导"明白纸"、光盘、简易图书 300 多万份。四是创新机制，扎实推进。实行奖惩挂钩、分片包干，责任到人，绩效考核，保障科技增粮各项技术措施的全面落实。如昭通市在高产创建活动中，实行目标管理责任制，做到"四定位""七统一"，即定点（示范点）、定位（创建内容）、定人（行政、技术责任人）、定量（量化目标），统一良种、整地、节令、规格、肥水管理、病虫害防治、适宜区域覆盖地膜。宣威市进一步强化绩效考核，对玉米绿色增产模式攻关成效显著的乡、村和科技人员给予表彰奖励，经验收亩产超过吨粮的种植户奖励 1 000 元。保山市制定了高产创建实施检查验收、绩效评价和考核方案，由高产创建领导小组组织有关人员组成考核小组对项目实施单位进行量化考核，总分 100 分，其中任务完成 75 分，组织管理 12 分，资金管理 8 分，综合效益 5 分。对面积或单产指标完不成和上级验收不合格的，一票否决。考核分数 80～100 分，对实施单位进行分档次奖励；80 分以下不奖励，同时取消下年实施项目资格。

三、存在的问题和工作建议

（一）存在的问题

资金支持范围窄。农业科技人员下乡补贴、组织观摩、技术培训和使用农民工的劳务费等环节没有资金支持，导致农业科技人员现场技术指导、组织农民观摩学习和技术培训等工作不能正常开展，严重影响了示范带动和推广作用的发挥。

（二）工作建议

农业部出台资金管理办法，规范相关的资金支持环节，确保项目的正常开展。

西藏自治区

根据农业部总体部署，按照西藏自治区粮油高产创建实施方案和西藏自治区整建制推进粮油高产创建实施方案要求，2015 年西藏自治区在更大规模、更大范围、更高层次上深入推进了粮油高产创建工作和林周县粮食绿色增产模式公关示范工作。各级农牧部门以稳定粮油生产发展和促进农民持续增收为目标，以提高单产和粮油综合生产能力为发展思路，狠抓项目落实，强化科技支撑，加强工作督导和技术指导，克服了干旱等不利气候影响，使全区粮油高产创建和粮食绿色增产模式公关示范工作亮点纷呈，成效显著。现将示范总结报告如下。

一、项目执行基本情况

2015 年自治区继续本着基础好、农民热情高、辐射带动强、突出优势区域和重点产区、科学选址的原则，在拉萨、山南、日喀则、林芝、昌都五地市 35 个粮油主产县开展实施了高产创建活动，总面积 130 万亩，比 2014 年增加 30 万亩。在抓好部级、搞好区级自建的同时，结合自治区实际，全力推进日喀则市桑珠孜区和日喀则市江孜县高产创建整建制推进工作。

（一）部级粮油高产创建项目县实施情况

2015 年在五地市 10 个项目县（林周县、乃东县、贡嘎县、桑珠孜区、江孜县、白朗县、拉孜县、南木林县、芒康县、波密县）实施了部级粮油高产创建总面积 54.4 万亩。其中，青稞 42.45 万亩、冬小麦 8.75 万亩、油菜 0.7 万亩、马铃薯 2 万亩、玉米 0.5 万亩。连片创建示范种植面积均达到 1 000 亩以上。

主要分布区域：

青稞：总面积 42.45 万亩。其中：拉萨市 5 万亩、日喀则市 29.4 万亩、山南地区 4.1 万亩、林芝市 0.5 万亩、昌都市 3.45 万亩。

冬小麦：总面积 8.75 万亩。其中：拉萨市 1 万亩、日喀则市 1 万亩、山南地区 4 万亩、林芝市 2 万亩、昌都市 0.75 万亩。

油菜：总面积 0.7 万亩。其中：山南地区 0.5 万亩、林芝市 0.2 万亩。

马铃薯：总面积 2 万亩，示范区域日喀则市。

玉米：总面积 0.5 万亩，示范区域林芝市。

（二）自治区级粮油高产创建项目县实施情况

在认真做好部级 10 个高产创建示范县工作的同时，依照农业部高产创建实施要求，结合自治区实际，在 5 个地市的其他 25 个粮油主产县同时开展实施了高产创建示范活动 75.6 万亩。其中：青稞 57.47 万亩、冬小麦 13.33 万亩、油菜 2.2 万亩、玉米 1.95 万亩、水稻 0.65 万亩。

主要分布区域：

青稞：总面积 57.47 万亩，其中：拉萨市 10.5 亩、日喀则市 12.6 万亩、山南地区 5.02 万亩、昌都市 28.35 万亩、林芝市 1 万亩。

冬小麦：总面积 13.33 万亩，其中：拉萨市 6 万亩、山南地区 3.68 万亩、昌都市 2.45 万亩、林芝市 1.2 万亩。

油菜：总面积 2.2 万亩，其中：拉萨市 1.5 万亩、山南地区 0.7 万亩。

玉米：总面积 1.95 万亩，示范区域林芝市。

水稻：总面积 0.65 万亩，示范区域林芝市。

（三）全国粮油高产创建整建制推进完成情况

2015 年自治区把日喀则市桑珠孜区和江孜县列为全国高产创建整建制推进县，两县共实施高产创建面积 14 万亩，其中青稞 13.4 万亩，冬小麦 0.6 万亩。示范区青稞平均亩产 421.9 千克，比 2014 年亩增产 28.9 千克，共增产 404.6 万千克，增收 525.9 万元，增幅 7.4%。冬小麦平均亩产 520 千克，比 2014 年亩增产 20 千克，共增产 20 万千克，增收 26 万元，增幅达到 4%。两县在实施高产创建中创新工作机制，探索高产模式，针对新推品种喜拉 22 和藏青 2000 推行"万亩千斤""千亩千斤"示范田模式，采取"良种良法良田配套、农技农艺结合、行政技术互动"等，使得示范效果增产明显。

（四）粮食绿色增产模式公关示范

2015 年西藏自治区通过推广高产新品种、机械化栽培技术、耕地质量建设、测土配方施肥、控制农药用量等措施，在粮油主产县拉萨市林周县和日喀则市白朗县开展实施了粮食绿色增产模式公关示范项目。林周县实施面积 6 万亩，其中青稞 5 万亩、冬小麦 1 万亩。攻关片青稞平均亩产达 426 千克，比该县常规农田亩产高 48 千克，增产幅度达 12.7%；小麦平均亩产 535 千克，比该县常规农田亩产高 41 千克，增产幅度达 8.3%。白朗县实施面积 6.9 万亩，其中青稞 6.5 万亩，冬小麦 0.4 万亩。攻关片青稞平均亩产达 421 千克，比该县常规农田亩产高 46 千克，增产幅度达 12.3%；小麦平均亩产 529 千克，比该县常规农田亩产高 37 千克，增产幅度达 7.5%。

二、项目主要做法

（一）加强组织领导，实行四级联创，落实目标责任

为切实抓好高产创建工作，自治区创新工作机制，实行区、地市、县、乡四级联创，以县为主的工作机制，成立以自治区农牧厅厅长为组长，厅总农艺师、自治区推广中心主任为副组长的粮油高产创建领导小组，加强了对粮油高产创建工作的领导和指导。组建了由自治区农技中心和五地市农技推广中心（站）具有高级职称的专家技术指导组，负责制

定技术路线和技术规程，指导地市、县实施高产栽培技术措施，深入示范片开展技术咨询和现场指导。

项目区地市、县按照整体工作安排，也相应成立了由分管副专员、副县长为组长的粮油高产创建领导小组，由有关单位的专家组成技术指导小组，具体负责项目的组织实施和技术指导。制定了本地市、县具体的粮油高产创建工作方案，落实好示范片建设地点，结合本地实际制定了具体技术路线、创建目标任务，明确了创建单位、负责人、技术指导人等，确保高产创建工作的有序开展。

（二）加大政策扶持

对中央拨付自治区的粮油高产创建补助资金，及时下拨到项目区地市、县。项目单位严格按照资金使用范围和要求，加强资金管理，确保了项目的开展。除国家安排专项资金外，自治区整合良种补贴、植物保护工程、农机补贴、沃土工程等项目资源，向粮油主产区倾斜，重点支持高产创建活动。自治区财政专门拨出专款用于粮油高产创建，并积极整合涉农专项资金，增加对高产创建活动开展的技术集成与推广、物化补贴、宣传等资金的支持和扶持力度，确保了高产创建工作的顺利开展。

（三）强化工作规范，狠抓项目管理

五地市和项目县都把高产创建活动有关的文件、通知、方案、田间记录、测产结果、工作总结等及时建档立案，确保信息记录及时、具体和真实。为便于加强指导管理，各高产示范片按村、户登记造册，对每个地块应有的户数、每户种植面积、种植品种进行明细。同时，根据农业部对标牌规格、标牌内容的要求，竖立了粮油高产创建标牌，在标牌中明确标注了示范地点、面积规模、产量目标、种植品种、关键技术、指导专家、行政负责人和技术责任人等内容。对示范片（区）具体方位、基础设施、涉及乡镇和行政村、种植作物和面积等进行了详细记录，以便更好地总结经验和组织检查验收。

（四）强化技术指导，确保技术到位

借助高产创建平台更好地展示和推动新技术，有效提高生产水平。4～5月区农业中心重点对山南贡嘎、拉萨曲水、日喀则市、江孜、白朗等地实地开展技术培训；各高产创建示范地市、县组织有关技术人员深入田间地头，在作物生长关键时期、关键环节开展多形式培训，培训采取集中指导与分散指导相结合、室内培训与现场示范相结合、骨干培训与普及培训相结合等方式，特别是加强田间面对面、手把手技术指导，切实把高产技术传授到点，落实到田。项目区农牧民对实施高产创建示范活动的认识及种植业水平都有不同程度的提高，确保了项目持续稳定开展。2015 年，全区举办了 140 期粮油生产技术培训班，累计培训农民 35 000 多人次。

（五）加强科技攻关，集成创新高产技术

高产创建是粮油稳定增产行动的重要内容，高产创建活动成功的关键在于良种良法配套和农机农艺结合。农业部门在组织实施高产创建中，把良种推广、测土配方施肥、植物

保护、农机化等分散的技术进行系统集成，形成规范统一的生产模式，实现栽培技术模式化。在探索新机制，创新服务模式上，重点推进行政与技术结合，技术推广与服务结合。将中央财政和自治区安排的补助资金，重点用于技术培训、观摩示范和适当的物化补助。利用良种补贴、农资补贴、种粮补贴调动农民生产积极性和参与高产创建的积极性。各地在选择确定高产优质品种的同时，加强了相关作物高产栽培技术的集成与创新，在试验示范的基础上，因地制宜集成、配套、创新高产栽培技术体系。如在青稞、小麦作物上，重点推广了种子包衣、地下害虫防治、精量半精量播种、测土配方施肥、病虫害统防统治等综合配套技术。

（六）强化考核机制

为了全面规范自治区粮油作物高产创建示范点测产程序、测产方法和信息发布工作，推动高产创建活动健康发展，自治区粮油高产创建办公室按照农业部、自治区有关考核和管理要求，制定了本区域粮油高产创建项目考核和管理办法。同时，逐步探索和完善高产创建考评制度，将青稞、小麦、油菜高产创建活动作为评选粮食生产县的主要考核内容，并对高产创建活动中做出突出贡献的单位和个人给予表彰和奖励。

三、项目验收情况

（一）检查验收主要内容

按照农牧厅统一安排部署，由区农业中心组成专家验收组，根据作物生长季节于7月20日至9月初，采取听、看、查、测、评相结合的方式对五地市35个项目县高产创建示范项目进行了全面、详细的检查验收。通过验收，各地市项目县均按照自治区统一要求，狠抓落实，较好地完成了各项任务指标。

1. 检查五地市2015年承担的高产创建项目落实情况，包括方案制定、面积落实、实施地点、品种、组织领导、采取的主要技术措施等。

2. 检查项目执行过程中技术服务情况，包括技术培训、指导、咨询等工作开展情况。据不完全统计，全区实施高产创建活动共培训农牧民35 000多人（次），发放标准化栽培技术规程36 180册。

3. 听取基层干部、群众对2015年全区高产创建示范工作的意见、建议，及时发现和总结先进的经验、典型，并加以推广，以推动面上工作向深层次开展。

（二）项目验收结果

通过各地市各项目验收，2015年项目县在项目组织实施过程中付出辛勤劳动、工作力度大，田管精细，技术措施方面按"八个统一"，即，统一品种、统一地块、统一播期、统一播量、统一施肥量、统一整地、统一病虫草害防治、统一测产收获的要求执行。部分实施区域根据各自生产特点、存在问题有针对性地从种子包衣、病虫害防治、杂草防除等不同方面狠下工夫，有效地实现了以集成技术展示、提高单位面积产量的目的。

通过各项目县实地随机抽查、检测及测产，各项目县实施面积及产量均完成制定目标，达到验收标准。据统计，五地市冬小麦示范区平均亩产 530 千克，比常规农田亩增产 40 千克，增幅 8.1％以上；春青稞示范区平均亩产达 419 千克，比常规农田亩增产 49 千克，增幅 13.2％以上；油菜示范区平均亩产 200.3 千克，比常规农田亩增产 15 千克，增幅 8.1％；马铃薯示范区平均亩产 3 500 千克，比常规农田亩增产 1 000 千克，增幅 40％；玉米示范区平均亩产 625 千克，比常规农田亩增产 60 千克，增幅 10.6％；水稻示范区平均亩产 500 千克，比常规农田亩增产 40 千克，增幅 8.7％。

四、项目主要成效

（一）增产增收效果明显

受厄尔尼诺现象影响，西藏自治区 5～7 月不同程度遭受了干旱，农业生产受到一定影响。为最低限度地降低灾害影响，力保粮油总产目标，特别是高产创建示范田，各级农牧部门及早并及时地做好全年全程科技服务工作，及时启动防灾减灾应急预案，落实抗灾减灾应对措施，全力以赴开展科技抗旱保丰收等活动，使粮油高产创建在抗灾之年仍能实现增产增收。如：自治区下拨专款在五地市新增抗旱应急井 109 眼，组织调运磷酸二氢钾 200 吨下拨到各地；各地市也根据自身实际及时购进了旱地龙、磷酸二氢钾等各种叶面肥、化肥用于抗旱。日喀则市自购调剂各种抗旱肥料 196 吨。山南地区自购抗旱肥料 540 吨。据初步测产，绝大部分示范区较之常规大田单位面积产量增产幅度可达到 10％～15％。通过实施粮油高产创建与示范带动，确保在大灾之年，为全面完成自治区 100 万吨粮食目标任务打下了坚实基础。

（二）辐射带动效益凸显

通过项目实施，进一步提高了西藏农业技术推广服务能力和水平，培育了一批接受能力强、带动作用大的科技示范户，辐射带动了千万农户，提高了农民科学种田水平，提高了效益，增加了农民收入，创建示范成效明显。

（三）创建机制逐渐形成

以行政推动为保证，补贴投入为手段的运行模式，及整合项目和集成技术为关键措施的技术指导，有效地提高了技术推广应用和耕地产出水平，较好地体现出高产创建示范互动，并逐渐成为自治区高产创建示范模式。

通过项目实施，不断提高农业技术推广服务能力和水平，培育了一批接受能力强、带动作用大的科技示范户，技术应用到位率达到 98％。

五、存在的问题及建议

1. 西藏地处高原，自然条件严酷，农业基础设施薄弱，农牧民文化技术素质较低以及个别高产创建示范片草害、鼠害较为严重，建议国家加大农业基础设施建设、农牧民实用技术培训和病虫害防治经费投入，使高产创建活动真正起到示范、带动、辐射的作用。

2. 各项目县普遍存在专业技术人员少，整体业务素质较低，今后需采取多种培训形式，全面提高现有技术人员综合业务素质水平，以确保能为农牧民提供及时、翔实、科学的技术指导方案。

3. 充分利用好农牧民科技特派员，发挥好最基层科技力量，以弥补技术资源的不足。

六、下一步工作打算

(一) 安排部署 2016 年创建示范工作

在 2015 年推广示范高产创建示范面积的基础上，有重点、分区域地安排部署好冬播作物高产创建工作，落实作物和品种、田块和面积、措施和任务，及早谋划好 2016 年全区高产创建示范工作。

(二) 抓好整建制高产创建推进

在巩固创建示范成果的基础上，2016 年将在更高层次、更大范围开展高产创建活动，扩大整建制县乡创建规模，拟计划 2016 年五地市实施整建制推进县 5 个、推进乡 15 个，并力争粮油高产创建示范活动覆盖到配方肥示范全部区域，覆盖率达到 100％。

(三) 加大宣传力度，营造高产创建示范氛围

利用电视、广播等新闻媒体大力宣传高产创建活动的政策措施，宣传普及主推技术，跟踪报道先进典型，展示示范效果，树立辐射带动样板，营造高产创建的良好氛围，把高产创建活动变为农业部门和农民的自觉行动。

陕 西 省

2015 年，按照农业部的总体安排部署，围绕四大粮食功能区建设，创新运行机制和项目管理，精心组织，周密安排，协作攻关，狠抓落实，采取各项措施，挖掘单产潜力，提高粮棉油综合生产能力，取得了较为显著的成效。现将具体情况总结如下。

一、取得的成效

(一) 高产创建成效显著

2015 年，陕西省粮棉油高产创建围绕小麦、玉米、马铃薯等九大类作物，建立万亩高产创建示范片 363 个 (其中省级 293 个)、整建制推进试点县 1 个和试点乡 (镇) 12 个，总创建面积 389.5 万亩，涉及 77.5 万农户，各创建作物较示范县当年平均亩产量增产 20％以上，总增产粮食 53.8 万吨、油料 1 003.5 万千克、棉花 254 万千克，为推动全省粮食再获丰收，促进农民增产增收发挥了重要作用 (各作物具体情况详见附表 1)。

(二) 模式攻关进展顺利

按照农业部粮食绿色增产模式攻关的总体部署，陕西省在抓好陕北旱作区靖边、定边

两个部级试点县工作的基础上，还结合全省生产实际，在 11 个县区开展了省级粮食绿色增产模式攻关工作。一年来，粮食绿色增产模式攻关工作进展顺利，尤其定边县采用"选用原种或一级脱毒种薯＋水肥一体化合理栽培"技术模式，建设攻关试验田 2 000 亩，马铃薯平均亩产 4 660.6 千克，是全县马铃薯平均亩产量的 6.2 倍，增产增收效果显著（详见附表 2）。

（三）涌现出一批高产典型

富平县流曲镇涝池村小麦高产创建百亩攻关田，经省农业厅组织相关专家实产验收，平均亩产 671.87 千克，创全省水地小麦百亩连片单产新纪录；泾阳县中张镇玉米高产创建万亩示范方和百亩攻关田，经省农业厅组织专家实产验收，万亩示范方平均亩产 737.2 千克，百亩攻关田平均亩产 793.1 千克，刷新了全省百亩和万亩连片的夏玉米高产纪录。

（四）培育新型经营主体有了新突破

为了培育新型粮食生产经营主体，为今后全省粮食生产发展探索新途径，2015 年在以县农技中心（站）为高产创建项目实施主体的基础上，积极尝试引入合作社、家庭农场、种粮大户等新型粮食生产经营主体，参与高产创建项目建设，便于充分发挥其贴近农民的优势。同时，省财政整合相关项目，设立 4 000 万元全省示范家庭农场（粮油）专项补贴资金，并结合高产创建等项目实施，采取现金直补的方式扶持发展 526 个粮油示范家庭农场或合作社，进一步探索了粮食规模化经营和专业化服务相结合的新机制、新模式。

（五）社会生态效益明显

在项目实施中，各地先后涌现出一批高产典型，展现了示范田的增产增收优势，并通过现场观摩等活动，实现了示范田与周边农民的互动，极大地宣传了群众，鼓舞了群众应用新品种、新技术的热情。同时，各示范县在项目区还大力推广了秸秆捡拾打捆机械和秸秆还田技术，有效解决了秸秆焚烧带来的环境污染问题，并通过测土配方施肥、病虫害综合防治等技术的推广应用，减少了农药、化肥用量，提高了化肥利用率，减轻了农用物资对农田和周边环境的污染，社会生态效益明显。

二、创新性做法

（一）加强机制创新，推进模式攻关

在开展粮食绿色增产模式攻关中，按照"技术与机制并重，以机制为主"的原则，狠抓机制创新。在高产创建省级配套资金中，专门列支增产模式攻关研究项目经费，用于开展技术攻关研究，加快了产学研、农科教协同攻关新机制的建立；主动与农机部门联系，建立了联合机制，推进了农机农艺融合，促进了粮食绿色增产模式攻关工作的深入开展。

（二）开展专业化服务，提升实施效果

在高产创建活动中，严把品种、播种、灌水、施肥、病虫害防治关。按照"五统一"技术服务要求，在项目区积极扶持发展粮食生产合作社、家庭农场、种粮大户等新型粮食生产经营主体，开展规模化生产经营下的农机、植保专业化服务组织建设，开展代耕代种、代防代治，促进农机农艺融合。同时，通过发送手机短信、开通专家服务热线、建立高产创建QQ群，为群众提供市场信息服务，并与老牛面粉厂、定军米业、建兴油脂厂等企业合作，发展订单生产，实现优质优价，提高种植效益，促进农民增收。

（三）搞好试验研究，加大技术储备

围绕高产创建，按照省里的试验方案要求，在西北农林科技大学专家教授的技术指导下，各示范县认真落实了小麦新品种展示、播期播量、宽幅条播，玉米品种密度、抗旱保苗、不同地膜覆盖、化控药剂筛选，水稻品种对比、群体优化、机械化试验，油菜直播品种筛选、机械直播、播期—密度，马铃薯适用品种筛选、钾肥用量优化、种薯药剂拌种等试验示范27组200多点（次）。各试验承担县实行专人负责，规范管理，定期调查，翔实记载，分析总结，筛选适应不同区域的增产技术模式，为指导高产创建工作，提高全省粮油综合生产能力提供了科学的理论依据。

（四）强化测产验收，健全考核机制

按照农业部制定的高产创建测产验收办法，下发了《陕西省农业厅办公室关于开展2015年粮棉油高产创建测产考评和总结验收的通知》（陕农业办发〔2015〕63号），会同统计部门，以市为单位，按照县级自测、市级复测、省级抽测的原则，严格执行测产标准和程序，做好高产创建万亩示范片和整建制试点的测产验收工作。为了进一步推动高产创建活动的顺利开展，在高产创建管理办法中对绩效考评作了具体要求，分产量水平、集中连片、规范程度、插标立记、示范带动效果、资金使用与配套资金落实、组织体系建设、档案资料、集成栽培技术规范、宣传报道十个方面对各项目县高产创建工作进行打分、排序，并制定了奖惩办法，按照示范片总量的25%，对综合考核成绩优异的市、县进行表彰。对综合考核成绩低于70分的高产创建县，予以通报批评，责令整改；整改不力，予以淘汰。

（五）融合工程农艺措施，创新旱作节水增产模式

近年来，陕西省旱情频发，干旱已经成为制约全省旱地小麦生产的瓶颈。针对部分地区有水但水量不足、有水但地势不平整或有水但水费太贵的实际，把"蓄水保墒、培肥土壤、免耕覆盖、节水灌溉"等节水工程措施与高效农艺措施相结合，在蓝田县、永寿县、澄城县研究攻关了移动式、固定式和微喷控水控时旱作节水补灌增产技术模式。据统计，三县606亩示范田平均亩产435.6千克，较对照田平均每亩增产109.8千克，其中蓝田县三里镇杨村的百亩示范方经省农业厅组织专家实产验收，平均亩产达555.01千克，较对照田每亩增产122.97千克，增产率达到28.5%，为旱地小麦高产稳产开创了一条新路径。

三、问题和建议

（一）部分地区减产较重

2015 年陕西省粮食生产总体形势为丰收年，但是个别地区，尤其是榆林市横山、清涧、子洲等县，由于遭受 20 年不遇春旱、伏旱，部分地块还遭遇暴雨、冰雹、早霜冻等灾害，使旱地作物不能正常播种出苗，且成熟度较差，部分地区粮食作物减产较重。建议进一步加大粮食生产防灾减灾技术研究与推广力度，最大限度地避免和减少灾害损失，提高防御能力。

（二）补贴标准偏低

万亩示范片部级补贴标准偏低、规模小，只能满足一两项关键技术的补贴，在目前种粮效益普遍较低的情况下，难以充分调动农民群众参与高产创建的积极性，关键技术到位率不够，示范辐射带动作用有待进一步提高。建议进一步提升补贴标准，加快科技成果转化速度，提高关键技术的覆盖率和到位率，促进农业增效、粮食增产和农民增收。

（三）项目实施不平衡

部分县（区）在项目实施过程中，实施不规范，实施主体不明确，没有严格执行省上有关规定要求。建议进一步加大对项目实施的检查、监管力度，尤其是对经费使用的检查、监管，并纳入项目考核内容。

甘 肃 省

2015 年，在农业部的大力支持下，甘肃省继续实施粮油高产创建活动，扎实开展粮食绿色增产模式攻关，粮油综合生产能力得到全面提升，粮食绿色增产模式攻关取得新突破，为辐射带动全省粮油生产发展，全省粮食实现"十二连丰"，再获 1 180 万吨历史新高做出了重要贡献。

一、高产创建及粮食绿色增产模式攻关落实情况

2015 年甘肃省共建粮油高产创建万亩示范片 270 个，落实面积 432 万亩，总产粮食 261 万吨，增产粮食 74 万吨；棉花高产创建万亩示范片 10 个，落实面积 16 万亩，平均亩产 155.31 千克。同时，定西市安定区和武威市凉州区继续承担西北地区马铃薯绿色增产模式攻关和玉米绿色增产模式攻关，其中，安定区落实马铃薯攻关面积 80 万亩，亩产鲜薯 2 381.75 千克；凉州区落实玉米攻关面积 37.5 万亩，平均亩产 982.95 千克。粮油高产创建、粮食绿色增产模式攻关面积、产量均完成了农业部下达的任务指标。

二、高产创建及绿色增产模式攻关的主要做法

(一) 推进高产创建"12345"模式

1. 转化一个行为 将高产创建、增产模式攻关这一部门行为转化为政府行为。甘肃省成立了以主管农业的副省长为组长的省级高产创建实施领导小组,在每年年初召开的全省农村工作会、农业工作会、抗旱春耕电视电话会、春季顶凌覆膜现场会等重要会议上,对高产创建工作做重点安排和部署。同时各项目承担县区也分别成立了由主管领导挂帅的高产创建领导小组,将高产创建纳入各级党委、政府全年农业工作的大局中统盘谋划,把高产创建这一部门行为成功转化为政府行为。

2. 实行双轨责任承包 实现了行政领导与技术指导双轨推动机制,行政负责区域规划和面积落实,技术负责方案制定和各项技术落实。省级成立由科研、推广、教学等部门39位专家组成的高产创建专家指导组,下设小麦、玉米、马铃薯、油料杂粮和棉花组,分县分作物开展技术指导,每年省级专家到所联系的县现场指导2次以上。建立了"首席专家—技术指导员—科技示范户—辐射带动户"的农业科技成果推广应用通道,形成了省、市、县、乡、合作社多部门协作运行的良好机制。

3. 分三个阶段突出重点 按粮食产量构成的三要素分阶段突出重点抓好对应措施。按照前期、中期、后期三个阶段,有针对性地组织专家编写不同作物田间管理意见,确保高产创建任务指标完成。针对冬春连旱,专家组有针对性地提出了《冬小麦、冬油菜田间管理意见》《冬小麦、冬油菜中后期田间管理意见》,在玉米、马铃薯生长的关键时期,提出了《玉米中后期田间管理意见》和《马铃薯中后期田间管理意见》,有目的地加强冬小麦、冬油菜、玉米、马铃薯等作物的田间管理,为高产稳产奠定了基础。

4. 落实四项核心技术 采取定地点、定时间、定专家、定期会商的"四定"办法,以土壤养分测定数据确定配方施肥措施,以土壤墒情监测确定水分配套措施,以苗情监测数据确定田间管理措施,以病虫害测报数据确定病虫害防控措施,针对主要障碍因素,从种子、肥料、灌水、机械化等四个层次优化技术,强化指导,确保高产创建的优质高效。

5. 确保五个到位 项目实施中重点抓好主栽品种到位,主推技术到位,技术培训到位,技术服务到位,物化补贴、信息和机械化到位等五个方面的工作。结合选建万亩示范片的生态特点与优势,因地制宜选择优良新品种进行集中展示。小麦万亩示范片,通过建立200亩的良种繁育田,为下年实施繁育良种;玉米品种以专家组推荐的高产、优质、抗病杂交种为主;马铃薯万亩示范片实现脱毒种薯全覆盖。

(二) 扎实开展粮食绿色增产模式攻关

一是印发了《甘肃省粮食绿色增产模式攻关实施方案》。在全省范围内选择20个县(区) 开展行动,包括:耕地质量保护与提升行动、旱作农业技术创新提升行动、废旧农膜回收推进行动、农牧交错区种养循环推进行动、马铃薯主食产品及产业开发行动。同时,成立了由厅党组书记、厅长康国玺同志任组长的领导小组和厅党组成员、副厅长杨祁峰同志任组长的专家指导组,统一协调指导各项工作有序推进。

　　二是确定了粮食绿色增产模式攻关的方向。针对安定区和凉州区承担的西北地区马铃薯绿色增产模式攻关和玉米绿色增产模式攻关，由分管厅长带队多次深入一线调研，现场督导工作开展情况，并召集有关专家座谈讨论，审定攻关方案，确定了安定区马铃薯机种、机管、机收的"三机"攻关和凉州区"玉米密植机械收粒"攻关，同时，省上将广河县确定为省级旱作区玉米绿色增产模式攻关试点县，确定以品种更新和增密栽培为攻关方向。

　　三是模式攻关突出绿色理念。省上印发了《到 2020 年全省化肥农药零增长行动实施方案》（甘农牧发〔2015〕132 号），重点推广增施有机肥、秸秆还田、生物农药等技术，推进化肥农药减量控害，明确提出高产创建和粮食绿色增产模式攻关中率先实现化肥农药零增长全覆盖。

　　四是强化辐射带动。在玉米、马铃薯生长的关键时期，多次分作物召开了玉米、马铃薯高产创建及绿色增产模式攻关现场观摩会，将成熟模式和成功经验推广到全省范围。

三、取得的主要成效

（一）加快了良种的更新换代步伐

　　高产创建的实施，加速了优良品种的推广和新品种的更新换代。通过在万亩片中建立 200 亩良种繁育田，宁春、陇春、兰天、陇鉴、西峰、静麦等系列的新品种得到了较快的推广。玉米主推品种每两年更换一次，先玉 335、五谷 704、正德 305、东单 818、敦玉 13、金穗 1203、兴达 3 号等品种成为主推品种。冬油菜种植区，抗旱性突出的陇油 7 号、陇油 8 号成为主栽品种、丰产性高的青杂系列成为春油菜种植区的主栽品种。

（二）确定了不同作物的种植密度和施肥水平

　　通过高产创建的实施，甘肃省玉米、马铃薯的种植密度进一步增加，目前旱作区玉米平均株数达到 4 500～5 000 株/亩，灌区种植密度达到 5 500～6 500 株/亩。马铃薯种植密度在常规水平的基础上普遍提高 500～1 500 株/亩。同时依托测土配方技术的实施，确定了不同生态区、不同目标产量的合理施肥水平。

（三）解决了产业发展中的几个关键问题

　　针对小麦品种利润空间小，企业不愿推广小麦良种的现状，通过在万亩片建立小麦种子繁育田，加快了小麦新品种的推广应用。针对玉米生产中的薄弱环节和田间管理工作存在的难点，提出了"一早"（早管理）、"一晚"（适当晚收）、"两防"（防早衰、防病虫）的田间管理措施。在冬油菜的田间管理上提出了"促防"结合，前期"促早发、防冻害"促进苗情转化升级，中后期做好水肥控制和病虫害防治。针对晚疫病对马铃薯产量的严重影响，提出"统防统治、提前预防"的预防措施。

（四）加快了机械化的推进步伐

　　机械化是制约全省农业现代化推进的难点，在万亩片建设中，重点强调机械化技术的推广应用，通过政府采购农业机械、种植大户自愿采购、扶持农业机械化合作社等措施，全力推进全省农业生产的机械化进程。目前，小麦万亩片已全部实现了全程机械化，玉米片的起垄施肥覆膜实现了全程机械化，机械收穗已在沿黄及河西灌区全覆盖，安定区玉米绿色增产模式攻关已成功突破机械收粒技术，安定区马铃薯绿色增产模式攻关已实现"机种、机管、机收"的全程机械化。

（五）总结出了一系列农业生产的种植模式

探索出了灌区玉米全膜增密高产栽培新技术、旱地黑色全膜马铃薯垄上微沟高产栽培技术、粮油作物间套复种高产高效栽培技术、粮油作物全膜多茬轮作轻简化栽培技术、马铃薯地膜高垄覆土高产栽培技术、特色杂粮作物优质高产高效栽培新技术、小麦宽幅匀播高产栽培新技术、优质大豆区域增产高效栽培新技术、不保灌区玉米全膜覆土平作高产栽培新技术、小麦宽幅匀播高产栽培技术等粮油作物十大栽培新技术。

（六）绿色模式攻关取得阶段性的突破

凉州区玉米绿色模式攻关总结制定了"高产耐密品种＋膜下滴灌＋分次施肥＋病虫草害防控＋机械化作业"、"高产耐密品种＋全膜双垄沟灌＋配方施肥＋病虫草害防控＋机械化作业"、"高产耐密品种＋全膜垄作沟灌＋配方施肥＋病虫草害防控＋机械化作业"、"选用高产耐密品种＋干播湿出＋配方施肥＋病虫草害防控＋机械化作业"、"选用高产品种＋一膜两年用＋分次施肥＋病虫草害防控＋机械化作业"5种增产模式，明确了各模式的适宜区域及关键技术措施。安定区在绿色增产模式攻关中总结出了旱作区主要推广黑色全膜双垄垄侧栽培模式，灌区主要推广黑色地膜单垄双行微沟垄侧栽培模式，现已大面积推广应用。

四、几点建议

（一）推进创新发展

进一步加大实用技术的推广力度，加强科研成果的转化力度，积极推进多元化、多渠道农业科研投入机制，加大新技术、新材料、新模式研发力度。同时，推动已有的高产创建万亩示范片新模式向更大范围覆盖，并将万亩片辐射带动效益纳入到高产创建绩效考核范围。

（二）推进协调发展

将耕地质量提升、盐碱地改良等中低产田改造纳入高产创建范围，建设旱涝保收高产稳产基本粮田，进一步提高耕地的产出能力。同时，鼓励发展多种形式的适度规模经营，促进生产规模化、机械化发展。

（三）推进绿色发展

进一步支持病虫害专业化统防统治和绿色防控，建议国家安排专项经费支持化肥农药零增长行动，在增施有机肥、秸秆还田、推广生物农药等方面加大支持力度，推进化肥农药减量控害，推进"一控两减三基本"在粮油高产创建及绿色增产模式攻关中实现全覆盖。

青海省

根据《农业部办公厅　财政部办公厅关于组织实施好 2015 年财政支农相关项目的通知》（农办财〔2015〕8 号）和《农业部办公厅关于做好 2015 年粮棉油糖高产创建项目有关工作的通知》（农办农〔2015〕10 号）精神，2015 年，青海省各级政府和农业部门把粮油高产创建活动作为重农抓粮的重要工作来抓，取得了良好成效，现总结如下。

一、项目实施情况

2015 年，全省在 19 个粮油主产县（市、区）及 3 个国有农牧场建立粮油万亩高产创建示范片 54 个（部级 40 个，省级 14 个），其中：小麦 12 个（部级 7 个、省级 5 个）、油菜 16 个（部级 12 个、省级 4 个）、马铃薯 13 个（部级 10 个、省级 3 个）、特色粮豆 11 个（部级 10 个、省级 1 个）、玉米 2 个（部级 1 个、省级 1 个）。共落实万亩粮油高产创建面积 54.26 万亩。根据青海省农业生产基础和种植业布局特点，选择基础条件好、增产潜力大的大通县城关镇、湟中县鲁沙尔镇、互助县五十镇、都兰县香日德镇 4 个乡镇，开展了粮油高产创建整乡推进示范区建设，实际落实面积 8.2 万亩。任务下达后各项目承担县按照省级实施方案及时建立了万亩示范片、千亩展示田和百亩攻关田，做到集中连片，技术到位。年初制定的各项项目任务和技术指标基本完成。

二、项目实施成效

(一) 万亩粮油高产创建示范片建设

1. 万亩小麦示范片　在大通、湟中、循化（2 个片）、贵德（2 个片）、尖扎、都兰、乌兰、德令哈 9 个县（市、区）及德农农牧公司落实万亩小麦高产创建示范片 11 个（部级 7 个、省级 4 个），实际完成面积 11.08 万亩，其中：春小麦 6.02 万亩、冬小麦 5.06 万亩。春小麦在东部农业区平均亩产 501 千克，比目标产量亩增产 1 千克，比非项目区亩增产 20 千克；春小麦在柴达木灌区平均亩产 644 千克，比目标产量亩增产 44 千克，比非项目区亩增产 56 千克；冬小麦平均亩产 549.53 千克，基本完成了项目下达的目标产量，比非项目区亩增产 59 千克。

2. 万亩油菜示范片　在西宁市本级、大通（2 个片）、湟中（2 个片）、湟源、互助（2 个片）、化隆、平安、共和、贵德、门源、都兰、同仁 13 个县（市、区）落实万亩油菜高产创建示范片 15 个（部级 12 个、省级 3 个），实际完成面积 15 万亩，其中：甘蓝型油菜 12 万亩、白菜型油菜 3 万亩。甘蓝型油菜在东部农业区平均亩产 226 千克，比非项目区亩增产 34 千克；在柴达木灌区平均亩产 310 千克，比目标产量亩增产 35 千克，比非项目区亩增产 43 千克；白菜型油菜平均亩产 152 千克，比非项目区亩增产 13 千克，完成项目下达的目标产量。

3. 万亩马铃薯示范片　在大通、湟中（2 个片）、湟源、互助（2 个片）、平安（3 个片）、乐都（4 个片）、民和、化隆 8 县（区）建立万亩马铃薯高产创建示范片 15 个（部级 10 个，省级 5 个），实际完成面积 15 万亩，平均亩产 2 550 千克，比目标产量亩增产 50 千克，比非项目区亩增产 125 千克。

4. 万亩粮豆示范片　在湟源、互助（2 个片）两县建立万亩蚕豆高产创建示范片 3 个（部级 2 个，省级 1 个），实际完成面积 3.2 万亩，示范片平均亩产 302 千克，基本完成项目目标产量，比非项目区亩增产 10 千克。在海晏、祁连、共和、同德、兴海、格尔木等县市，以及金穗农林牧科技发展有限公司、三江集团贵南草业有限责任公司，建立万亩青稞高产创建示范片 8 个（部级），实际完成面积 8 万亩，平均亩产 271 千克，比目标产量亩增产 21 千克，比非项目区亩增产 52 千克。

5. 万亩玉米示范片　在民和县建立万亩玉米高产创建示范片 2 个（部级 1 个，省级 1 个），实际完成面积 2 万亩。因苗期遭受冻害，中期遭受干旱，示范片平均亩产 550 千克，比目标产量亩减产 150 千克，比非项目区亩增产 100 千克。

（二）粮油高产创建新模式展示区建设

2015 年，省农业技术推广总站联合互助县农技推广中心，在互助县威远镇卓扎滩村共同创建了 1 680 亩粮油作物高产栽培新模式展示区，按照"聚集资源、技术创新、示范展示、辐射带动"的思路，集中展示新品种、新技术和高产高效栽培新模式。共建立大区"粮油作物全程机械化高产高效栽培技术集成示范" 1 480 亩，小区"新技术、新品种、新模式示范展示" 200 亩。其中：大区马铃薯全程机械化栽培示范 780 亩，通过测产和实收，平均亩产 2 615 千克；油菜全程机械化高效栽培示范 400 亩，平均亩产 253 千克；地膜油菜全程机械化高效栽培示范 300 亩，平均亩产 274 千克；通过机械化深耕、播种、配方施肥、病虫害绿色防控、机械收获等技术，实现了粮油生产全程机械化、标准化、轻简化。小区示范安排马铃薯、油菜、豆类、麦类四大作物各 50 亩，集中展示优良品种、配方施肥技术、病虫害绿色防控技术、不同栽培模式对比等试验 36 项。其中：马铃薯栽培试验研究及展示 6 项，油菜栽培试验研究及展示 5 项，蚕豆栽培试验研究及展示 8 项，小麦栽培试验研究及展示 3 项，玉米、稷子、藜麦、莜麦等饲草及粮饲兼用作物试验及展示 6 项，植保及肥效试验 8 项。

（三）整乡推进示范区建设

根据实施方案要求，2015 年青海省选择大通县城关镇、湟中县鲁沙尔镇、互助县五十镇、都兰县香日德镇 4 个乡镇开展了粮油整乡推进高产创建示范区建设，实际落实面积 8.2 万亩，其中：小麦 2 万亩、马铃薯 2 万亩、油菜 4.2 万亩。

大通城关镇 20 个行政村落实小麦、油菜、马铃薯整乡推进示范片 2.3 万亩。经测产，各作物平均亩产基本与目标产量持平。其中小麦平均亩产 305.5 千克，比 2014 年全镇小麦平均 300 千克/亩，亩增产 5.5 千克；油菜平均亩产达到 230 千克，基本与 2014 年持平；马铃薯平均亩产达到 2 450 千克，比 2014 年全镇马铃薯平均亩产 2 402 千克，亩增产 48 千克。

湟中县鲁沙尔镇 26 个行政村落实马铃薯、油菜整乡推进示范片 2.5 万亩。经测产马铃薯平均亩产达到 2 503 千克，比 2014 年全镇马铃薯亩产减少 166 千克；油菜平均亩产达到 207.9 千克，比 2014 年亩产减少 50 千克。

互助县五十镇 11 个行政村落实油菜、马铃薯、蚕豆整乡推进示范区 2 万亩。经测产马铃薯平均亩产达到 2 504 千克，比 2014 年全镇马铃薯亩增产 204 千克；油菜制种田平均亩产达到 125 千克，比 2014 年减少 6 千克。蚕豆平均亩产 332 千克，比 2014 年亩增产 57 千克。

都兰县香日德镇 11 个行政村落实小麦、油菜整乡推进示范区 1.4 万亩。其中全镇小麦平均亩产 670 千克，比 2014 年减少 12.3 千克；油菜平均亩产 345 千克，基本与 2014 年持平。

三、主要做法与特点

(一) 加强组织领导，保障项目顺利实施

各项目县均相应成立了项目领导小组和技术指导组，加强对项目的协调监督、宏观调控和技术指导。各项目县定人员、定任务、定指标、定措施，严格落实项目实施工作责任制，分工明确，责任到人，保证了项目的顺利实施和任务的全面落实。技术人员进村入户，开展技术服务和培训，为项目实施提供了坚实的技术支撑。各项目实施单位在示范片建设上做到了良种良法相结合、农机与农艺相配套，机械化程度有所提高，测土配方施肥、病虫害生物防控力度加大，各项技术措施落实到位。特别是各地加强了病虫害动态监测和土壤墒情监测工作，将油菜茎象甲、露尾甲，马铃薯早、晚疫病等重大病虫害作为主要监测对象，启动了病虫害情报汇报值班制度，及时准确发布预报，为病虫害防治提供了科学依据。

(二) 坚持机制创新，积极探索创建模式

各地结合项目实施，积极创新工作机制，实现了五个结合。一是行政与技术相结合。充分发挥行政部门在组织宣传、政策扶持等方面的作用，积极与农业技术推广部门密切配合，有力推动了高产创建工作的开展。二是科研与推广相结合。以技术集成推广为载体，推动科研成果快速转化与应用，加快高产优质新品种、新技术推广应用。三是规模化经营与专业化服务相结合。在项目实施中注重与培育合作社、种植大户等新型经营主体结合，共同开展高产创建。实现了规模化、标准化、集约化种植与管理，提升了高产创建示范效应，提高了机械化生产水平，初步探索出了农业科技与农村专业合作组织相互补充、共同发展的新模式。四是粮油生产与旅游产业相结合。湟中、互助、大通、门源等县依托油菜花、马铃薯高产创建整乡推进和示范片建设，举办油菜花节和马铃薯花节，有效带动了当地旅游产业的发展，产生了良好的经济效益。五是模式攻关与人才培养相结合。为充分发挥粮油高产创建新模式展示区的示范带动作用，省农技推广总站及时与互助县开展对接，共同规划布局、协商制定展示区工作实施方案，并在人员、物资与技术上给予大力支持。

省站专业技术人员配合县中心在春播、田管、测产等阶段全程参与开展示范区工作。同时省农技推广总站把粮油高产展示区与培养青年技术人员工作相结合，制定了《青海省农技推广总站青年技术人员实训基地培训实施方案》，具有丰富经验的农业技术专家对省站年轻技术人员开展传帮带大包干，深入田间地头，手把手进行现场培训，加快了年轻技术人员农业技术水平的提高，为尽快融入全省农业生产服务发挥了重要作用。2014年省农业技术推广总站年轻技术人员共50人次在该示范基地参加了培训。

（三）良种良法结合，促进粮油均衡增产

项目区严把控创建作物种子质量关，选用适合当地推广种植的优良品种，良种化程度达到100%。实现了每个示范片品种统一，改变了以往品种多、乱、杂的局面，充分体现了良种在农业生产中的重要作用，产生了很好的辐射带动作用。各项目区继续实行"高产创建项目专家联点责任制"，每位专家亲自选点、亲自制定联点技术方案，保证每个技术环节亲自到位。通过联点，开展不同作物创高产的技术模式研究、攻关与示范，挖掘增产潜力，真正起到高产示范和引领的带动作用。

（四）加强项目管理，确保项目安全实施

一是抓好档案管理。2015年各项目县加大了对项目档案的收集与管理，项目实施方案、下发文件、会议纪要和简报等项目相关资料齐全。过去各县只注重项目的实施，忽略了项目档案的收集与整理。从档案资料整理情况来看，各县在搞好田间工作的同时，强化了项目资料档案管理力度，重视项目文字资料、图片资料的收集和整理，做到查有资料，看有图片。二是规范资金管理。各县在加强资金管理、专款专用的基础上，在不改变各类资金性质和用途的前提下，对粮油高产创建、测土配方施肥、马铃薯原种补贴、全膜覆盖栽培、病虫害防治等资金进行整合，统筹安排，集中使用，发挥了资金整体作用和效益。三是强化监督检查。8月5日至20日，省农牧厅组织有关人员，就项目区任务完成、技术服务、信息报送、档案建立、资金到位和使用等情况进行了综合检查评价，加强了督导检查，及时纠正了存在的问题。

四、存在的问题

1. 专业技术人员紧缺 基层农业技术推广工作断线问题突出，主要依靠县级专业技术人员开展技术服务。加之近年来各地项目多，要求高，人员短缺，致使有些措施未能落实到位，技术攻关没有突破性进展。

2. 基层资金到位不及时 基层部分地区项目资金不能按农时拨付到位，影响了项目所需种子、化肥等农资的适时配套。

五、建议

粮油高产创建活动经济效益、生态效益、社会效益明显，建议农业部今后在示范片数

量和补助标准上进一步加大支持力度。

宁夏回族自治区

2015 年，宁夏粮油高产创建工作在农业部的大力支持下，紧紧围绕提质增效、绿色增产两个重点，大力调整结构，集成推广优新品种、高效技术，全区粮食生产呈现单产两增（小麦、水稻）两减（玉米、马铃薯）总产持平略减局面，粮食平均单产 317.8 千克，同比减少 8.8 千克，减 2.7%，预计全年粮食产量 375.2 万吨，较上年减少 2.7 万吨，减 0.7%，在大旱之年实现了粮食持续丰收。

一、项目实施基本情况

2015 年宁夏共落实农业部高产创建示范片 80 个，面积 97.6 万亩（其中：小麦 6 个，7.0 万亩；水稻 28 个，29.9 万亩；玉米 22 个，32.3 万亩；马铃薯 18 个，23.4 万亩；特色粮豆、油料 6 个，5.1 万亩）；自治区配套落实绿色增产模式攻关示范点 20 个，面积 1.96 万亩（其中：小麦 2 个，2 100 亩；水稻 9 个，7 498 亩；玉米 8 个，1.0 万亩）。全区高产创建示范区主要粮油作物，除马铃薯受干旱影响较大外，其余作物产量水平均实现了方案设计的预期目标。永宁县的小麦、贺兰的水稻、利通区的玉米，经当地农调部门实收测产均达到了近年来较高水平。

二、项目实施成效

（一）高产万亩示范片测产情况

小麦：平均亩产 507.8 千克，较上年亩增 53.6 千克，增 11.8%，较当年大田亩增产 86.24 千克，增 20.5%；水稻：平均亩产 686.4 千克，较上年亩增 50.1 千克，增 7.9%，较当年大田亩增产 100.0 千克，增 17.1%；玉米：平均亩产 835.7 千克，较上年亩增 49.4 千克，增 6.3%，较当年大田亩增产 205.0 千克，增 32.5%；马铃薯：平均亩产 1 303.5千克，较上年亩减产 232.0 千克，减 15.1%，较当年大田亩增产 184.1 千克，增 16.4%；粮油豆科：平均亩产 141.3 千克，较上年亩减产 27.8 千克，减 16.4%，较当年大田亩增产 34.6 千克，增 32.4%。

（二）绿色增产模式攻关示范区测产情况

小麦：攻关片平均亩产 568.2 千克，较当年大田亩增产 198.3 千克，增 53.6%；水稻：攻关片平均亩产 687.5 千克，较当年大田亩增产 67.2 千克，增 10.8%；玉米：攻关片平均亩产 954.0 千克，较当年大田亩增产 307.8 千克，增 47.6%。

（三）大面积高产纪录

永宁县望洪镇史庄村春小麦高产万亩核心示范区（800 亩），平均亩产达到 619.9 千克，最高亩产达到 622.5 千克，创自治区春小麦近年来最高单产水平；贺兰县常信乡丁北村水稻高产创建示范片测产面积 3.88 亩，品种为宁粳 50，机插秧种植模式，实收产量达到 787.8 千克/亩；利通区古城镇新华桥村 9 队玉米绿色模式攻关面积 1 500 亩，平均产量达 1 058.7 千克/亩，比全县当年大田增产 420.9 千克/亩，增 66.0％；西吉县西滩乡黑虎沟村马铃薯绿色模式攻关示范面积 111.8 亩，鲜薯产量达 2 741.5 千克/亩，比全县当年大田增产 1 284.7 千克/亩，增 88.2％。

三、主要做法

一是整合项目，加大资金投入。在农业部项目资金基础上，自治区加大本级财政资金支持力度，共整合项目资金 1.85 亿元，投入粮食生产及高产创建。各市、县（市、区）也加大了本级财政配套力度，青铜峡市整合财政资金 2 239 万元投入高产创建，贺兰县整合项目资金 3 600 万元，重点加大作物良种、商品有机肥、统防统治等方面补贴，调动了新型经营主体和广大农户参与高产创建的积极性。

二是拓展创建主体，提高规范化水平。改变过去以广大农户为主的高产创建模式，鼓励种植大户、家庭农场、专业化合作社、粮食生产企业等新型经营主体通过土地适度规模经营参与高产创建，提高了示范方点的集约化、标准化水平。2015 年新型经营主体作为实施主体参与粮油高产创建的占 60％以上，关键环节的主要技术到位率达到 95％以上。

三是探索绿色增产技术，促进增产增效。项目区内示范开展了"小麦培肥减氮""马铃薯及玉米滴灌水肥一体化技术""马铃薯黑膜高产技术"等绿色增产技术模式，节本增效明显。利通区开展的"小麦培肥减氮"示范，小麦平均亩产 575.8 千克，较常规种植增产 43.7 千克，节约化肥成本 70 元，亩增加纯收入 192.4 元。沙坡头区开展的玉米滴灌水肥一体化技术示范，平均亩产 1 043 千克，较常规生产亩增 103 千克，亩增加纯收入 180.12 元。

四是实施农机农艺融合，提高机械化水平。高产示范方内实施农机与农艺相结合，推广激光平地仪整地，从播种、中耕除草、施药防病、收获等全程机械化操作，加大高产综合栽培技术与农机装备相融合、相配套的综合示范推广，建设全程机械化示范园区 50 个，万亩示范片小麦、水稻机械化率均达到 100％，玉米达到 78％。

五是建设农业综合技术服务站，提升社会化服务水平。以小型配肥站建设为依托，启动建设了"农业技术综合服务站"，制定了建设标准，围绕"专家指导、农资超市、测土配肥、统防统治、农机服务、技术培训"六大功能，推进"一站式""托管式"等全程社会化服务，节约了生产成本，玉米亩均节本 103 元，水稻亩均节本 83 元，成为种植业工作中的一大亮点，得到了前来自治区考察的农业部和部分兄弟省区领导的充分肯定。

六是建立"两组一会"机制，提高技术到位率。整合农业科研院所、农业院校、行业协会及农业技术推广机构的专家技术力量，成立了以产业专家组、技术指导组和产业协会为主要成员的高产创建技术服务团队 8 个，建立了"一个万亩片、一名首席专家、一名技术负责人、一个科技服务组"的技术推广服务机制，确保技术要领到村入户、良种良法应用到田。

四、存在的问题及建议

近年来，随着生产资料、生产主体和生产方式的不断变化，给粮油高产创建项目的实施带来一些新的问题。一是关于扶持标准的问题。目前的扶持标准以万亩示范片为单位，单位土地投入资金少，资金使用效率低，一定程度上影响了建设标准和质量，示范效果欠佳。二是关于项目资金的管理问题。目前的补贴资金主要用于物化补贴和社会化生产服务，对项目实施过程中的调查、测产、技术服务等项目管理工作没有安排经费，影响了基层部门特别是基层农技人员开展工作的积极性。三是关于一、二、三产业融合发展的问题。推动粮食生产从数量增长向数量效益并重转变，必须延长产业链条，推进一、二、三产业融合发展，如何借助高产创建及绿色增产模式攻关平台，研究、探索推进机制模式是当前粮食产业发展需要关注的问题。

针对以上问题，提出以下三点建议。一是提高补贴标准，鼓励种植大户、合作组织、家庭农场等新型经营主体参与高产创建，提高建设和示范标准，树立样板；二是建议在粮油高产项目资金中列支调查研究、测产和管理等费用；三是在推进高产创建和示范绿色增产技术的同时，试点探索一、二、三产业融合发展新模式，促进种养结合，产加销一体化，提升效益。

新疆维吾尔自治区

2015 年，新疆维吾尔自治区各级农业部门认真贯彻落实中央、自治区农业、农村工作会议精神，根据农业部、财政部《关于组织实施好 2015 年财政支农相关项目的通知》（农办财〔2015〕8 号）精神，按照《农业部办公厅关于做好 2015 年粮棉油糖高产创建工作的通知》（农办农〔2015〕10 号）要求，认真落实各项强农惠农政策、扎实推进粮棉油糖高产创建，为实现全区粮食八连增奠定了坚实的基础。现将有关情况汇报如下。

一、高产创建及整建制推进粮棉（糖）高产创建落实情况

（一）高产创建工作落实情况

根据农业部、财政部《2015 年粮棉油糖高产创建项目实施指导意见》精神，自治区及时制定《2015 年新疆粮棉油糖高产创建项目实施方案》（新农计〔2015〕102 号），明确了目标任务。全区共落实 275 个国家级粮棉油糖高产创建示范片，其中：粮食 164 片（水稻 3 片，小麦 84 片，玉米 74 片，特色粮豆 3 片），油料作物 5 片，糖料 6 片，棉花 100片。在全区 275 片国家级粮棉油糖高产创建示范片中，安排伊犁州、塔城地区、昌吉州、巴州和阿克苏地区新型农业经营主体高产创建示范片 48 片，其中种植大户 20 片、家庭农场 2 片、专业合作社 20 片、农业产业化基地 4 片、社会化服务组织 2 片。

（二）整建制推进粮食高产创建落实情况

自治区综合考虑资源禀赋、生态条件、生产基础等因素，在全疆选择基础条件好、增产潜力大、高产创建工作扎实的奇台县、呼图壁县开展整建制推进粮食高产创建试点，每个县建立万亩高产创建示范田 13 片，示范面积不少于 13 万亩，推广小麦高产栽培技术 13 万亩，建立统防统治专业队伍，实施统防统治面积不少于 13 万亩。

二、高产创建取得的主要成效

（一）提高了粮棉单产水平

据统计，2015 年自治区地方系统粮食种植面积达 3 565 万亩，较 2014 年增加 470 万亩，增加 15.2%，预计总产 1 499 万吨，较上年增产 129 万吨，增幅 9.4%，其中小麦种植面积 1 779 万亩，较 2014 年增加 159 万亩，预计总产 633 万吨，比 2014 年增加 65 万吨。玉米播种面积 1 540 万亩，较 2014 年增加 315 万亩，预计总产 710 万吨，较 2014 年增加 757 万吨。棉花种植面积 2 455 万亩，较 2014 年减少 510 万亩，总产 275 万吨，较 2014 年减少 34 万吨。目前国家级小麦、玉米、棉花万亩高产创建示范片测产工作已基本结束，小麦测产面积达 93 万亩，实收测产达 495 千克/亩，比全县平均单产增产 79.5 千克/亩；玉米测产面积 84 万亩，实收测产 847 千克/亩，比全县平均单产增产 135 千克/亩；棉花测产面积 117 万亩，实收测产 152.8 千克/亩，比全县平均单产增产 135 千克/亩。

（二）推广普及了高新农业技术

通过高产创建活动的开展，加大了农业生产核心技术的组装配套和应用，优良品种、高效节水、测土配方施肥、病虫害统防统治、精量播种、药剂拌种等实用技术得以大面积推广应用。据统计，2015 年累计推广高效节水面积 1 685 万亩，其中棉花 879 万亩，玉米 221 万亩，小麦 140 万亩，其他 445 万亩，新增高效节水面积 325 万亩（其中粮食 75 万亩，棉花 170 万亩）。测土配方施肥面积达 2 862 万亩，覆盖全区所有县市。农作物病虫草害发生面积 2 720 万亩次，防治处置率 95% 以上，防治效果达 85%，专业化统防统治覆盖率达到 15%。全区小麦良种覆盖率达到 93%，棉花良种覆盖率达到 95%，棉花精量半精量播种推广力度逐年加大。

（三）取得了良好的辐射带动效应

按照农业部、财政部《2015 年粮棉油糖高产创建项目实施指导意见》和自治区财政厅、农业厅《2015 年新疆粮棉油糖高产创建项目实施方案》要求，在每个万亩示范片都按标准竖立了简洁适用、经久耐用、内容规范、支架稳固的农业部粮棉油糖高产创建示范片标示牌，明确标示主栽品种和关键技术，起到良好的宣传和示范带动作用。巴州在项目区内还设立了高产攻关田和新品种展示田，在关键农时季节组织观摩，充分发挥示范片的辐射带动效应，带动全州大面积均衡增产。

（四）加强了农技推广服务队伍锻炼

各级农业技术人员通过指导高产创建，建立自己的"练功田"，积极推广新品种、新技术，以开展培训、田间指导和现场演示等方式，既帮助农民掌握了高产栽培技术，又使农技人员的服务水平得到很好的锻炼和提高。

（五）培养了新型农民

各地充分利用"科技促进年"，把粮棉高产创建工作落到实处，深入开展农业科技大培训，上半年全区各地共举办培训班 688 期，培训农民 71.9 万人次，发放科技资料 67.3 万份，以自治区党委、人民政府名义召开了"自治区农业实用科技知识进村入户工程新闻发布会和现场会"，全面启动了农业实用科技知识进村入户工程，增强了科技服务能力，提高了农业劳动者的素质，培养了一批懂技术的种植能手和种植大户。

三、高产创建主要经验

（一）加强组织领导，加速行政推动

自治区成立了以人民政府钱智副主席为组长，有关厅局单位参与的粮棉油糖高产创建领导小组。下设高产创建工作办公室（设在农业厅），负责全区高产创建活动日常工作和成效宣传；设立高产创建督导组，由自治区农业厅、农科院、乡镇企业局和农机局等相关单位人员组成，负责高产创建重要农时季节的生产督导；各地（州）、各高产创建示范县（市）也相应成立了项目实施领导小组，县委、政府分管领导亲自抓、负总责，协调各方力量，保证措施到位，确保高产创建项目顺利实施。为确保高产创建工作的进一步深入开展，2015 年 7 月自治区农业厅在昌吉州吉木萨尔县召开了"全区小麦高产模式攻关研讨会"，总结小麦高产模式经验，进一步分析小麦生产形势，安排部署高产创建、高效节水等各项工作。同时在春耕备耕、"三夏"生产的关键时期，农业厅领导先后 5 次带队，并派出 12 个工作组，深入基层，督促检查、指导高产创建工作。

（二）全面开展摸底调查，建立健全高产创建项目库

从 2011 年起，自治区农业厅对高产创建项目实行了预申报制度，在 2014 年农业部安排的高产创建项目总体规模的基础上，向各地州下达高产创建万亩示范片指导性意见，明确高产创建的目标任务和具体要求，采取县（市）申报、地（州）复核、自治区审批的高产创建预申报制度，并在预申报的基础上建立高产创建项目库，通过高产创建预申报制度，既调动了县（市）开展高产创建工作的积极性，又增加了项目的可行性。

（三）创新工作机制，继续完善高产创建四级联创机制

为全面落实高产创建的各项措施，继续完善粮棉生产四级连创机制，自治区农业厅专门下发通知，要求各对口联系单位在春耕、夏收等重要农时深入粮食主产县（市）蹲点调研，指导生产，积极协助粮食主产县制定粮食高产创建实施方案，落实各项关键技术，整

合项目资金，深入推进高产创建。各项目县（市）也明确了每个示范片的行政负责人和技术负责人，实行行政和技术承包责任制。实施对口联系机制7年多的实践证明，对口联系机制对促进自治区粮食安全和农民增收，强化科技推广，推动工作落实，发挥了积极作用。

（四）加大资金投入，确保高产创建顺利实施

为确保高产创建活动取得成效，各地认真落实小麦农资综合补贴、农作物良种补贴、农机具购置补贴等强农惠农富农政策。自治区、各地（州）、县（市）也加大对高产创建的资金保障，有力推进了各项工作的顺利实施。一是自治区各级财政、农业部门，认真落实国家农作物良种补贴资金8.3亿元，落实小麦农资综合补贴资金18.9亿元；二是自治区设立粮食专项资金2 000万元用于高产创建示范片建设；三是自治区高效节水补助资金总额达9亿元，补贴标准由每亩200元提高到300元，新打一眼机井补助10万元，各地也加大对节水灌溉技术推广补贴力度，据初步统计，截至目前各地累计投入节水灌溉资金约16亿元；四是新增现代农作物种业发展资金3 000万元，用于支持现代种业发展；五是设立扶持棉花发展专项资金2 000万元，用于棉花机采棉种植模式推广和"三圃田"建设；六是安排农作物良种补贴工作经费1 000万元，主要用于促进各地农作物良种推广工作。

（五）创新工作方法，提高农技服务水平

结合高产创建，各地采取鼓励龙头企业和专业合作社整合农民土地，统一种植，统一管理，统一病虫害防治，走规模化、集约化的道路，解决一家一户不能解决的问题。在具体工作中农业部门积极主动与农民专业合作社、龙头企业对接，形成服务和利益的有机结合，既可以保证高产创建各项农业技术措施的足额到位，达到提高单产、提高效益、降低成本、增加农民收入的目的，又锻炼了农业技术人员，提高了为农民服务的能力。在农民专业合作组织的示范带动下，加快了农村土地流转和富余劳动力的转移，促进了土地合理流转和规模化经营，提高了农业先进适用技术到位率和土地利用率。目前，全区已有各类专业合作组织5 006个，拥有会员25.3万户，占全区农户的10.5%。

（六）加大宣传力度，营造良好氛围

根据高产创建的开展情况，各地在高产创建活动中充分利用广播、电视、报纸等宣传媒体，大力宣传高产创建的意义，并组织召开各级农业部门领导、技术人员、农民代表、科技示范户等参加的现场观摩会，及时总结经验，使高产创建示范田成为领导干部的指挥田，农业专家的示范田，农民群众学习的样板田。

（七）加强督导检查，确保高产创建工作落到实处

为认真落实好高产创建工作，自治区农业厅先后下发了《关于开展粮棉油糖高产创建督导检查的通知》《关于进一步加强粮棉油糖高产创建档案管理工作的通知》等文件，分别从组织领导、技术保障、示范点测产、示范点图表、资金投入、档案建立等6个方面进行检查。成立了自治区高产创建专家指导组。同时，在每个重要农时的关键时候，自治区

农业厅先后 3 次安排督导组 18 个，在厅领导的带领下，深入基层进行高产创建检查督导，保证了各项措施的足额到位。

黑龙江农垦总局

垦区采取科技创新、科技推广等综合技术措施，深入扎实开展高产创建和粮食增产模式攻关活动，较好地完成了 2015 年项目下达的任务指标，使粮食总产预计达到 220.65 亿千克，实现粮食产量"十二连增"。现将项目有关工作情况做如下总结。

一、基本情况

（一）粮食增产模式攻关完成情况

部级水稻增产模式攻关，落实在七星农场重点开展智能浸种催芽技术、水稻侧深施肥技术、钵苗机摆技术、改善适口性提质增效技术等，经测产核心区平均亩产 785.5 千克，辐射区平均亩产 753.6 千克。部级玉米增产模式攻关，落实在友谊农场重点实施大马力深松整地、三秋作业、保密增匀、高产群体、测土施肥、生物肥等新技术措施，经测产核心区平均亩产 956.72 千克，辐射区平均亩产 873.1 千克，比生产田增产 28.6%。

（二）高产创建活动完成情况

1. 整建制高产创建完成情况　垦区实施友谊农场农业部整场整建制高产创建，落实万亩示范片 25 个，面积 25.36 万亩，平均亩产提高 15 千克以上，亩增加效益 42 元以上。实施绥滨农场、七星农场等 5 个管理区整建制高产创建万亩示范片 20 个，面积 21.41 万亩，平均亩产 721.32 千克，在绿色增产模式创新、促进农业持续发展、加快现代农业建设等方面发挥了示范带动作用。

2. 高产创建万亩示范片完成情况　水稻：125 个万亩示范片面积 125.6 万亩，平均亩产 720.3 千克。玉米：64 个万亩示范片面积 66.69 万亩，平均亩产 832.9 千克。大豆：38 个万亩示范片面积 39.5 万亩，平均亩产 210.6 千克。小麦：3 个万亩示范片面积 4.09 万亩，平均亩产 402.8 千克。马铃薯：5 个万亩示范片面积 5.57 万亩，平均亩产 3 247.7 千克。

二、主要成效

（一）创造了新水平

经垦区各级高产创建专家组测产验收结果表明，绥滨农场水稻核心区亩产达到 857.2 千克，七星农场水稻万亩片亩产达到 764.1 千克；友谊农场大豆核心区亩产达到 257.50 千克，八五二农场大豆万亩片亩产达到 239.69 千克；玉米宝泉岭农场核心区亩产达到 1 083.42 千克，新华农场玉米万亩片亩产达到 993.93 千克；小麦鹤山农场核心区亩产达到 411.4 千克，建边农场万亩片亩产达到 405.5 千克；马铃薯尖山农场核心区亩产达到 4 260.0 千克，克山农场万亩片亩产达到 3 300.0 千克，均居省内领先水平。

（二）实现了新进展

围绕垦区农业主推"十大栽培模式"和"十大技术"，完善创新水稻"三化二管"、玉米"四精二管"、大豆"大垄密"等技术模式。关键是在"三推"和"三控"上下工夫，实现科技水平和可持续发展能力的提升。高标准实施高产创建万亩片，因地制宜开展好绿色增产模式攻关活动，促进了粮食产量质量效益新进展。目前，垦区粮食总产预计达到220.65亿千克，比2008年的142.05亿千克提高了0.55倍。

（三）探索了新途径

垦区按照"良种良法良田配套、农机农艺农户融合、生产生活生态协调"的原则，强化农业科技创新驱动作用。以农业标准化提升和农作物绿色增产模式攻关"两大活动"为载体，加强科技创新和成果转化，实现均衡增产增效。突出绿色农业发展，大力引进、推广新机械、新技术、新肥药、新模式，推进现代化水平的提升。重点推广了保护性耕作、智能化浸种催芽、叶龄诊断、航化作业、节水灌溉、水稻侧深施肥、秸秆还田、三控技术、钵苗机摆和大棚二次利用种植食用菌等新技术，依靠科技进步探索了农作物增产新途径。

（四）形成了新模式

水稻通过集成旱育壮苗智能化（智能浸种、智能选种、智能催芽、智能精播、智能育秧）、全程生产机械化、稻谷品质优质化、叶龄诊断技术管理、标准化管理等形成了"三化二管"栽培新模式。大豆通过集成保护性耕作、三秋作业、垄上三行、保密增匀、配方施肥、航化作业等综合配套技术，形成了"大垄密"新模式。玉米通过集成推广精细耕作＋精密栽培＋精准施肥＋精确防控＋叶龄管理＋标准化管理的"四精两管"新模式。马铃薯通过集成优耕作、优种薯、优栽培、优防控等技术措施，按期适时全面标准化管理的"四优一管"新模式。

（五）推广了新方式

通过行政主导、专家指导、团队服务等有效办法，实现了科技增产措施到田，关键技术要点应用到户，种地职工享受服务红利。总局聘请首席专家，组成专业技术服务队伍，通过方案会评、技术培训、现场定标、田间检查、跟踪服务、现场观摩等办法，集成推广绿色增产模式和提质增产防灾减灾技术，把专家的技术变成了农民的产量和效益。通过科技园区和科技示范户的品种展示、技术集成、模式推广发挥好示范带动、典型引领作用，加快科技创新和科技成果转化步伐。目前垦区优质品种覆盖率达到100%，农业科技成果转化率达到85%，农业科技贡献率为68%。

三、主要做法和经验启示

（一）提高认识，注重落实

突出落实"三个一"的目标管理责任制。一是实施一把手工程，各级一把手任领导小组组长，纳入议程，做好重点部署和支持保障；二是分管领导重点抓，作为发展现代农业的重要任务来落实，积极调动各级各部门齐心协力抓落实；三是业务部门具体抓，指定专人，分解任务，狠抓落实，做到责任清、节点准、措施实、成效好，确保了高产创建组织领导到位。

(二) 健全组织，注重责任

各级成立了高产创建和粮食绿色增产模式攻关领导小组，做到主要领导亲自抓、负总责，一级抓一级，实行领导包片、技术人员包户，绩效挂钩，跟踪问效，阶段检查，严格考核，确保组织领导顺利实施到位。各级农业部门专设办公室，负责组织管理、技术措施、政策保证、协调服务等。各级聘请省内和垦区知名专家，组成专家技术服务队伍，确保项目关键增产提质技术措施实施到位。

(三) 技术指导，注重精细

总局聘请首席专家，认真制定项目实施方案，做好顶层设计，实行专家设计和专业队伍实施相结合，加强全程技术指导服务工作。首席专家经常深入实际进行技术培训、检查指导、跟踪服务等，专业队伍负责落实好实施方案，确保各项关键技术措施指导实施到位。坚持基础措施常年抓，常规措施标准化，关键技术抓突破，应变措施抓到位。抓好主导新品种选用，做到品种优质化；抓好主推技术确定，做到栽培模式化；抓好技术措施标准落实，做到全程机械作业标准化。

(四) 优化服务，注重到位

优化产前、产中等社会化服务，设立咨询电话，成立 110 服务队，发挥电视、网络、微信、短信和报纸等媒体作用，提供安全便捷的有效服务。开展农药、肥料、种子联网示范试验，严把质量关；开展农资选用招标，公开、公平、公正进行生产资料采购、供应，为农户提供放心肥、放心药。运用信息化手段，提供技术、市场、销售信息服务。加强高产创建宣传、示范、观摩工作，扩大高产创建经验成效的示范带动作用。2015 年各级举办农业、农机等新技术培训班 889 期，培训人员达 12.708 6 万人次，发放技术资料 21.565 3 万份，各类专家深入田间地头现场解答农工技术咨询 7 万多人次。

(五) 增加投入，注重保障

垦区始终注重增加新品种、新技术、新机具、新生资、新设施等提质增产技术推广应用，保障增产模式攻关和高产创建项目实施。坚持完善多渠道投入机制，整合农业综合开发、现代农业发展、测土配方施肥等项目资金，据统计 2015 年各级累计专项投入资金 5 802.52 万元，优先向项目农场保护性耕作、模式化栽培、节水灌溉、防灾减灾、现代装备、秸秆还田、农业航空、粮食烘干等基础设施和新技术应用投入。

(六) 科技措施，注重示范

鼓励科技创新和科技示范，推进规模化种植、机械化生产、模式化栽培、标准化作业、绿色安全生产。如创业农场开展水稻侧深施肥科技示范工作，前三年的试验结果表明，同等施肥水平应用侧深施肥比常规三大肥提高产量 8%～10%。2015 年在基蘖肥侧深施用的用肥量上设置了 6 个处理，中化专用肥侧深施用 25 千克和减肥 5%、10% 的处理，从田间长势长相和产量性状都优于三大肥常规施用，可增产 12.3% 以上。友谊农场与墨西哥艾特尔公司合作，实施墨西哥玉米吨田高产攻关栽培模式，重点推广深松整地，种衣剂二次包衣，精量匀播，配方施肥，增施微肥，进行三遍墨西哥配方叶面肥作业。经测产不同处理平均亩产 933.85 千克，比对照增产 6.3%。

（七）探索机制，注重激励

探索了项目实施目标管理责任制、首席专家技术负责制、产量通报表扬和尾数淘汰等新机制，促进项目落实。总局设立高产创建先进单位奖，对增产模式攻关和高产创建万亩片产量水稻各前 10 名、玉米各前 7 名、大豆各前 5 名、小麦和马铃薯作物各第一名的农场，给予通报表扬，颁发年度粮食增产模式攻关和高产创建先进单位奖牌。

四、发展建议

1. 结合科技入户工程、阳光培训工程，进一步加大科技培训力度，扩大受训对象范围，尤其对基层农业技术员、科技示范户、增产模式攻关大户的培训力度应进一步加强。

2. 加快与各作物技术主推优质高产栽培技术模式相配套的农机具更新步伐，特别是大型高地隙喷药机、水稻秧田机械化、本田农药机械等，促进发展绿色农业。

3. 建议农业部有关部门按作物优势区域布局，每年分区多组织召开绿色增产模式攻关和高产创建单位现场观摩会，促进学习先进单位经验和好做法。

广东农垦总局

2015 年，按照《农业部办公厅 财政部办公厅关于组织实施好 2015 年财政支农相关项目的通知》（农办财〔2015〕8 号）和《农业部办公厅关于做好 2015 年粮棉油糖高产创建工作的通知》（农办农〔2015〕10 号）的要求，广东农垦总局在湛江农垦局下属 5 个单位继续实施甘蔗万亩高产创建示范区项目。一年来，广东农垦总局把甘蔗万亩高产创建与基层农技推广补贴等项目工作有机结合起来，通过加大力度推广良种良法和优化管理，全方位抓好农业标准化技术，重点采取"统一地域、统一品种、统一机耕、统一肥料、统一节灌、统一综防"的六统一模式，切实做好甘蔗万亩高产创建示范项目的实施工作。在前期受到严重干旱和 10 月 4 日遭受"彩虹"超强台风袭击的情况下，积极做好抗旱和台风灾后复产工作，使示范片创建工作取得较好成效。现将一年来的工作情况总结如下。

一、项目实施基本情况

2015 年示范创建项目共安排 6 个示范片，在湛江垦区甘蔗主产区 5 个单位实施，具体是广前糖业公司 2 个示范片，丰收糖业公司、华海糖业公司、湖光农场和幸福农场各 1 个示范片。示范片分布在 7 个乡镇，70 个生产队，涉及 1 432 个种植户。推广种植的甘蔗品种主要包括粤糖 00 - 236、93/159、柳城 05 - 136、桂糖、福农等高抗、高糖品种。各项目实施单位按照"依靠科技，主攻单产，全面提高甘蔗生产水平"的目标，认真制定实施方案，扎实开展甘蔗高产示范片创建活动。在受到 10 月 4 日"彩虹"15 级强台风正面袭击，雷州半岛北部受灾最重的广前、湖光两个单位共 3 万亩甘蔗风折率最高达 50％。各项目实施单位及时开展救灾复产，把台风损失降到最低限度，保证项目的顺利实施。

二、项目实施成效

（一）生产与经济效益

经专家测产验收，2015 年 6 个示范片平均亩产和蔗糖分分别为：广前 1 号示范片 6 232 千克和 12.94％、广前 2 号示范片 6 677 千克和 12.82％、丰收公司示范片 6 394.9 千克和 12.14％、华海公司示范片 5 737 千克和 12.45％、湖光农场示范片 6 457.7 千克和 12.9％、幸福示范片 6 253 千克和 12.78％。所有 6 个示范片因受超强台风袭击影响，特别是雷州半岛北部的广前糖业公司和湖光农场，甘蔗倒伏、折断较严重，加上前期遭受严重干旱，产量均受到不同程度影响。除了广前的 2 号示范片平均亩产达到 6 677 千克之外，其他 5 个示范片亩产均达不到农业部甘蔗万亩高产创建目标亩产 6 500 千克的要求，蔗糖分普遍也比较低，平均为 12.67％。但 6 个示范片甘蔗平均亩产比常规甘蔗增加约 700 千克，共增产 4.98 万吨，而且甘蔗糖分比常规甘蔗提高了 0.92 个百分点。按每吨甘蔗 420 元的收购价计算，6 个示范片共增加农业产值约 2 092 万元。在严重干旱和超强台风的双重影响下，通过推广良种良法和及时采取救灾复产措施，甘蔗产量仍然达到较高水平，对减轻灾害损失，稳定职工和农场收入起到了一定的示范作用。

（二）社会效益方面

甘蔗万亩高产创建示范区项目已实施了 5 个年头，在国家的大力扶持下，通过不断投入和配套建设，现已成为垦区乃至湛江地区农业科技示范推广工作的重要平台和技术示范的窗口，是引进和推广主要甘蔗新品种、生产技术的重要载体，是现代农业的展示基地、科技培训基地和示范辐射基地，其社会效益尤其突出。通过大力开展科技培训，使农业科技在生产中的贡献率达 75％，科技入户率达到 95％，100％的基层干部得到集中培训，示范辐射周边农村农户种蔗面积超过 50 万亩，农民科技文化素质明显提高；引进高产高糖优良甘蔗品种和健康种苗，优化了垦区甘蔗品种结构；推广生态综合技术措施（生物防治、综合防治、施用有机肥、地膜覆盖、节水抗旱、浸种、封闭除草等），解决了治污问题和减少农药的投入，提高了蔗田肥力，改良了土壤，减少了甘蔗虫害，维护了生态多样性，为甘蔗先进生产技术推广做出示范。

三、项目实施主要做法

(一) 加强领导，成立机构，制定实施方案

按照农业部的要求，结合全国基层农业推广体系建设，为加强项目组织管理和领导，切实将甘蔗万亩高产创建工作落到实处，广东农垦总局和湛江农垦局以及下属 5 个项目实施单位都分别成立了甘蔗高产创建示范领导小组和技术指导小组，负责甘蔗高产创建的组织、实施和技术指导工作。同时，根据垦区生产实际，制定了项目实施方案、《湛江农垦甘蔗高产技术规范》《湛江农垦甘蔗高产模式示范提升行动方案》，对甘蔗高产创建活动技术实行全程规范化指导，全面推广农业标准化技术，采取"统一地块、统一品种、统一开沟、统一测土配方施肥、统一节水灌溉、统一综合防治病虫草害"的六统一管理模式，确保高起点、高水平、高标准建设示范区。

(二) 主攻甘蔗单产，大力推广良种，优化品种结构

结合各单位局部气候、土壤条件，大力推广高产高糖良种，逐步淘汰近年退化严重的新台糖 22，加快优化品种结构，促进甘蔗高产高糖发展。重点推广的甘蔗品种和面积如下：新台糖 25 16 200 亩、台糖 89－1626 10 130 亩、柳城 05/136 共 9 550 亩、粤糖 00/236 共 4 500 亩、粤糖 93/159 共 4 050 亩、台糖 79－29 共 3 500 亩、新台糖 16 2 300 亩、粤糖 60 1 950 亩，其他品种 7 800 多亩。经国家甘蔗产业体系湛江试验站近年试验表征筛选出来的优良新品种柳城 05/136，已在垦区得到大力推广，种植面积迅速扩大到近万亩，成为丰收公司、华海公司、幸福农场等单位的主打品种之一。其中，丰收公司 2015 年夏繁 4 800 亩种苗，柳城 05/136 面积达 4 600 多亩，占比 95％以上，将成为今后发展的主要当家品种。

(三) 加强管理，加快科技成果转化，促进甘蔗产业稳定发展

1. 大力推广甘蔗测土配方施肥，加快土壤改良步伐 继续按照《湛江农垦甘蔗测土配方施肥实施方案》，结合各单位生产实际，认真开展甘蔗测土配方施肥的有关工作，取得了一定的成效。狠抓以土壤改良为核心的耕地质量保护与提升工作，各单位通过增施有机肥、蔗叶粉碎回田、菠萝茎叶回田、撒施石灰粉等措施，促进土壤改良，土壤有机质含量偏低、酸性过强、肥力下降的状况有所改善。在广前、丰收和华海三个示范单位共完成土壤改良机械粉碎蔗叶还田约 53 000 亩，土壤改良技术在三大蔗区得到大面积推广应用，提高了土壤的可持续发展能力。

2. 完善惠农扶持政策，大力推广甘蔗良种及健康种苗 为促进甘蔗高产创建工作开展，各创建单位开展了比甘蔗冬种、新植面积，比甘蔗产量等竞赛活动，根据完成指标对各甘蔗生产单位进行奖励。通过提高甘蔗冬种面积和新植面积比例、优良品种比例和原料蔗产量，做到农业技术推广到田到户，加快科技成果转化应用。2015 年垦区繁育推广 180 万株甘蔗良种健康种苗，覆盖了当前栽培的主推品种。通过推广健康种苗和优良新品种，优化了甘蔗品种结构，提高了种蔗农户应用良种的积极性。

3. 推行甘蔗生产全程机械化，降低生产成本和提高生产效率　广东农垦总局 2015 年在示范区完成甘蔗机械种植 52 000 亩、机械收获 10 000 亩，其效益主要体现在两大方面：一是工作效率大幅度提高，劳动强度大幅度降低；二是显著降低作业成本。以 2014 年的测评数据为例，甘蔗机械封闭、除草、破垄、施肥的费用平均 100 元/亩，而人工种植成本则达 220 元/亩，更重要的是机械种植工效为人工的 10 倍左右；机械斩蔗效率为人工的 250 倍，每吨节省 64 元，每亩节省 300 多元。综合采用全程机械化进行甘蔗种植较人工种植每亩降低成本约 400 元；同时由于机械化工作效率高，人均管理面积可达 200 亩以上，比人工种植人均管理面积 30 亩提高了约 6 倍，规模效益显著。

目前，甘蔗全程机械化在农机、农艺配套方面还存在一些不足，成为影响机械化大范围大规模推广的重要因素。垦区及时推出相关扶持政策，比如对实行全程机械化者优惠甘蔗 0.3 吨/亩的地租，另外每亩还补贴 100 元，机械化配套节水设施每亩另外补贴 80 元，大大促进了机械化的推广步伐。

4. 推广生物防治甘蔗螟虫，探索多种防治技术综合应用　甘蔗螟虫是垦区发生最普遍，为害较严重的甘蔗害虫。为提高甘蔗螟虫综合防治水平和效果，2015 年在以前取得效果的基础上，组织各甘蔗生产单位采用微型飞机防治的试验示范，并通过做好三个不同地域螟虫监测点的监测工作，提升了螟虫预警监测的水平。一是抓好生物防治。为扩大生物防治应用规模，在广前、丰收和华海公司 3 个生物防治站从抓繁殖赤眼蜂开始，认真把好蜂种繁育和科学放蜂关，全年合计放蜂 3～5 批，放蜂面积共 22.19 万亩。根据实地调查统计，这三大蔗区的甘蔗园放蜂区螟害株的虫节率平均为 14.93%，对照区虫节率平均为 21.94%，放蜂区虫节率比对照区低 7.01 个百分点。二是继续抓远程机械综合防治病虫害。结合各蔗区实施全国基层农技推广补贴项目，安排在广前、丰收、华海公司扩大规模示范，全年实施面积 14 000 亩，使用农药与 2014 年相同，即为吡虫啉＋杀螟丹＋稻腾＋多菌灵＋奥普尔＋快润，全年喷药 2 次，第一次在 5 月中旬，使用吡虫啉＋杀螟丹＋快润＋奥普尔液肥混合喷施，第二次在 7 月下旬，使用稻腾＋多菌灵＋快润＋奥普尔液肥混合喷施。三是重点抓甘蔗害虫飞防演示。2015 年 3 月湛江农垦局会同广州甘蔗研究所在广前公司采用微型飞机进行甘蔗虫害防治试验，摸索新的防治技术。在试验示范取得经验后，于 9 月在广前、丰收、华海公司三大蔗区进行甘蔗害虫飞防 3.2 万亩，每亩用药 1～2 千克。飞机每天作业 350～500 亩，亩成本 20～25 元，较常规做法节约成本 5 元，防治效率提高 10 个百分点，取得了初步成效，为今后病虫害防治向高效益、成本低的现代化飞防转型积累了经验。

5. 推广土地深耕深松和节水灌溉技术，促进甘蔗快速生长　参加万亩甘蔗高产创建的示范片，100% 推行土地深耕深松、甘蔗浸种、地膜覆盖种植技术，营造良好的土壤生态，发挥良好的保水、保肥和抑制杂草蔓延的作用，是促进甘蔗快速生长的低本高效措施。同时，积极推广节水灌溉技术，示范推广水肥一体化技术，采用淋灌、微喷、滴灌等多种抗旱灌溉面积达 15 282 亩，产生了较好的示范效果。

6. 试行按品种论价收购政策，提高职工生产积极性　2015 年度榨季，丰收、华海公司暂停执行按糖分高低"按质论价"的收购政策，全面推行按品种论价收购的政策，根据优一类、一类、二类和评价蔗品种分类制定不同的收购价格，鼓励职工多种新台糖 25、台糖 89 - 1626、柳城 05/136、粤糖 00/236、粤糖 93/159、新台糖 16、粤糖 60 等高糖高产品种，提高生产效益，提升垦区甘蔗产业发展水平。

（四）狠抓职工科技培训，致力提高专业水平

为了全方位提升团队成员、示范片技术骨干和农技指导员以及广大蔗农的现代科技水平，各创建单位着重抓各甘蔗生产单位开展科技培训工作，采取集中和分散、理论和实践、室内与田头培训相结合等形式，广泛开展规模大、人员齐、内容丰富、效果好的科技培训工作。累计举办各类培训班 33 期，参加培训人员达 2 406 人次。

一是抓好团队成员科技培训。2 月 4 日，湛江农垦局主持举办 2015 年工作会议暨第一期科技培训班，高产创建团队成员、技术骨干共 30 人参加培训学习，在会上首先传达了 1 月 26～29 日福州国家甘蔗产业技术体系 2014 年年终总结及人员考评会议精神，总结了 2014 年试验站工作情况，布置了 2015 年重点工作，之后又结合不同工作实际共举办 3 期培训，参加人员达 200 多人次。

二是抓基层农技指导员培训班。结合全国基层农技推广补贴项目，先后于 5 月 20～22 日、8 月 26～30 日、10 月 28～31 日在广东省农工商技校举办 3 期培训。此外还邀请国家甘蔗产业技术体系、华南农业大学、广州甘蔗糖业研究所、广东海洋大学的专家、教授和农垦内部有丰富经验的科技人员授课。培训内容主要包括国内外现代农业发展动态、现代甘蔗综合栽培技术、甘蔗新品种特性与栽培要点、甘蔗病虫害防治综合防控、作物营养与测土配方施肥等。10 月 30～31 日，在举办湛江农垦第三期基层农技指导员培训班时，又组织学员前往茂名农垦局下属的广东省热带作物研究所交流学习。甘蔗高产创建团队成员、技术骨干及 186 名农技指导员全部参加了一次或以上的培训学习，其中有 30 人参加两次培训，累计达 216 人次。通过分期分批培训，使大家拓宽了知识面，学到了新技术，提升了管理水平。

三是抓好农机技术培训。湛江农垦局会同广垦农机服务有限公司分别于 7 月 21～22 日、7 月 26～27 日、10 月 12～13 日先后在广前公司、国家南方桉树种苗繁育中心和华海公司举办甘蔗全程机械化、农机与农艺配套技术、农机机械维修保养培训班共 3 期，各示范单位参加培训的农机手、拖拉机驾驶员、农机维修员、科技人员等共 250 人次。邀请美国迪尔公司和垦区内部相关有经验的农机专家教授、科技人员授课，重点针对各示范单位在农机化方面存在的问题，针对甘蔗生产全程机械化尤其收割含杂量高、机械容易出现故障等问题授课。同时结合甘蔗机械种植、田管、收获配套技术及其机械维修、保养等系列技术，做到室内上课与现场操作相结合，有效地提升了各类农机人员的理论水平和实操技能。

四是组织抓好甘蔗种植职工常规科技培训。结合国家新型农工培育培训等工作，先后于 6 月 4～8 日、11 月 16～20 日在湛江农工商技校举办 2015 年示范县新型农工培育培训班 2 期，并邀请华南农业大学谭中文教授、甘蔗产业体系邓海华研究员等专家讲授现代农业及其栽培技术等。课后还组织他们参观了健康种苗繁育基地、科研所甘蔗组培苗、优质种子资源圃、甘蔗万亩高产创建示范基地，使大家做到理论和实践相结合，加深了现代甘蔗理论知识的掌握。12 月 22～25 日，对丰收、华海、湖光农场三大蔗区申报 2015 年甘蔗工职业技能考评鉴定共 117 人进行现场考评，理论实操考评及格率 100%。

此外，还委托各示范片就地举办分散型的甘蔗农工培训、观摩等现场会 21 期，参加培训共 1 500 多人次。

四、经费开支情况

本项目资金共 160 万元。项目经费开支严格按照财政部、农业部有关项目资金使用规范和要求执行，主要用于甘蔗高产创建中的肥料相关物资的购买补贴，每亩增施肥料约 26.7 元，6 万亩合计共 160 万元。湛江农垦局办公室财务科跟踪检查资金使用情况，建立财政项目专账专人管理，确保资金对口使用、合理开支、专款专用。在资金下拨到各单位后，加强对补助资金监督管理，规范资金使用，细化支出范围，及时跟踪检查项目资金使用情况，到 12 月 31 日为止，资金已完成开支计划的 100%。

五、经验启示

1. 由于前期连续性严重干旱和后期"彩虹"强台风正面袭击，所有示范片甘蔗都受到不同程度影响，甘蔗平均亩产估计损失 1.0 吨以上，糖分估计降低 0.8~1.5 个百分点。

2. 土壤酸性太强，结构不合理。目前湛江垦区各甘蔗生产单位土壤酸性普遍过高，部分蔗园土壤 pH 甚至低于 4.3，土壤有机质偏低，影响了甘蔗对土壤养分的吸收，不利于甘蔗高产高糖发展，而且很难短期内改良到正常水平。今后应加大生物有机肥（含有机肥）、碱性肥料（比如钙镁磷肥）以及土壤改良技术的推广应用，减少酸性肥料比如过磷酸钙的使用量，加强作物轮作，改良土壤结构，促进农业可持续发展。

3. 甘蔗生产全程机械化技术推广应用与前几年相比虽然扩大了规模，但机械化基础建设发展仍不平衡，速度仍较缓慢。

4. 糖业市场低迷，企业负担过重，糖业公司已连续几年亏损，难以投入更多资金开展农业科技推广工作，且企业自身科技水平有限。建议加强与科研机构、院校的合作，共同研究、示范推广甘蔗优良品种和先进生产技术，降低病虫害，提高单产和糖分，促进甘蔗产业升级发展。

大 连 市

2015 年，为切实抓好粮食高产创建示范工作（以下简称"高产创建"），充分发挥其在提升粮食综合生产能力中的典型示范作用，大连市将高产创建作为粮食生产的核心工作，按照《农业部办公厅关于做好 2015 年粮棉油糖高产创建工作的通知》（农办农〔2015〕10 号）要求，高起点，严标准，狠抓落实，取得了显著成效。

一、工作成效

2015 年，大连市按照"良种良法结合、农机农艺融合"的要求，示范片落实"五统一"的技术路线,实现了统一整地播种、统一肥水管理、统一技术培训、统一病虫害防治、统一机械收获,共完成部级万亩粮食高产示范片 15 个。高产创建项目在遭遇严重旱灾的情况下,示范片项目仍然取得了一定成效,"良种良法"的运用深受广大农户欢迎。

(一)起点设计较高

2015 年,大连市政府将粮食高产创建工作列入《大连市 2015 年都市型现代农业建设十大工程》之中,作为提高全市粮食综合生产能力,实现粮食效益最大化的重点工作来抓,高产创建工作实现了高起点设计,高标准规划。

(二)增产增收明显

1 个水稻高产示范片平均亩产 805.34 千克,较 2014 年增加 70.22 千克,较对照田增加 301.95 千克;13 个玉米高产示范片平均亩产 825.21 千克,较 2014 年增加 298.34 千克,较对照田增加 315.28 千克;1 个大豆高产示范片平均亩产 217.55 千克,较 2014 年增加 90.06 千克,较对照田增加 87.72 千克,对稳定全市粮食生产起到了显著作用。

(三)带动作用突出

15 个万亩高产示范片,特别是选用耐旱密植玉米品种的核心地块,在 2015 年大连市旱灾持续、风灾多发的情况下产量仍然远高于对照田。对广大农户产生了深刻影响,辐射带动效果明显。

(四)技术推广到位

通过高产创建活动,新品种、新技术得到集成推广。示范片的主推品种、高效栽培、测土配方施肥、病虫害统防统治、化学除草均达到 100%;综合机械化水平达到 95%。

二、工作措施

(一)建立组织,加强全面指导

为保证高产创建活动取得成效,大连市成立了"粮食高产创建活动"工作领导小组,负责组织领导和项目实施工作。组长由农委领导担任,成员由种植业管理处等相关处室人员组成。成立了市"粮食高产创建活动"专家指导组,负责组织高产创建示范片建设技术路线制定、技术指导、技术培训等方面工作。组长由农委领导担任,成员由市农业技术推广站等部门专家组成。项目所在区(市、县)也成立了相应领导小组和专家组,全面开展工作。

(二)落实责任,细化工作分工

高产创建工作实行部、市、县三级联建,以项目县为主的原则。市农委负责落实创建工作部署,制定全市工作方案,落实配套资金,组建市级领导小组和专家指导组,开展培训与指导,分解创建任务等整体工作;按照行政人员分片,技术人员分作物、分创建县落实责任制的要求,明确市领导小组和专家指导组每个成员的任务和责任,要求每个成员按农时季节包片督导,技术人员建立联系点制度,按照作物包片指导。项目县根据市要求成立相应组织,确定示范片,分作物制定具体实施方案,负责各项具体工作落实,明确任务指标和工作进度,细化技术措施和人员配备。做到标准化、规范化、可视化,对作物关键生长阶段、重要农事作业环节做好田间档案记录,保证监测数据及时、准确、真实。同时,保存录像和图片资料,使高产示范片建设效果更直观、形象,便于宣传。

(三)严格程序,确保创建标准

在示范片地点确定上,采取"自主申报、专家评定、择优录取"办法。在 3 月的工作部署会上,按照农业部粮油高产创建示范片申报标准要求,市农委组织市粮食高产创建专家组成员,对各市县上报的 27 个示范片分作物进行评定排序。最终按照排名顺序分作物确定了 15 个示范片创建地点,确保了高产创建效果。

(四)开展培训,技术指导到位

组织专家、技术人员深入示范片,广泛开展形式多样的技术培训与指导活动。一是发放高产栽培文字和影像技术材料。市县乡三级农业技术推广部门联合制定高产栽培模式,印制成简单易懂、图文并茂的"明白纸",发放到农户手中,确保技术入户率达到 100%。二是开展实用技术培训和咨询指导。在作物生长和病虫害防治等关键时期,组织专家到各示范片督查高产栽培技术措施落实情况,有针对性地提出指导意见,满足农民的技术需求。

(五)强化管理,提升生产水平

综合运用各项配套技术加强田间管理。5～6 月,组织示范片农户及时间苗,增加留苗密度,保证幼苗的群体整齐;科学安排铲趟,以增加地温,提高土壤通透性;及时追肥,以促进苗株生长。7～8 月,强化作物肥情、虫情、灾情等监测,科学平衡施肥,加大促早熟力度,使受倒春寒影响生长的水稻得到了根本的改变。及时开展病虫害综合防治,重点开展了赤眼蜂防治玉米螟和水稻条纹叶枯病的工作。

(六)加强检查,提高创建质量

不断加强高产创建工作的督导力度,对发现的问题,采取措施及时解决,保证高产创建工作顺利进行。组织相关人员,采取定期与不定期相结合的办法对示范片建设情况进行抽检,保证各项工作按要求高质量完成。9 月,市农委组织 3 个项目县开展了高产创建档案、田间密度和标识牌竖立情况互检互查工作,为保质保量完成高产创建工作起到了积极的推动作用。

(七)抓好宣传,增强辐射带动

充分利用新闻媒体,多层面、多渠道、多视角宣传高产创建的政策措施、品种技术、经验典型等，使高产创建集成技术深入人心。各项目县还通过组织农民到现场观摩等方式，进一步发挥了高产创建示范片的辐射和示范带动作用。

（八）做好验收，确保取得实效

9月初，市农委下发了高产创建测产验收办法。9月22日组织专家严格按照验收标准和程序，对15个示范片进行了测产验收，确保取得实效。

宁 波 市

2015年是"十二五"规划收官之年，也是"十三五"规划的谋划之年，宁波市各级政府和农业部门以党的十八大和十八届三中、四中全会精神为指导，以粮食生产功能区标准化建设为平台，以稳定粮食生产发展和农民持续增收为目标，按照农业部提出的工作要求，制定了《2015年宁波市粮食高产创建项目工作方案》，并严格按照工作方案开展工作。尽管2015年天气条件不是十分有利，早稻受台风影响减产较多，但万亩片产量仍高于全市平均水平，高产创建成效较为显著。现将宁波市粮食高产创建万亩示范片建设情况总结如下。

一、万亩片产量情况

2015年宁波市承担创建11个水稻万亩示范片和1个小麦万亩示范片，总面积13.8万亩。经测产，情况如下：

1. 小麦 宁海县长街镇万亩片，平均亩产301千克，比2014年增产39千克，增幅14.9%，比宁海县平均亩产高16千克，增幅5.6%。

2. 早稻 3个万亩片减产都较明显，主要原因是"灿鸿"台风的影响。其中：鄞州区姜山镇万亩片，平均亩产331千克，比2014年减144千克，比鄞州区平均高21千克。余姚市马渚镇万亩片，平均亩产401.2千克，比2014年减69千克，比余姚市平均高72.7千克。奉化市西邬街道万亩片，平均亩产385.5千克，比2014年减83.5千克，比奉化市平均高105.5千克。

3. 连作晚稻 鄞州区古林镇万亩片，平均亩产535.3千克，比2014年增32.3千克，比鄞州区平均高85.3千克。余姚市马渚镇万亩片，平均亩产462.5千克，比2014年增21.9千克，比余姚市平均高12.5千克。奉化市西邬街道万亩片，平均亩产384.5千克，比2014年增1.7千克，比奉化市平均高34.5千克。

4. 单季晚稻 江北区慈城镇万亩片，平均亩产522.6千克，比2014年增35.1千克，比江北区平均高22.6千克。奉化市莼湖镇万亩片，平均亩产591千克，比2014年增49千克，比奉化市平均高81千克。宁海县越溪乡万亩片，平均亩产625千克，比2014年增14千克，比宁海县平均高30千克。象山县西周镇万亩片，平均亩产585千克，比2014年增29千克，比象山县平均高55千克。象山县贤庠镇万亩片，平均亩产595千克，比2014年增43千克，比象山县平均高65千克。

二、实施成效

(一) 不利天气下仍获高产

2015 年的天气条件对宁波市水稻生产来说不是十分有利，特别是 7 月的"灿鸿"台风和 11 月以来的持续阴雨天气，造成全市早稻减产和晚稻收获困难。但通过高产创建活动的实施，市、县、乡三级政府和农业部门精心组织和关键技术措施落实到位，万亩片的产量明显高于全市平均水平。其中，早稻万亩片平均亩产 372.6 千克，比全市平均增 42.6 千克，增幅 12.9%；连作晚稻万亩片平均亩产 460.8 千克，比全市平均增 20.8 千克，增幅 4.7%；单季晚稻万亩片平均亩产 581.6 千克，比全市平均增 56.6 千克，增幅 10.8%，万亩片起到了很好的示范带头作用。

(二) 高产品种和先进技术进一步推广

通过高产创建活动，高产品种和先进适用技术得到大面积推广。一是良种覆盖率高，万亩片内全部选用宁波市主推品种。其中小麦选用扬麦 18 和扬麦 20，早稻选用甬籼 15 和中早 39，连作晚稻选用宁 84，单季稻选用甬优系列杂交稻。二是机械化程度高，11 个水稻万亩片平均机插率达到了 75%，机耕机收率达到 100%，全程机械化率超过 90%。三是先进技术应用广，水稻精确定量栽培、两壮两高、测土配方施肥和病虫害综合防治等先进技术得到了较高的普及应用。

(三) 高产典型不断涌现

2015 年虽然天气条件不是很好，但宁波市仍然涌现了不少高产典型。鄞州区姜山镇早稻万亩片内的种粮大户卢方兴以早稻 505.9 千克、连作晚稻 690.7 千克打破省连作晚稻百亩方吉尼斯纪录。宁海县越溪乡万亩片内的单季稻百亩方在连续遭受台风影响的情况下，平均亩产仍超过了 900 千克。2015 年，经农业局组织专家验收，全市共有 8 个单季稻百亩方平均亩产超过了 800 千克。

(四) 辐射带动作用明显

通过高产创建，不仅有效保障了万亩示范片内粮食生产水平，而且辐射带动了周边种粮农户生产水平的提高，为促进全市水稻单产的提高发挥了巨大作用。例如单季稻，5 年前全市平均亩产还在 450 千克徘徊，而经过高产创建活动实施，亩产逐年提高，到 2015 年已经达到 525 千克，平衡增产作用十分显著。

三、主要做法

(一) 加强领导，落实职责

市政府成立了以林静国副市长为组长的宁波市粮食高产创建工作领导小组，市农业局、财政局、科技局、水利局、粮食局、农机局和市农科院共同参与，分工明确。同时，成立了由市种植业管理总站陆惠斌站长为组长，市种子、土肥、植保等首席专家为成员的专家指导小组。专家指导组成立后，着手制定了《2015年宁波市粮食高产创建项目工作方案》，明确了粮食高产创建的实施目标、实施要求、实施内容、资金使用和保障措施，指导各地开展高产创建工作。各示范县（市）区也相应成立了领导小组和专家指导小组，制定实施方案，明确任务指标，强化工作责任和保障手段，细化技术措施和人员配备。通过层层建立组织，形成了政府主导、上下联动、部门配合、分工明确、团结协作的高产创建组织体系，确保了高产创建项目的顺利实施。

（二）推广良种，集成技术

宁波市从当地生产实际出发，根据各示范片的生态特点、农户的种植习惯，因地制宜确定主导品种，力求做到统一布局。据统计，早稻万亩示范片中早39和甬籼15的推广应用率达到91%；连作晚稻万亩示范片宁84的推广应用率达到89%；单季稻万亩示范片甬优系列杂交稻的推广应用率达到87%。同时，宁波市按照良种与良法配套、农机与农艺结合、示范与推广同步的要求，对现有先进适用技术进行组装配套，重点推广机插、单晚"五改"、两壮两高、配方施肥、病虫害综合防治等技术。

（三）创新机制，加强指导

在万亩示范片建设中，宁波市加强技术培训与指导，着重抓好三个方面：一是抓课堂培训。对万亩示范片的农户进行全面培训，尤其是对粮食生产合作组织的负责人、种粮大户和科技示范户要进行多次培训，通过他们的示范作用，带动万亩片整体水平的提高。二是抓现场观摩。在水稻育秧、插种、搁田等关键时期，多次组织农技人员、种粮大户到示范片观摩学习，通过学习观摩扩大万亩片的示范作用。三是抓专家指导。要求每个万亩示范片都有一名农技专家进行蹲点指导，在水稻生产的重要季节，专家指导小组开展巡回指导，为高产创建提供技术支撑。据统计，2015年全市万亩片内共举办培训班32期，受训农户达3 000多人次；组织观摩18次；组织专家指导100多人次；发放技术资料5 000余份。

（四）整合资源，增加投入

2015年宁波市把每个万亩片的补助资金从原来的16万元提高到20万元，在确保这个资金使用效益的同时，多渠道筹措项目资金。一是与粮食"双千"示范相结合。对万亩示范片内申报"双千"活动的给予优先通过，对达到要求的中心示范方，按等级给予2万～10万元的奖励。二是与水稻千千克攻关相结合。从2013年开始每年安排80万元资金用于水稻千千克攻关，2015年共安排4个单季稻攻关点和2个连作晚稻攻关点，这些点全部分布在万亩示范片内，通过形成合力，力争在产量上有新的突破。

（五）加大宣传、扩大影响

宁波市按照农业部文件精神，着手制订了统一规范的高产创建示范片标牌式样，使每个万亩示范片统一规范标牌的内容，统一标牌的尺寸，统一标牌的图案、字体和颜色。标牌上标明了示范地点、区域规模、产量目标、种植品种、关键技术，并把指导专家、技术负责人、实施单位、工作责任人姓名等信息向群众公开。同时，要求每个万亩高产创建示范片建立工作和技术档案，详细记录示范片基本情况、技术推广、专家培训、田间管理措施及产量情况，建立数据库。为扩大宣传，利用电视、电台、报纸、农经网等各种现代新闻媒体，把高产创建活动的政策措施、成功经验、先进典型和实施效果向全社会进行广泛宣传，营造良好的社会氛围。

四、存在的问题

（一）补助资金总量偏少增加工作难度

补助标准偏低，过大的示范面积、偏低的补助标准和过高的资金使用要求，大大增加了工作难度。

（二）基层农技力量薄弱增加工作难度

万亩示范片建设实施主体是乡镇，乡镇农技站承担着大量的日常技术指导工作，但宁波市乡镇农技力量日渐薄弱，乡镇农技人员进入新老交替，技术人才出现断层，乡镇农技人员长期从事职责之外工作的现象十分普遍。不解决农技推广网络的薄弱问题，粮食高产创建活动的实施效果必然要打折扣。

（三）测产要求高增加工作难度

按照农业部下发的《全国粮食高产创建测产验收办法》（试行）要求，每个万亩片要选择测 3 个片、9 块田，这不但工作量大而且操作难度十分大。一是专家难请，由于测产验收的费用没有渠道支出（包括专家验收费、测产农户的误工费等），加上测产工作十分辛苦，很多专家都不愿意参加。二是农户抵触。每个万亩片要测 9 块田，需花费大量的人力、物力和时间才能完成，而测产时间正好是农忙时节，进行测产就有可能导致延误农户生产而造成损失，如果不能很好地解决他们的损失补偿问题就很容易引起矛盾。

青 岛 市

2015 年，青岛市按照农业部、财政部的部署和要求，以粮食主产区和主要粮食作物为重点，以粮油高产创建万亩示范片建设为抓手，集成推广区域性、标准化成熟技术模式，示范展示绿色增产模式攻关新成果，大力实施粮油高产创建项目，圆满完成了各项计划任务。现将全年实施情况总结如下。

一、基本情况

按照粮油生产区域布局，2015 年青岛市粮油高产创建在黄岛区及平度、莱西、即墨、胶州 5 市实施，共建设小麦、玉米、花生、马铃薯万亩高产创建示范片 100 个；继续支持平度市推进整建制市小麦玉米一年两熟高产创建；继续支持即墨市、莱西市推进整建制镇小麦、玉米一年两熟高产创建。在经费安排上，共安排补助资金 1 440 万元，其中平度市 512 万元、莱西市 352 万元、即墨市 240 万元、胶州市 192 万元、黄岛区 144 万元。补助资金主要用于项目实施所需的物化投入、推广服务补助和增产模式攻关补助；各区（市）根据实际情况，可适当调整补助标准，但社会化服务补助比例不低于 40％。

按照总体方案，青岛市农委强化组织领导，搞好统筹协调，形成合力，协调推进高产创建。一是研究制定印发了《关于印发青岛市 2015 年粮油高产创建项目实施方案的通知》，对建设规模、资金安排进行了公示；二是召开全市粮油高产创建专题会议，对 2015 年创建工作进行了统一部署；三是抓好规范建设，指导各级农技部门按照良种良法配套、农机农艺融合要求，集中技术力量打造高标准示范片，充分发挥增产潜力和辐射带动作用；通过多项有利措施落实到位，有效保障了创建工作顺利实施。

二、实施成效

高产创建活动中，青岛市各级农技人员加大技术集成创新和科技成果转化，突破生产技术瓶颈，取得丰富的粮食生产关键技术集成创新成果，对粮食综合生产能力的支撑作用显著增强，产量水平不断实现新突破。

（一）小麦高产攻关记录创新高，带动夏粮喜获十二连丰

2015 年在全市建设小麦高产技术攻关点 30 多个，通过技术创新，青岛小麦单产再创历史最高纪录，平度市蓼兰镇济麦 22 十亩攻关田，平均亩产达到 786.6 千克，首次突破亩产 750 千克大关，创历史最高纪录，是继 2008 年青岛市小麦亩产突破 700 千克大关后又一重大技术突破。在全市建设的 48 个小麦高产创建万亩片增产能力突出，平均亩产达到 579.2 千克，比 2014 年增产 7％；其中新建的 22 个片平均亩产 535.8 千克，平均亩增产 63.1 千克，增 13.3％；续建的 26 个万亩片平均亩产 616.0 千克，平均亩增产 11.2 千克，增 1.9％；并有 26 个万亩片平均亩产达到 600 千克以上的超高产水平。通过高产创建示范带动，全市小麦平均亩产 431.4 千克，比 2014 年平均亩增加 20.7 千克，增 5.0％，夏粮喜获十二连丰。同时积极开展小麦绿色增产模式攻关试点，在平度市建设的 20 万亩核心示范方，平均亩产达到 625.3 千克，比全市平均亩产高 194 千克，实现了小麦节本、增产、增效，推动全市小麦生产水平又上了一个新台阶。

（二）玉米高产创建抗旱措施到位，全市秋粮实现稳产丰收

2015 年青岛遭遇历史上少见的夏秋连旱，8～10 月降水量平均不足常年的 60％，严重影响了玉米生长发育。面对严重旱情，各级农技部门加大抗旱减灾工作力度，扎实落实节水灌溉、中后期追肥、一防双减等关键技术措施，表现出良好的保水保肥和增产能力，植株普遍墩壮，根系发育良好，穗发育正常，后期灌浆强度大，在全市建设的 44 个玉米高产创建万亩示范片，平均亩产达到 630.0 千克，高出全市平均水平 30％，有效发挥了粮食生产稳定器作用，确保了全市秋粮实现稳产丰收。在 2015 年特殊干旱条件，各级农技部门集成推广的玉米节水滴管技术发挥显著的节水增产增效作用，在莱西市姜山镇大河

头村，近百亩登海 605 高产创建示范田采用了节水滴管技术，相对于传统灌溉方式，节水 30％以上，同时节省人工 50％以上，秋收经专家实打验收，平均亩产 1 079.7 千克，比传统灌溉方式增产 20％以上，技术创新实现产量和效益双提高。

（三）花生、马铃薯技术创新性突出，增产增效明显

花生是青岛市重要的油料和出口创新作物，2015 年，高产创建通过增施有机肥、增加密度、节水滴管、后期叶面追肥等关键技术创新应用，建设的 5 个花生高产创建万亩片平均亩产 386.1 千克，在干旱年份增产效果显著，高出全市平均水平 100 千克以上，增幅超 35％。马铃薯是青岛市优势作物，在高产创建工作中全面推进规模经营，共吸引 78 家专业合作社参与示范片建设，入社农民 6 000 多户，入股耕地 20 000 多亩，建设的 3 个马铃薯高产创建万亩示范片亩产均超过 3 000 千克，增幅 20％以上。通过合作社全方位服务，种植农户增效明显，辐射带动周边农民 20 000 多户，示范带动面积 10 万多亩。

三、主要做法

青岛市在人均耕地面积不足 1.5 亩的条件下，坚持"稳定面积、主攻单产、增加总产、改善品质、提高效益"的发展思路，以高产创建为抓手，加强粮食生产技术集成创新和示范推广，实现稳粮增收，切实保障口粮"自给有余"。

（一）坚持规划引领，着力搞好粮食生产功能区建设

粮食生产功能区建设是新时期确保国家粮食安全的重大举措，为加快构建国家粮食安全保障体系，市农委坚持规划引领，2014 年以粮食生产功能区为重点，以粮食高产创建示范方建设为抓手，研究印发了《青岛市人民政府办公厅关于推进粮食高产创建稳定粮食生产的意见》（青政办字〔2014〕60 号），积极推进产业集聚和提升，集中力量搞好万亩以上粮食高产创建示范方建设，形成优势突出、布局合理、协调发展的粮食生产功能区。2015 年青岛又全面启动《青岛市"十三五"种植业发展规划》等编制工作，划定 100 万亩粮油生产功能区，狠抓粮食生产不放松，为深入开展高产创建搭建好平台，提供政策保障。

（二）实行规范管理，严格检查考核

按照部、省、市的相关要求，各项目市（区）组建了以分管领导为组长的全市粮油高产创建工作领导小组，每个示范片明确行政负责人和技术负责人，各项工作措施全部落实到镇、到村、到户。高产创建万亩示范片全部实行"四个一"规范管理，即设计一张标示牌，注明示范片位置、涉及镇村组、田块编号、面积等；竖立一张技术明示牌，标明核心技术措施、品种、产量指标等；建立一本工作记录，把核心高产创建示范工作有关的文件、方案、田间记录、测产结果、总结等及时立案建档；编印一套技术资料，编制高产创建技术培训材料、技术挂图、光盘等，发放给示范片农户。为确保创建质量，青岛市农委制定统一规范、操作性强的高产创建验收、考核办法，在关键生产环节组成考核检查组进

行检查督导，在收获期间规范测产程序，组织专家现场田间实测，严禁虚报浮夸；整建制所在市、镇会同统计部门按照规定的统计方法进行产量测报；在年底进行项目统一考核验收，总结创建经验，探索创建新路子。

（三）转变发展方式，积极培育社会化服务组织参与到高产创建中

高产创建活动中，青岛市重视社会化服务，积极引导和培育种粮大户、农业合作组织等参与到高产创建中来，支持这些农户和组织开展统一耕种、统防统治、代耕代种等专业化社会化服务，有效促进农机农艺融合，形成了一套成熟的专业化服务机制。目前，已有平度中光植保合作社、胶州金色家园农场等近百家专业化服务组织在高产创建中成长壮大，加快了粮油生产由传统小农经济方式向专业化服务的现代农业方式转变，成为全市现代农业发展的典型。在高产创建核心示范区，这些服务组织创新机制，实行统一良种供应、统一整地播种、统一肥水管理、统一病虫害防治、统一机械收获"五统一"技术服务，大大提高了粮食生产效率。同时，利用这些新型经营主体规模种植的优势，全程机械化管理、水肥一体化栽培、秸秆资源化利用等一批前瞻性的先进技术得到了有效的示范推广，为绿色增产模式攻关奠定了良好基础。

四、问题和建议

2015年青岛市异常气候频发，春、夏、秋三季连旱，对粮油生产造成很大影响，特别是对粮食高产创建整建制推进的市、镇，实现均衡增产难度极大。因此，建议进一步加大对粮油高产创建、防灾抗灾减灾工作的支持，加强农田基本建设，实现旱能浇、涝能排，确保粮食生产持续稳定发展。

第二篇 典型案例

启动粮食绿色增产模式攻关 率先在水稻生产上取得突破

（增产模式攻关专刊第 1 期）

4 月 16 日，农业部种植业管理司在湖南召开全国水稻绿色增产模式攻关现场会，安排部署以集中育秧、机插秧等为重点的水稻绿色增产模式攻关，推进农机农艺深度融合、生产与生态协调发展，为促进粮食稳定发展注入接续和替代动力。

水稻是我国第一大口粮品种，在保障国家粮食安全中至关重要。为有效破解水稻生产中面临技术瓶颈多、投入产出效益低、质量安全隐患大、生态环境压力重等问题，启动粮食绿色增产模式攻关，树立增产理念、效益理念、绿色理念，突出良种良法配套优先、农机农艺融合优先、安全投入品优先、物理技术优先、信息技术优先，率先在水稻生产上取得"四个突破"。

（一）在技术集成上求突破，实现农机农艺融合

从水稻育秧和机插等薄弱环节入手，集成推广以农业机械为载体的高产高效、资源节约、生态环保的技术模式。推广适宜机插的新品种。筛选和培育一批优质、高产、多抗、适宜机插的新品种，尤其是适宜机插的早稻和晚稻品种。集成全程机械化栽培技术，针对水稻生产尤其是南方稻区"双抢"农时紧、任务重、劳力缺的问题，重点在精量播种、降解膜育秧、钵体毯育秧、机械喷防等环节推进农机农艺融合。改进关键环节农机装备，重点是调整插秧机械行距，推广钵育机插等配套机具，着力解决双季稻栽插密度低、秧龄弹性小、插秧植伤大、缓苗时间长等问题。

（二）在关键环节上求突破，提升社会化服务水平

充分发挥种植大户、家庭农场、农民合作社等新型经营主体的人才优势、技术优势和示范引领作用，提高生产的组织化程度和社会化服务水平。播栽环节重点是开展代耕代种、代育代插等育供插一体化服务，提高秧苗素质和栽插质量，促进良种良法配套。田管环节重点是开展统配统施、统防统治等量贩式套餐服务，提高药肥利用效率，降低投入成本。收获环节重点是开展统一收获、统一收储等一条龙便捷服务，提高收获质量，减少田间损失，确保颗粒归仓。

（三）在成果转化上求突破，促进科研生产对接

实行攻关、示范、推广"三步走"，做到科研与生产紧密对接，促进成果转化落地。

开展联合攻关，围绕水稻生产中重金属污染、水体富营养化、低温阴雨和高温热害等问题，组织育种、栽培、农机、植保、土肥、生态等方面专家，联合开展技术瓶颈和集成技术攻关。支持先行先试，对已成型的新技术新成果，率先在小面积试验示范，争取成型一个、试验一个、熟化一个，尽快形成一批前瞻性、创新性、苗头性的技术。加快示范推广，通过开展全方位、多层次的技术培训，加强应用指导服务，促进新技术新成果快速推广。

（四）在组织方式上求突破，推进体制机制创新

水稻绿色增产模式攻关，涉及范围广、环节多，需要在体制机制上下工夫，形成攻关合力。强化资源整合，将各类涉农项目资金，向绿色增产模式攻关区域倾斜，促进水稻集中育秧、机插秧等全程机械化技术快速发展。强化行政推动，聚集各方力量，形成政府主导、部门配合、院所参与的大协作格局，确保绿色增产模式攻关同步实施、同步推进、同步见效。强化宣传引导，充分利用广播、电视、网络、报刊及微信、微博，及时总结各地涌现的好经验、好做法、好模式，提高绿色增产模式攻关影响力，营造良好社会氛围。

准确把握内涵　明确目标任务
推进绿色增产模式攻关顺利开展

（增产模式攻关专刊第 2 期）

开展粮食绿色增产模式攻关是转变农业发展方式的重要举措，是探索粮食可持续发展之路的务实之举。按照中央 1 号文件的部署和要求，农业部下发了《关于大力开展粮食绿色增产模式攻关的意见》，对有关工作进行了具体安排。各地按照部里的安排和要求，正有力有序开展。近日，余欣荣副部长在《安徽省粮食增产模式攻关工作资料汇编》上批示："各地增产模式攻关工作都在积极推进。但一些地方仍然按照原有的高产再高产目标来组织。现在如何按照中央提出的突出'绿色'二字，完善改进目标方案，我们要有具体意见"；在《中国农科院召开绿色增产增效技术集成模式研究与示范工作交流会简报》上批示："农科院抓绿色增产增效技术攻关，领导重视、组织有力、过程推进、成效显见。这项工作是中央确定的调结构、转方式、创新驱动的重要工作，要常抓不懈、不断完善、创出特色、创出成效，发挥技术引领、储备的重要作用。为此，要就具体组织的流程，包括立项、责任、检查、验收、考核、奖惩等作出具体规定，使之健康、稳健、持续的推进。"

余欣荣副部长的重要批示指向明确，要求具体。各级农业部门要深刻领会、准确把握、认真贯彻，有力有序推进粮食绿色增产模式攻关的开展。一要把握内涵明方向。开展绿色增产模式攻关是思路的创新，需要树立增产理念、效益理念、绿色理念，坚持生产生态并重导向、行政科研推广联动的导向、循序渐进梯次导向，推进资源要素高效利用、农机农艺深度融合、生产生态相互协调，实现粮食的可持续发展。二要突出"绿色"提标准。开展绿色增产模式攻关的核心体现在"绿色"上，要把良种良法配套优先、农机农艺融合优先、安全投入品优先、物理技术优先、信息技术优先贯穿于攻关的全过程，落实到

模式创新的每一个环节，实现科技水平的提升。三要明确目标齐攻关。粮食绿色增产模式攻关不是按照原有高产再高产的目标来组织实施，而是以低产变中产、中产变高产为目标，积聚力量、集中投入、集成攻关，研究与示范并举、增产与增效统一，研发一批、推广一批、储备一批可复制可推广的技术模式。四要强化责任抓落实。各地要根据承担绿色增产模式攻关的要求，进一步细化实施方案，明确工作责任。要把任务分解到处室（科研推广单位）、落实到县乡。要突破原有的条条框框，善于出新招、出实招、出管用的招。强化监督考核，建立事前管理、事中检查、事后考评的机制，确保各项措施落到实处。五要强化宣传引导造氛围。要充分运用报刊广播电视和新兴媒体，多渠道、多角度、多层次宣传粮食绿色增产模式攻关取得的进展和成效，总结各地的好做法、好经验，形成良好的舆论氛围。

双季稻全程机械化绿色增产模式攻关成效显著

（增产模式攻关专刊第 3 期）

针对双季稻生产机械化存在的技术瓶颈和薄弱环节，农业部水稻绿色增产模式攻关专家组，深入研究，加强协作，围绕品种选育搭配、育供秧模式、机插秧技术、配套机械装备等方面开展联合攻关，集成推广了一套高产高效、资源节约、绿色环保的全程机械化技术模式，有力带动了水稻规模化种植、标准化生产和社会化服务。

（一）优化双季稻品种搭配

针对当前双季稻品种生育期过长制约晚稻机插秧发展问题，专家组研究确立了长江流域双季稻机插早晚稻品种特性及适宜种植模式。早稻要求苗期耐低温、分蘖力较强、生育期在 104～110 天；晚稻要求耐迟播迟栽、分蘖快、苗期耐高温后期耐寒、熟期中熟偏早、感光性较强、能安全成熟，并有针对性地提出了浙江早籼晚粳，江西、湖南早籼晚籼双季稻机插品种及搭配。

（二）创新集中育供秧模式

根据水稻规模化生产及社会化服务的技术需求，创新了水稻机插二段育供秧新模式，研发了配套育秧基质、高效播种流水线、秧盘运送装备、智能化出苗检测控制系统、育供秧各环节管理技术，提高了成秧率和秧苗素质，解决了机插漏秧率高，以及育供秧能力弱、远距离运秧难等问题。结合不同稻区特点及生产条件，因地制宜配套研发了工厂化立体育秧、大棚育秧、稻田旱育秧及泥浆育秧等四种育秧模式。

（三）突破机插秧技术瓶颈

针对机插行距大、密度低，建立了 7 寸*窄行机插秧生产技术体系，提高机插密度

---

* 1寸≈3.3厘米。

20%以上，与9寸行距插秧机相比，提高产量10%左右。针对机插植伤重、秧苗返青慢，研发了适于双季稻生产的大钵窄行插秧机和各种钵形毯状秧盘，提早返青3～5天，实现机插均匀、深浅一致。针对连作晚稻秧苗生长快、秧龄短，研发了水稻机插育秧调控技术，将连作晚稻秧龄弹性从15～20天延长至20～25天，扩大了连作晚稻机插品种选择范围。

（四）研发配套机械化装备

从耕作、栽插、植保、开沟、收获等关键环节入手，配套全程机械化生产装备，提高双季稻生产机械化水平。研发了带碎草装置的收割机，实现早稻收获时稻草全喂入粉碎，将割茬高度降低至15厘米以下，利于晚稻耕整地。改进了履带旋耕机的旋耕装备，提高晚稻整地水平，减少机插漏秧和死苗。引进创新水稻机插施肥一体化技术，机插与施肥同步，实现肥料定位深施，减少氮肥用量，提高肥料利用率10%以上。研制了首台新型稻田开沟机，日可完成稻田开沟60～80亩，达到促进根系生长、优化群体结构、防止倒伏和提高产量的目的。

（五）集成全程机械化技术

集成了"品种优化搭配、基质集中育秧、履带旋耕整田、钵苗大苗机插、合理提高密度、稻田机械开沟、通气节水灌溉、精确定量施肥、病虫机械防治、切草收割还田"等10余项双季稻全程机械化生产技术。专家组在江西、湖南、浙江等地，与当地农技、农机推广部门紧密合作，大力开展全程机械化技术示范和培训。在双季机插百亩示范方，涌现出一批亩产过1100千克的高产典型，与传统栽培方式相比，每亩增产150千克以上。

明确目标定方向　创新思路出新招
江西扎实推进粮食绿色增产模式攻关

（增产模式攻关专刊第4期）

江西紧紧围绕全国生态文明先行示范区建设，依托良好的生态环境，以"稳粮增收调结构、提质增效转方式"为工作主线，以"一控两减三基本"为基本要求，创新思路、强化措施，通过万亩高产创建带动均衡增产、百亩绿色增产模式攻关引领绿色生产，挖掘粮食生产新潜力，促进生产与生态协调发展。

（一）攻关方向上处理好"四个关系"

主动适应经济发展新常态，认真落实省委书记强卫关于"对农业再认识，促农业再出发"的要求，重点处理好"四个关系"。一是产量与产能的关系。确保全市粮食产量稳定在210亿千克以上，通过建设高标准农田，推广绿色增产技术模式，力争到2020年粮食产能提高到250亿千克。二是数量与质量的关系。在确保数量的同时，着力提升质量。应用绿色科技、主攻绿色产品，实现绿色生产，力争到 2020 年建成 10 个全国知名的绿色有机农产品基地。三是生产和市场的关系。由"生产导向"逐步向"消费导向"转变，实现生产与市场的有效对接。力争到 2020 年，在外销地市场建立 20 个江西名优农产品展示销售中心，绿色生态农业产值突破 6 000 亿元。四是增产与增效的关系。算好投入和效益两笔账，在高产中筛选高效模式、在高效中筛选高产模式，做到技术可行性与经济合理性的有机结合，促进单产、效益同步提升。

(二) 攻关目标上完成好"四大指标"

组织专家编制《江西省粮食绿色增产优质高效集成技术》，分区域推广"双季双机插"等五大技术模式，力争完成"四大指标"。一是提高土地产出率。示范区双季稻亩产 1 000 千克以上，一季稻亩产 700 千克以上，棉花亩产皮棉 120 千克以上，油菜亩产 200 千克以上，花生亩产 300 千克以上。通过示范区建设，辐射带动周边农户单产提高 1 个百分点。二是提高劳动生产率。推进全程机械化生产，示范区实现水稻机插率 30%，机耕机收率 100%，机防率 40%，综合机械化率 70% 以上。三是提高投入品利用率。通过化肥、农药等投入品的合理应用，降低土壤残留，提高利用率。氮肥、农药利用率提高到 40% 以上并实现"两个零增长"，农膜回收率达 100%，土壤 pH 提高到 5.5 左右，达到适宜耕种标准。四是提高"三品一标"率。鼓励申报无公害农产品、绿色食品、有机食品和农产品地理标志，提高绿色增产模式攻关区域内"三品一标"认证覆盖率，示范带动粮食等主要农产品品质提升。

(三) 攻关措施上落实好"四控一减"

改变拼资源、拼投入品、拼生态环境的传统发展方式，在每个高产创建万亩示范片内建设一个百亩绿色增产模式攻关田，重点示范"四控一减"，引领粮食绿色生产。一是控土壤酸化。通过合理施用石灰，调节土壤酸碱度，改善土壤结构和理化性状，缓解耕地酸化趋势。二是控地力下降。大力开展耕地质量保护与提升，示范推广秸秆还田、种植绿肥、沼肥应用、增施有机肥等技术，改良土壤，提升地力，改善农业生态环境。三是控化肥用量。深入推进配方肥和有机肥料、缓控释肥的应用，严格控制化肥总施用量。开展氮肥后移技术示范，力争双季稻穗粒肥中氮肥用量提高到 30% 左右，一季稻穗粒肥中氮肥用量提高到 40% 左右，着力提高氮肥利用率。四是控病虫害损失。建设区域重大病虫害应急防控中心，完善重大病虫害疫情田间监测网点，提高病虫害预报准确率。大力推广病虫害综合防控，确保病虫为害损失率控制在 5% 以内。五是减农药用量。实施农作物病虫害统防统治和绿色植保农药减量技术提升行动，融合推进专业化统防统治和绿色防控，大力推广"三生三诱"(生物防治、生态防控、生物农药防治，灯光诱杀、色板诱杀、性诱剂诱杀)、科学用药等绿色防控技术，减少农药用量，确保实现农药零增长目标。

浙江首创"叠盘出苗"育供秧模式
有效推动水稻生产全程机械化发展

（增产模式攻关专刊第 5 期）

育供秧是推进水稻生产全程机械化过程中的关键环节。浙江省农业部门经过多年攻关，创新了一套高效水稻育供秧技术模式——"叠盘出苗"。该育供秧技术模式也被称为"1 个育秧中心＋N 个育秧点"，即由育秧中心完成科学浸种消毒、精准条件催芽、合理基质配方、流水线播种、高密度立体叠盘、智能温湿度调控出苗等过程，再将针状出苗秧连盘提供给小规模种粮大户等，在炼苗大棚或秧田完成后续育秧过程。与现有育秧体系相比，"叠盘出苗"育供秧模式优势明显，表现为"两提高、一降低"。

（一）提高秧苗素质

通过选用优良品种，实行种子处理，应用育秧基质或培肥的育秧土，科学确定播期和播量，合理调控温度和水分，在专业育秧中心的出苗室完成"叠盘出苗"。叠盘出苗整齐、出苗率高，留给育秧点或农户的后续育秧阶段技术相对简单，为培育壮秧、获取高产奠定了基础。

（二）提高供秧能力

与温室大棚育秧相比，"叠盘出苗"空间置盘量可增加 6 倍以上，出苗管理时间由 5 天缩短至 2～2.5 天，供秧能力提高 10 倍以上。一个面积 200 平方米的出苗室，按平面置盘利用率 50％，叠盘高度 60 个盘计，一批秧苗就有 3.5 万盘。一个育秧季可育 5 批、17.5 万盘秧苗，供秧能力达 1 万亩左右。

（三）降低育供秧成本

由于"叠盘出苗"秧苗较小、秧盘运输方便，供秧辐射范围明显扩大。中小规模种粮大户或合作社可从专业育秧中心直接购买芽苗，既降低了运输成本，又减少了浸种、催芽、育秧等环节设施设备的重复建设，育秧成本明显下降。

2015 年，浙江省以加快水稻生产全程机械化为目标，积极推广"叠盘出苗"技术模式，推进水稻育供秧的智能化、标准化、专业化和规模化。一是建立技术模式示范点。该技术模式已列入浙江省粮油产业技术体系创新研究项目，今年拟在诸暨、鄞州、余姚、瑞安等 8 个县市区各建一个示范基地，以点带面，推动全省"叠盘出苗"育供秧技术模式发展。预计全年早稻、单季稻、连作晚稻示范应用面积达 5 万亩以上。二是建设智能育秧中心。选择基础设施较好、技术服务能力强的育秧中心，进行设施设备改造与提升。通过建造浸种池，改进机插秧播种流水线给水装置，加装叠盘机，配装自动上料装备，配备运送托盘的叉车，实现温湿度智能化控制等，建成一批智能育秧中心。三是合理布局育秧基地。按照"1 个育秧中心＋N 个育秧点"的技术模式，在供秧辐射范围内，合理布局"1 个育秧中心"，建设"N 个育秧点"。抓好种粮大户、农民合作社和社会化服务组织等新型育供秧主体的培育，搞好技术指导，提升育供秧能力和服务水平。

加强协作攻关　突破技术瓶颈
油菜绿色增产模式攻关取得阶段性成效

（增产模式攻关专刊第 6 期）

长江中下游是我国油菜的重要产区。近年来，按照农业部分区域开展增产模式攻关的部署和要求，湖北省农业厅会同湖南、江西、江苏、四川等省农业部门加强协作、联合攻关，傅廷栋院士和官春云院士等专家团队全程参与、精心指导，在油菜品种选育、机械作业、模式创新等方面取得了积极进展。

（一）"早熟三高"品种选育取得新突破

长江中下游稻稻油三熟制地区，选育生育期短、产量高、品质好的油菜品种是增产模式攻关的着力点。华中农业大学与武汉联农种业科技有限责任公司合作，选育出早熟优质油菜品种圣光 127，2014 年通过湖北省审定。该品种为半冬性甘蓝型杂交油菜，符合双低标准，含油量 45.8%，为中下部分枝类型，抗倒性较强。生育期 205 天，比普通油菜品种短 40 天左右，区域试验亩产可达 200 千克，适于稻稻油三熟制地区种植。此外，华早291、华早 420 等早熟组合在湖北、湖南等地表现较好，有望通过审定。

（二）机栽机收关键环节取得新成果

解决油菜机栽机收率低的问题，是减轻劳动强度、提高种植效益的关键。专家研发的油菜毯状育苗机械移栽技术，不仅秧苗盘根成毯、密度高、矮健，符合机械移栽的要求，而且实现了取苗、携带、脱苗、入土、栽插、覆土、浇水一体化作业，移栽效率高，每天可栽 30～40 亩，是人工移栽的 60 倍。通过对联合收割机进行技术改进，将油菜收获损失率控制在 8%，作业效率每小时可达 5 亩。

（三）高产高效模式示范取得新进展

湖北省集成组装了油—稻—稻、油菜—中稻—再生稻、绿肥油菜—双季稻高产栽培等绿色增产技术模式。江西省开展了稻油区机械开沟免耕直播机收、稻油区机械精量播种收获、稻稻油区机械开沟直播机收、棉地套播（套栽）机收、旱地翻耕直播机收等不同技术模式示范。江苏省开展的稻油周年增产技术模式，不仅实现了两季创高产，而且种地养地相结合，取得了良好的经济和生态效益。

（四）合作联动工作机制取得新成效

各地积极探索农科教大联合、大协作的工作机制，合力推进绿色增产模式攻关。湖北省采取专家带团队、课题带经费的办法，农业部门与专家联合开展万亩油菜全程机械化生产示范，并举办机械直播大比武活动，有力推进农机农艺融合。同时，长江中下游五省开展省际联合攻关，在品种选育改良、栽培模式创新、配套机械研发等方面，加强技术交流，组织现场观摩，加快成果转化，实现了人才、信息、技术等资源共享和优势互补，推动油菜绿色增产模式攻关上层次、上水平。

转方式调结构　挖潜能提效益
广安市大力推进绿色增产模式攻关

（增产模式攻关专刊第 7 期）

广安市是四川重要的粮油作物主产区和特色经济作物优势产区。2014 年以来，该市坚持粮食生产与现代农业发展相结合，以"提高土地产出率、劳动生产率、投入品利用率"为目标，大力推进丘陵地区粮食生产绿色增产模式攻关，初步形成了以"改土培肥、粮经复合、生态循环、规模发展"为特征的产业发展型绿色增产新模式。

（一）改土培肥，夯实增产基础

以"田成方、渠成网，能排能灌、能水能旱"为重点，大力实施改田工程，达到旱涝保收高产稳产要求；以"抗旱有池、浇灌有坑，沉沙有凼、排灌有沟，泥不下山、水不乱流"为重点，大力实施改土工程，使昔日的"三跑土"变成"三保土"；以"田块工作道与田间机耕道相接，田间小交通与市域大交通相连"为重点，大力实施路网工程，为全程机械化作业提供便利；以培肥地力为重点，对耕作层翻起较大的田土，按照每亩 500 千克农家肥、100 千克复合肥予以培肥，确保地力不下降、当年不减产。2014 年，全市完成土地调形 11.2 万亩，实现"小田变大田、薄土变厚土、瘦土变肥土"，耕地综合生产能力大大提高，为粮食绿色增产奠定了坚实基础。

（二）粮经复合，提升种植效益

结合本地资源条件及种植习惯，大力实施"千斤粮万元钱"工程，全面优化筛选种植模式，提高复种指数，增加种植收益。稻田主要推广稻—菇、稻—菜—菜、稻—芋—芋等种植模式，其中稻—菇模式在水稻收割后，利用稻草腐熟发酵培育营养料，播种羊肚菇、大球盖菇，亩产值可达 3 万元以上。旱地主要推广芋—玉—豆—菜、玉—豆—菜—菜—芋、糯玉—辣椒等种植模式，实现一年三熟至五熟，土地利用率明显提高。经验收，2014 年粮经复合型产业基地粮食亩产量超 610 千克，蔬菜、蘑菇等高效作物均衡发展，"千斤粮万元钱"工程区亩均产值达到 9 800 元以上。

（三）生态循环，突出绿色增长

以提高水肥药利用率、减轻环境压力为切入点，重点抓好塑料管道输水、微喷灌和水肥一体化，组装配套生物防治、物理防治等病虫害绿色防控技术，定时、定地、定量实施测土配方施肥，开展秸秆还田、食用菌生产废料还田，提升土壤有机质含量。2014 年，全市测土配方施肥面积 560 万亩、土壤有机质提升面积 210 万亩，分别占农作物种植面积的 66%、25%。同时，依托优质粮油产业基地，大力发展"种＋养＋加""生态养殖＋沼气＋绿色种植"等循环经济模式，根据水环境容量和土地承载能力，将标准农田建设、养殖小区建设与粮经复合型产业基地建设融合配套、共同发展，其中粮经复合型产业基地与养殖业配套发展的结合率达到 90%以上。

（四）规模发展，实现整体推进

广安市立足资源优势和区位优势，大力实施"111"（一个产业大环线、一个产业单元、一条产业连接线）工程，已建成粮油"五大带状基地"、柑橘"八大产业带"、蔬菜"五大菜区"，现代粮油基地达到 60 万亩、柑橘基地 60 万亩、蔬菜基地 60 万亩，建成各类规模畜禽养殖场（小区）5 100 多个、渔业基地 380 个。目前，全市粮食优良品种覆盖率达 91%，无公害、绿色、有机粮食生产面积占粮食总面积的 80%以上，主要粮食作物机械化水平达到 55%。未来 10 年，广安市将把绿色增产模式作为促进现代农业提质增效的重要举措，加强顶层设计、注重高点定位，将粮食生产能力提升与现代农业产业壮大同步谋划、同步推进，力争在转方式调结构上迈出新步伐、挖潜能提效益上取得新成效，带动现代农业发展加速提档升级。

创新毯状育苗移栽技术　实现油菜生产节本增效

（增产模式攻关专刊第 8 期）

传统油菜人工育苗移栽不仅费工费时，而且不利于机械化生产，已成为制约我国油菜生产发展的瓶颈。扬州农业大学和农业部南京农机化研究所联合研发的油菜毯状苗机械移栽技术，较好解决了人工育苗移栽劳动强度大、效率低等问题，有效缓解了三熟制地区季节紧张的矛盾，是油菜机械化生产技术的重大创新。

油菜毯状苗机械移栽技术重点抓好两个环节：一是集中育苗。选择水泥场地、育苗工厂、农田等浇水方便的地段作为育苗场所；利用水稻育苗硬盘进行育苗，播前用专用基质或营养土装盘，每亩大田 20~25 盘；每盘均匀播撒 800~1 000 粒经烯效唑处理的种子，播后用细土盖籽 1~2 毫米；播前浇足底水，出苗前保持湿润，出苗后根据情况及时浇水，以不发生萎蔫为宜；1 叶 1 心期每盘追施尿素 1~2 克。二是机械移栽。充分利用冬前有效生长期，在水稻收获后抢时整地、机械移栽；将水稻高速插秧机改装成油菜移栽机，每小时可移栽 5~8 亩；由于毯状苗移栽时只有 3~4 叶，比常规移栽的菜苗小，利用机械快速栽插的优势增加基本苗数，每亩移栽密度 6 000~8 000 穴，每穴 2~3 苗，每亩栽足1.5 万~2 万基本苗，实现以密补小。

从近几年试验示范和攻关的效果看，油菜毯状苗机械化移栽技术具有节本增效、绿色环保等优势，推广应用前景广阔。一是提高作业效率。单台乘坐式作业机具一天可以完成油菜移栽面积 30~40 亩，是人工育苗移栽的 100 倍。二是降低作业强度。一次作业可以完成油菜移栽、覆土镇压、窨水等多道工序，与传统的人工育苗移栽相比，作业环节明显减少，作业强度明显降低。三是高效利用机具。目前油菜移栽机具是在乘坐式水稻插秧机基础上改装而成，通过调换相关零部件，即可实现水稻机插、油菜移栽的功能转换，充分发挥原有插秧机的使用价值，减少机械闲置，提高综合利用率。四是促进联合收获。移栽过程中，通过调节栽插株距，能够有效增加种植密度，减少分枝数，提高油菜籽成熟期一致性，将分段机收变为一次性机收，实现机械化联合收获。五是实现节本增效。与传统人工育苗移栽相比，油菜毯状苗机械移栽产量相当，但每亩减少用工 3 个左右，节省秧田 0.15 亩，节省肥料 15～25 千克，总节本 200～250 元；与同期机械直播相比，亩产高 50 千克，扣除育秧及移栽成本，亩增效 100 元以上。

创新花生玉米宽幅间作　实现稳粮增油提质增效

（增产模式攻关专刊第 9 期）

自 2010 年起，山东省农科院组织开展粮油均衡增产模式研究，创新"花生玉米宽幅间作高效生态种植模式"，通过全省不同生态区大面积试验示范，在品种筛选、种植模式、农机配套、节肥节药等方面取得了积极进展，探索出稳定粮食产量、增收一季油料、促进粮油均衡增产的有效途径，也为解决黄淮海地区小麦—玉米单一种植易造成土壤板结、地力下降等问题提供了有益探索。

该模式主要有三项关键技术创新：一是资源利用高效。筛选出紧凑耐密型、单株产量高、中熟玉米品种，与高产、中熟、大果、耐阴花生品种进行间作。采取两行玉米、四垄花生间作或三行玉米、四垄花生间作，通过压缩玉米株行距进行条带种植，每亩玉米种植密度由纯作的 4 000～4 500 株调至 3 600～4 000 株，腾出宽带间作花生 6 000～8 000 穴，既充分利用了土地资源，又发挥了作物边际效应，实现了稳粮增油。二是全程机械作业。自主研发出玉米、花生同期播种，可调节株行距的播种一体机和花生联合收获机，从种到收全程机械化作业，农事操作效率显著提高，实现了农机农艺相结合。三是施肥方式便捷。根据玉米、花生不同需肥规律，研发出玉米花生间作专用肥配方，获得国家发明专利。采取速效肥与缓释肥配合施用，基肥与种肥结合一次性施入，减少了施肥次数，提高了肥效。

从各地试验示范情况看，该模式实现了粮油兼丰，取得了良好的经济和环境效益。实现油料产量和效益"双增"。在临邑县富民家庭农场，土地利用率提高 10％以上，氮素吸收量提高 16％～21％。每亩收获夏玉米 500～550 千克，增收花生 120～180 千克，花生秸秆 120～180 千克，周年亩种植效益提高 30％以上，达到"稳粮、增油、兼饲"的综合效果。实现农药和化肥使用量"双降"。花生玉米间作，增加了田间的生物多样性，利用作物间的竞争与互补关系，使玉米花生病虫害明显减少，农药施用量减少 10％以上。充分发挥花生固氮的特性，替代部分氮肥投入，下茬小麦每亩氮肥可减施 10％以上。

据山东省农科院反映，该模式已在全省不同生态区试验示范 5 年，为更大面积推广应用积累了经验，若在省内一半玉米面积上推广应用，一年可推广 2 000 多万亩，在玉米产量基本稳定的情况下，增产花生 300 万吨左右（相当于全省花生产量翻一番），增加优质饲料 300 万吨左右，减少化肥施用 20 多万吨、农药用量 1 万多吨，节本增效 100 多亿元。

下一步，山东省农科院将进一步加大科研力度，加强模式配套品种、种植标准化与机械化、花生粕替代豆粕等核心技术攻关，与周边省份农技推广部门和生产经营组织紧密合作，扩大应用范围和示范规模，促进粮油作物协调发展，为转方式调结构提供重要的技术支撑。

创新发展思路 把握绿色内涵
积极推进粮食生产发展方式转变

（增产模式攻关专刊第 10 期）

2015 年，山东省德州市齐河县牢牢把握新常态下农业发展的机遇，以生态协调可持续发展为目标，大力实施农业机械现代化、农田水利现代化、农业科技现代化和农业绿色工程的"三化一绿"发展战略，积极筹措资金，整合项目投入，集中力量建设，全面提高生产装备、基础设施和科技支撑水平，推进粮食生产绿色化进程，促进粮食生产发展方式转变。

（一）围绕生产装备水平提升，全力推进农业机械现代化

充分发挥县财政补贴和上级补贴资金的杠杆作用，优先发展大马力、高性能、复式作业机械。加快常规机械更新换代，新增投资 1.5 亿元购置新型农机具，促进农机装备整体升级。积极培育新型农机服务组织，组织跨区机耕机收作业，提高农机利用效率和经营收益。目前，全县农机保有量 5.1 万台套，总动力 226 万千瓦，农作物耕、种、收综合机械化率达 97% 以上。

（二）围绕基础设施条件改善，全面推进农田水利现代化

通过开展水网和农田排灌网络建设，大力发展以管道输水工程为主的高标准节水灌溉工程，建立网格化、系统化灌排体系，全县 126 万亩耕地有效灌溉面积达 70% 以上，30 万亩粮田用上了"田间自来水"，做到了智能取水、节水灌溉。规划建设 7 座平原水库，解决黄河来水与灌溉季节用水时空不匹配的问题。同时，每年安排 500 万元专项资金，建设水利信息化综合体系，提高智能化、信息化服务水平。

（三）围绕农业科技含量提高，全面推进农业科技现代化

加快推进乡镇（街道）农业公共服务机构建设，建立县、乡、村农业科技试验示范网络。实施农业科技提升工程，加大新品种、新技术引进，小麦、玉米良种覆盖率达 100%，小麦生产"八统一"和玉米生产"六配套"技术到位率达 100%。全力打造"两院三站"科技平台（与省农科院合作建设小麦科学研究院、与隆平高科合作建设玉米科学研究院，建立玉米院士工作站、小麦院士工作站和食用菌生物技术院士工作站），形成了"专家＋农业技术人员＋科技示范户＋辐射带动户"的农业科技成果转化应用快速通道。

（四）围绕农业发展方式转变，全面实施农业绿色工程

每年安排资金 500 万～1 000 万元，用于深耕深松、统一植保等关键技术、关键环节补助。通过实施耕地质量保护与提升工程，大力推广农作物秸秆还田、深耕深松、增施有机肥和测土配方施肥技术，秸秆还田率达 90％以上。以社会化服务组织为载体，大力推广绿色植保技术，推进病虫害统防统治，用药量减少 20％以上，防治效果提高 10％以上。积极推进农业标准化生产，建立 80 万亩绿色食品原料（小麦、玉米）标准化生产基地，制定质量安全生产和社会化服务两大标准县市规范，全力打造以高产、高质为特征的"华夏第一麦"品牌。

创新机制谋发展　转变方式提效益
安定大力开展马铃薯绿色增产模式攻关

（增产模式攻关专刊第 11 期）

2015 年以来，甘肃省定西市安定区紧紧围绕"稳粮增收调结构，提质增效转方式"的工作主线，依托西北地区马铃薯绿色增产模式攻关的平台，积极推进新型主体广泛参与、农机农艺深度融合、资源要素高效利用、生产生态相互协调的生产模式。2015 年，全区马铃薯绿色增产模式攻关面积 17.3 万亩，建设 10 个万亩示范片和 8 个千亩攻关田，通过典型带动、示范推广，努力探索农业可持续发展的新路子。

（一）树立绿色理念，实现资源高效利用

集成推广轮作倒茬、良种应用、种薯处理、起垄覆膜、节水技术、配方施肥、病虫害防治、机械化应用、科学贮藏等 9 大技术。以鲁家沟镇为代表，实施喷灌节水技术，提高水分利用效率；以香泉镇为代表，实施膜下滴灌技术，带动节水灌溉在马铃薯生产中的运用。因地制宜推广黑色全膜双垄垄侧栽培、单垄双行栽培，不断减少化肥和农药使用量，提高废旧农膜回收利用率，实现绿色可持续增产。

（二）坚持统筹布局，带动区域平衡发展

根据旱作区和灌溉区的不同生产条件，以重点乡（镇）、种薯企业、家庭农场和专业合作社为骨干，分类开展重大技术集成和重点模式攻关。优化品种布局，重点发展淀粉加工型、全粉加工型主食品种，兼顾鲜食菜用型品种。旱作区主攻抗旱脱毒种薯培育，满足异地供种需求，开展鲜薯销售和淀粉加工；灌溉区主要发展高端品种，满足国际国内不同用途需求。

（三）推行集约生产，促进农业提质增效

推进良田、良种、良法、良机、良制"五良"结合，推广整地、施肥、起垄、覆膜、播种、防病虫、收获"七位一体"的新型机械化作业技术，不断提高马铃薯生产的标准

化、集约化水平。将轮作倒茬纳入基地建设技术体系，通过马铃薯、玉米及其他作物合理轮作，减轻病虫为害，确保种薯质量。同时，对 120 个马铃薯新品种（系）开展淀粉加工型、全粉加工型等筛选研究，选择适宜当地种植的高产、优质马铃薯专用品种，实现就地转化，加工增值。

（四）注重机制创新，发展适度规模种植

加快构建产学研、农科教协同攻关新机制，大力推行"技术统一、物资统供、病害统防"的新型技术服务方式，通过扶持种植大户、农民合作社、社会化服务组织，发展适度规模种植，提高生产的组织化程度。创新"企业＋基地＋农户"的产业化经营模式，将市场、企业与基地有效衔接，实行订单化生产。2015 年，全区 5 家种薯企业和 12 户农民合作社，共流转土地种植马铃薯 1.84 万亩，比 2014 年增长 44.3％。

完善技术模式　提升种植效益
西南地区推进粮油周年可持续发展

（增产模式攻关专刊第 12 期）

近年来，随着西南地区农村劳动力加快输出，机械化生产快速发展和种植结构加速调整，传统旱地一年三熟三作等多熟制逐渐向两熟净作发展。亟须在种植结构、技术体系、配套机械等方面进行升级完善。由四川省农科院联合相关科研院校、农技推广部门和企业，研究提出油菜—玉米、小麦—玉米两熟机械化生产、玉米趁墒机播垄作、油菜高密度机械种植等技术模式，为该地区旱地粮油作物发展提供了技术支撑。

（一）油菜—玉米、小麦—玉米两熟机械化生产技术模式

该模式适合西南丘陵区、部分高山高原区推广应用。选用耐密、抗倒、适宜机播机收的优良品种，根据地形和田块大小研发配套机械设备。一般坡度 5°以上或面积小于 5 亩的地块，采用微耕机或手扶拖拉机为动力的小型播种、收获设备；坡度 5°以下或面积大于 5 亩的地块，采用 35 马力及以上拖拉机为动力的中型或大型播种、收获设备。根据近 5 年在四川简阳的跟踪监测试验，小麦—玉米两熟机械化模式平均亩产 813.4 千克，比小麦—玉米—大豆间套三熟模式增产 10.4％。油菜—玉米、小麦—玉米亩均纯收益分别达 725.4 元和 575.9 元，较小麦—玉米—甘薯模式增收 45％以上，比小麦—玉米—大豆模式增收 20％以上。

（二）旱地夏玉米趁墒机播垄作技术模式

该模式以"耐密中熟高产品种＋趁墒机播＋培土垄作＋适雨施肥＋病虫害综合防治"为核心。通过改制、改种、改播、改密、改收，具有明显的节本增效效果。据试验结果分析，每亩机播用时 0.5～0.6 小时，是人工播种效率的 12 倍以上，减少劳动力成本 200元；每亩机械施肥 30～35 千克，精量播种 1.8～2.4 千克，比人工用量分别节省 3～6 千

克和0.6～0.8千克，节省成本15～26元。玉米平均亩产500千克以上，亩均纯收益约350元。

（三）旱地油菜高密度机械化生产技术模式

该模式以"耐密中偏早熟优质高产品种＋精细整地＋高密度机播＋水肥耦合＋病虫害综合防治＋适时晚收"为核心。形成了改人工育苗移栽为机械高密度直播、改小群体栽培为大群体栽培、改人工早收为机械晚收的"三改"高效轻简技术路线，每亩减少2～3次除草和育苗移栽用工，扣除增施的化肥成本，节约成本200元左右。同时具有明显的增产效果，连续3年的集中示范结果显示，旱地油菜平均亩产比原有生产方式提高6.7%，最高产量达到242千克，经济收益提高10%以上。

加强科技创新　推进联合攻关
重庆马铃薯绿色增产模式攻关初见成效

（增产模式攻关专刊第13期）

针对当前生产中的薄弱环节和技术瓶颈，重庆市农业部门坚持增产的理念、效益的理念、绿色的理念，集中力量，集聚资源，积极开展马铃薯绿色增产模式攻关。通过加强与国内外科研院所合作，强化科技支撑，筛选了一批先进适用的农业机械，集成配套了一批绿色高产的技术模式，研发建立了一套准确及时的晚疫病预警系统，取得了良好的增产增收效果。

（一）注重科技支撑，加强合作攻关

与云南省农业科学院等多家科研单位联合开展高产高效技术、马铃薯晚疫病监测防控技术研究，与国际马铃薯中心、外专局、比利时埃诺省农业技术应用研究中心等专业机构合作，成功开发了马铃薯晚疫病预警系统。巫溪县聘请薯类专家对全县马铃薯增产模式攻关进行全程指导和技术服务，并开展相关技术试验示范，形成了适合西南山区的薯玉套作高产栽培技术模式和高垄双行覆膜机播机收高效技术模式。2015年薯玉套作"一推三改"技术示范区，平均亩产1 669.8千克，其中核心攻关区平均亩产2 283.4千克。

（二）坚持机艺融合，实现节本增效

以经济适用、生产高效为目标，因地制宜分析丘陵山区地块及产量特征，开展作业效率测试，不断筛选机型，配套技术模式，提高农业综合机械化率。通过在巫溪县、万州区等地的试验和示范，初步完成了高垄双行覆膜机播机收全程机械化机械选型，确定以黄海金马304等型号拖拉机为动力，1GQ-150旋耕机、2MB-1/2播种机、3WZ-25机动喷雾器、1JH-110型插秧机、4U-83收获机为作业机械。实现每亩生产成本下降451.4元，每亩收入增加333.4元。

（三）立足绿色防控，强化监测预警

加强监测预警系统建设，在巫溪县建立了 28 个马铃薯晚疫病预警系统，覆盖面积超过 20 万亩；预报准确率稳定在 96％以上。在巫溪县马铃薯增产模式攻关示范区组建植保专业机防队 14 个，实施统防统治面积 3 万亩、10 万亩次，占防治面积的 33％，带动全县防治面积达到 13 万亩、40 万亩次，占发生面积的 52％。统防区亩均挽回产量损失 674.4 千克，总计挽回损失 2 023.2 万元；攻关示范区减少用药 1 次，节本 126.1 万元。

（四）强化组织保障，推进措施落实

市、区两级农业行政主管部门分别成立了粮食增产模式攻关实施协调指导组。巫溪县与各乡镇签订了目标责任书，严格考核奖罚分明，构建县局（委）、乡镇主要领导包村，驻村干部、村干部包社，社长包户的行政组织指挥体系，确保各项措施落实。同时，成立了市、区两级专家团队，主要负责对攻关工作进行宏观技术指导及疑难问题攻关。巫溪县建立 55 人专家团队，实行首席专家负责制和分片包干责任制，每位专家负责指导一个社和一个种粮大户，在关键季节到田巡回指导。多次开展技术培训，把关键生产技术培训到驻村干部、村干部、社长和农机手，确保技术落实到位。

创新单粒精播技术　促进花生提质增效

（增产模式攻关专刊第 14 期）

花生是我国重要的油料作物，对稳定食用植物油自给率作用重大。为有效解决花生生产用种量大、产量潜力挖掘不足等问题，山东省农科院在连续多年科研攻关的基础上，研究建立了以充分发挥单株潜力、构建合理群体结构为核心的花生单粒精播技术，改变了"只有一穴双粒创高产"的传统认识。2015 年，对平度市古岘镇春花生攻关田实打验收，亩产达到 782.6 千克，打破了 30 余年的全国花生高产纪录。

与传统双粒播种技术相比，花生单粒精播主要有四项关键技术创新：一是播种双粒改单粒。将传统花生播种的垄距由 90 厘米减小到 80～85 厘米，穴距由 16 厘米减小到 11 厘米左右，每穴由 2 粒改为 1 粒，每亩播种 15 000 穴左右，比双粒播种增加 5 000～6 000 穴，花生封垄时间提前 7～10 天，有效增加了光合面积和叶面积系数。二是精准平衡施肥。根据单粒精播花生生长发育特点，在增施有机肥的基础上，改部分速效肥为缓释肥。依据土壤钙胁迫程度，每亩基施 30～80 千克钙肥，另加施钙、锌、钼、硼等微量元素，合理搭配养分，促进植株发育。三是及时化控防徒长。遇连阴雨、光照不足天气时，单粒精播花生易发生郁蔽与徒长现象。当花生封垄主茎高度达 30 厘米左右、有旺长趋势时，"多次少量"喷施生长调节剂，实现控旺促壮。四是防病延衰晚收获。从花生始花期开始，提早喷施杀菌剂，预防花生叶斑病的发生和危害，饱果期喷施叶面肥防止脱肥早衰，争取适期晚收夺高产。

近几年，山东省农科院在山东平度、莒南、招远、宁阳、冠县等多地进行花生单粒精播技术试验示范，取得了良好的示范效果，节本增效显著。单粒精播比双粒播种每亩减少4 000株左右，亩用种量减少20%左右，较好地协调了个体和群体发育。亩总果数达到39万个，比双粒播种多出3万个，亩均增产5%左右。应用前景广阔。近三年，花生单粒精播技术在山东省累计种植面积超过650万亩。2011—2015年连续5年被列为山东省农业主推技术，2015年被列为农业部主推技术，并颁布为国家农业行业标准。今后，山东省农科院将进一步加大科研力度，加强模式配套品种、种植标准化与机械化等核心技术攻关，与周边省份农技推广部门和生产经营组织紧密合作，扩大应用范围和示范规模，带动大面积提质增效。

"藏粮于技"江西开创新举措 "北粳南移"绿色增产效益高

（增产模式攻关专刊第15期）

按照农业部的部署和要求，2015年以来江西省农业厅加快转变农业发展方式，以绿色增产为引领，以科技创新为支撑，加大水稻"籼改粳"科技攻关力度，增产增收效果显著。经专家实收测产，2015年鄱阳县饶丰镇红土山百亩"籼改粳"核心示范区平均亩产达到922.5千克，亩均增收300多元，为在全省大面积示范推广"北粳南移"打下了良好基础。

自引进北方粳稻种植以来，江西省已持续7年开展"籼改粳"科技攻关和示范推广，探索调整优化种植结构的新路径。一是明确发展思路。经过3年的初试表明，在江西种植粳稻，具有耐寒抗倒、耐肥抗衰、出米率高等优势。2012年初，省农业厅邀请中国工程院、全国农技推广中心等单位专家就江西发展粳稻进行论证，确定了粳稻发展的总体思路。二是争取资金支持。在农业部、省财政的支持下，累计投入资金1 000多万元，支持开展"籼改粳"技术攻关、试验示范和大户种植技术推广。三是开展多点试验。分纬度开展生产比较试验，年筛选不同类型粳稻品种（系）400余个，开展"密肥水保"等栽培技术试验，创新提出了"早籼超级稻＋晚粳"和"一季中粳＋冬作"两套周年高产高效种植模式。四是加快示范推广。以种粮大户等新型经营主体为重点，大力推广粳稻种植技术。据统计，2015年全省粳稻百亩以上种植大户115户，其中500亩以上15户，千亩以上8户，并在全省30多个县（市、区）建设粳稻示范点60多个。五是技术服务到位。依托12316平台，在种植关键环节开展短信服务，指导农户生产。在粳稻生长关键期，组织技术骨干深入示范点和田间地头进行现场巡回指导。依托新型职业农民培训等平台，大力开展技术骨干和种植大户专题培训。

目前，江西省粳稻种植面积已达40多万亩。据省农业部门测算，全省中晚稻播种面积近3 000万亩，如改种粳稻1 000万亩，每年将新增粮食产量5亿千克以上。可以讲，因地制宜推进"籼改粳"，已成为稳粮增收提质增效的新途径，践行"藏粮于技"战略的新举措，为南方地区粮食品种结构调整探索了新路子。

协同攻关推进技术集成　周年生产实现增产增效

（增产模式攻关专刊第 16 期）

按照农业部提出的"一控两减三基本"目标要求，2015 年中国农科院在山东省德州市开展小麦—玉米周年绿色增产增效技术模式研究与示范，通过创新组织管理，推进技术集成，开展协同攻关，不仅完成了亩产"吨半粮"的目标，而且做到了节工节肥节药降损。据实收测产，10 万亩核心示范区周年平均亩产 1 517.5 千克，比全县平均亩产高31.3%，每亩增收 1 260.6 元，实现了绿色增产增效。

（一）坚持科研院所联动，攻关机制不断创新

中国农科院成立了主管院领导任组长的领导小组，负责指导项目实施，评估项目效果。联合山东省农科院、德州市农科院签署了小麦—玉米科技创新联盟协作组协议，确定攻关目标，细化实施方案，推进措施落实，并成立院地合作办公室，选派优秀科技人员常驻德州，加强院地沟通协调。各联盟成员单位组成多个研究团队，开展大联合、大协作、大攻关，做到每 1 项核心技术都有 2 个以上的技术支撑单位，全程跟踪服务，及时研究解决生产中的困难和问题。

（二）坚持良种良法配套，粮食产量大幅提高

综合考虑小麦和玉米不同品种对光、温、气的需求，上下茬水、肥、药的合理利用，以及配套栽培措施、机械设备等因素，制定了小麦玉米周年生产技术集成方案。小麦集成深松免耕宽幅精播、农机农艺配套、科学精准施肥、绿色防控等技术，实现 10 万亩示范区亩产 657.2 千克。玉米实施"抢时＋测土配方＋增施有机肥＋深松免耕＋多层施肥＋等行密植播种"六融合，顺行盖顶喷施"金得乐"降低株高和穗位，适时晚收提高千粒重，实现 10 万亩示范区亩产 860.3 千克。

（三）坚持农机农艺融合，种植效益显著提升

通过集成绿色高效技术模式，从播种、大田除草、病虫害防控到收获，实现了种、管、收各环节的全程机械化。以玉米为例，传统生产条件下每亩人工成本 640 元（8 个工），而应用绿色高效技术模式，玉米全生育期仅需 4 次机械作业，每亩作业成本节约140 元。据测算，小麦和玉米两季作物平均用工量比传统生产模式减少 8～10 个，节省成本 640～800 元，加上产量提高，周年增收 1 000 元以上。

（四）坚持绿色防控并举，药肥施用明显减少

应用赤眼蜂控制玉米螟、食蚜蝇控制鳞翅目害虫、诱虫灯诱杀玉米害虫等技术，科学进行生物防治和物理防治，有效控制病虫害发生，全生育期减少农药使用 1～2 次，用量减少 25%。采用玉米养分专家系统、配方施肥和使用新型高效缓释肥料，有效提高化肥

利用率，生产同等数量的粮食，降低化肥施用量10％以上。通过减少化肥、农药使用量，减轻了农业面源污染，探索产出高效、产品安全、资源节约、环境友好的现代农业发展之路。

第三篇　高产创建及模式攻关活动纪实

有关文件

农业部关于大力开展粮食绿色增产模式攻关的意见

农农发〔2015〕1号

各省、自治区、直辖市农业（农牧、农村经济）厅（委、局），新疆生产建设兵团农业局，黑龙江省农垦总局：

为全面贯彻落实中央农村工作会议和中央1号文件精神，努力在粮食生产能力上挖掘新潜力、在转变农业发展方式上寻求新突破，农业部决定组织开展粮食绿色增产模式攻关，创新思路、集中力量、攻克难点，集成推广高产高效、资源节约、环境友好的技术模式，促进生产与生态协调发展，探索有中国特色的粮食可持续发展之路，切实保障国家粮食安全。现就开展粮食绿色增产模式攻关提出如下意见。

一、充分认识开展粮食绿色增产模式攻关的重要性和紧迫性

粮食产量"十一连增"，为稳定经济社会发展大局发挥了重要作用。但应看到，粮食连年增产，各种资源要素绷得很紧、环境承载压力不断增大，促进粮食和农业可持续发展是现实而紧迫的任务。在这样的背景下，组织开展粮食绿色增产模式攻关十分必要。

（一）开展粮食绿色增产模式攻关，是实施新形势下国家粮食安全战略的必然选择

党中央提出构建新形势下国家粮食安全战略，核心要义是端牢中国人的饭碗、饭碗里主要装中国粮。从国内看，工业化城镇化快速推进，经济的发展和城镇人口的增加，助推消费结构升级，粮食需求仍呈刚性增长的趋势。从国际看，粮食贸易量有限，国际环境复杂多变，我国大国效应明显，必须立足国内解决13多亿人的吃饭问题。通过开展粮食绿色增产模式攻关，依靠科技创新，挖掘生产潜力，国家粮食安全才有可靠的保障。

（二）开展粮食绿色增产模式攻关，是促进农业可持续发展的迫切要求

粮食需求量"超大"，人均资源占有量"超小"，这是国情农情的显著特点。粮食连年增产，资源过度消耗，生态环境受损，农业发展面临生态环境束缚和资源制约两道"紧箍咒"，使得拼资源、拼投入品、拼生态环境的传统发展方式难以为继，必须走资源节约、生态友好的农业可持续发展之路。通过开展粮食绿色增产模式攻关，集约节约利用资源，推广清洁环保技术，实现生产持续发展与生态环境保护协同推进。

（三）开展粮食绿色增产模式攻关，是增强农业竞争力的重要途径

近几年，国家出台一系列强农惠农富农政策，促进了粮食稳定增产和农民持续增收，但粮食效益偏低的问题仍然突出。更应看到，粮食生产面临价格和补贴政策的"天花板"，还面临生产成本上升的"地板"。"两板"挤压，使粮食生产效益提升空间收窄，农业的竞争力减弱。通过开展粮食绿色增产模式攻关，推广高产高效的技术模式，实现增产增效、节本增效、提质增效，不断提升农业竞争力。

二、开展粮食绿色增产模式攻关的思路原则和目标任务

（一）总体思路

深入贯彻习近平总书记系列重要讲话精神，全面贯彻落实党的十八大和三中、四中全会及中央农村工作会议精神，落实新形势下国家粮食安全战略要求，以转变农业发展方式为主线，以农业科技创新为驱动，以增加粮食有效供给为目标，牢固树立增产理念、效益理念、绿色理念，坚持生产生态并重的需求导向、行政科研推广联动的协作导向、循序渐进的梯次导向，推进资源要素高效利用、农机农艺深度融合、生产生态相互协调，促进粮食生产持续稳定发展。

（二）基本原则

努力做到"五个结合"：坚持粮食增产与资源节约相结合。既要攻关技术瓶颈、集成推广高产高效技术，又要推进节水、节肥、节药。坚持农机与农艺相结合。实现农艺的农机化和农机的农艺化，真正把栽培技术物化与机械技术融合为一体。坚持试点先行与面上推进相结合。既要针对技术瓶颈开展科技攻关，率先在点上试验示范，又要对关键技术进行组装配套，形成可复制、可持续的高产高效技术模式。坚持集成创新与机制创新相结合。增产模式攻关是在高产创建平台上打造的升级版，要把集成创新与机制创新协同推进，创新服务方式，提升科技生产水平和社会化组织程度。坚持高产更高产与低产变中产、中产变高产相结合。加强中低产田改造，配套推广高产高效技术，实现均衡增产。

（三）目标任务

努力实现"三个提高"，提高土地产出率，力争到2020年粮食单产平均每年提高1个百分点；提高劳动生产率，力争到2020年重点粮食作物耕种收综合机械化率提高10个百分点；提高投入品利用率，力争到2020年化肥、农药利用率提高到40%以上，农田废旧地膜回收率达到80%以上。努力实现"两个零增长"，力争到2020年，实现粮食和农业生产的化肥、农药使用量零增长。

三、开展粮食绿色增产模式攻关的技术路径

开展粮食绿色增产模式攻关，要在"三推"（推广高产高效多抗新品种、推广规模化标准化机械化的栽培技术、推进耕地质量建设）和"三控"（控肥、控药、控水）上下工夫，实现科技水平和可持续发展能力的提升。

适应可持续发展的需要，要把"绿色"的内涵和要求贯穿于增产模式攻关全过程。突出"五个优先"：一是良种良法配套优先。根据不同区域、不同作物和生产需求，科学确定育种目标。重点选育高产优质、多抗广适、熟期适宜、宜于机械化的新品种。同时，集

成配套相应的栽培技术，发挥良种的增产潜力。二是农机农艺融合优先。以三大谷物为重点，以全程机械化为目标，加快开发多功能、智能化、经济型农业装备设施，重点在深松整地、秸秆还田、化肥深施、机播机插、现代高效植保、机械收获等环节取得突破，实现农机农艺深度融合。三是安全投入品优先。重点是推广优质商品有机肥、高效缓释肥料、生物肥、水溶性肥料等新型肥料，减少和替代传统化学肥料，研发推广高效低毒低残留、环境相容性好的农药。四是物理技术优先。重点是采取种子磁化、声波助长、电子杀虫等系列新型物理技术，减少化肥、农药的施用量，提高农作物抗病能力，实现高产、优质、高效和环境友好。五是信息技术优先。利用遥感技术、地理信息系统、全球定位系统，以及农业物联网技术，建立完善苗情监测系统、墒情监测系统、病虫害监测系统，指导平衡施肥、精准施药、定量灌溉、激光整地、车载土壤养分快速检测等，实现智能化、精准化农业生产过程管理。

四、开展粮食绿色增产模式攻关的重点任务

从 2015 年开始，重点开展"十二大行动"。

（一）耕地质量保护与提升行动

实施区域是新建成的高标准农田、耕地污染重点区域、占补平衡补充耕地等。力争到 2020 年，耕地基础地力提高 0.5 个等级，土壤有机质含量提高 0.2 个百分点以上，畜禽粪便等有机肥养分还田率达到 60%、提高 10 个百分点，农作物秸秆直接还田率达到 60%、提高 25 个百分点，绿肥面积稳定恢复发展。重点是有机肥积造利用，实施土壤深松深耕，改良盐渍化、酸化等障碍性土壤，治理侵蚀土壤等。

（二）东北地区水稻节水灌溉推进行动

实施区域是东北四省（区）的 8 000 万亩优质粳稻产区。力争到 2020 年，自流灌溉面积达到 50%以上、提高 20 个百分点，灌溉水利用率提高 10 个百分点，新基质育秧面积 1 000 万亩以上、节约育秧成本 20%，亩产提高 50 千克。重点是加快渠首工程建设，完善农田水利设施，减少井灌面积。推广高产优质、耐低温、抗稻瘟病的品种，推广智能催芽、基质育秧、钵育摆栽等技术，推广定量灌溉、间歇灌溉、浅湿干交替灌溉等节水技术。

（三）东北地区玉米生物防治推进行动

实施区域是东北四省（区）的玉米集中产区。力争到 2020 年，推广玉米病虫害生物防治 1 亿亩，农药使用量减少 10%以上，控制病虫害损失，改善农田生态环境。重点是推广秸秆粉碎还田，减少玉米螟越冬基数。设置早播诱虫田或诱虫带，消灭幼虫、成虫。大田释放赤眼蜂，防治玉米螟。推广白僵菌喷粉、喷雾封垛技术，控制玉米螟幼虫。

（四）华北西北地区小麦玉米节水灌溉推进行动

实施区域是北京、天津、河北、山西、陕西、内蒙古、新疆等省（自治区、直辖市）的 5 000 万亩小麦、玉米产区。力争到 2020 年，该区域小麦、玉米全生育期用水量减少 30%以上。重点是通过品种节水、设施节水、农艺节水、机制节水等措施，实现节水保粮的目标。

（五）黄淮海地区砂姜黑土改良提升行动

实施区域是黄淮南部和江淮北部（包括河南、安徽、江苏、山东四省）的 5 000 万亩砂姜黑土区。力争到 2020 年，该区域基础地力提高 1 个等级，化肥和灌溉水利用率提高 10 个百分点，粮食单产提高 15％以上。针对砂姜黑土"旱、涝、僵、瘦"等问题，重点采取工程和农艺措施。通过完善田间水利设施，解决易旱易涝问题；开展深松深耕、秸秆还田、掺沙土、掺粉煤灰、掺生物质炭和增施有机肥等措施改良土壤物理性状，提高土壤保水保肥能力；研究建立适应砂姜黑土特点的作物全程机械化栽培体系，提高土壤综合生产能力。

（六）黄淮海地区盐碱地低产变中高产提升行动

实施区域是淮河以北、燕山以南，东至海滨，西至太行、伏牛山麓的广大平原地区，重点是渤海湾和黄河三角洲地区，涉及山东、河北、天津、江苏、辽宁等省（直辖市）60多个县 5 000 万亩盐碱地。力争到 2020 年，将盐碱地 1 米厚土层内全盐含量控制在 0.4％以下，节水效率提高 20％以上，粮食亩产提高 100 千克。重点是选育推广耐盐品种，改善土壤团聚体结构，推广深耕深翻控盐、土壤蒸发抑制、秸秆粉碎覆盖抑盐、微咸水安全灌溉、抗盐生物和微生物抑制剂，以及明暗沟结合高效灌溉技术。

（七）江淮地区稻麦连作产能提升行动

实施区域是江淮南部地区（包括江苏、安徽、湖北三省）5 000 万亩稻麦连作区。力争到 2020 年，该区域 5 000 万亩水稻、小麦亩产各提高 30 千克。针对该区域渍害偏重、茬口偏紧等问题，重点是加强排灌设施建设，选育适期抗性品种，合理布局搭配品种，推广集中育秧、机播机插、稻麦周年均衡增产技术，推进种养结合、循环利用。

（八）南方地区水稻控药推进行动

实施区域是江西、湖南、湖北、安徽、江苏、浙江、广东、广西、福建、云南等省（自治区）2 亿亩水稻产区。力争到 2020 年，该区域水稻重大病虫害化学药剂使用量减少10％，病虫害损失控制在 5％以内。重点是推广抗病虫害品种，推行统防统治，优选生物农药，保育天敌昆虫，推行理化诱控等。

（九）西南地区粮食单产提升行动

实施区域是四川、云南、贵州、重庆等四省（市）的轮作和间套种区。力争到 2020年，小麦亩产提高 30 千克，水稻亩产提高 30 千克，玉米亩产提高 30 千克，马铃薯亩产提高 100 千克。重点是推广高产、耐密、中晚熟品种，推广地膜覆盖和间套种，推广小麦覆盖栽培、玉米地膜覆盖、水稻集中育秧、马铃薯种薯脱毒等技术，因地制宜扩大再生稻种植。

（十）西北地区废旧地膜回收推进行动

实施区域是陕西、甘肃、宁夏、山西、新疆、内蒙古等省（自治区）3 000 万亩旱作地膜玉米。力争到 2020 年，废旧地膜回收率达到 80％以上。重点是改薄膜为厚膜（0.006 毫米或 0.008 毫米膜改 0.01 毫米膜），耐候期达到 18 个月以上，推广一膜两年用技术，推广生物可降解膜、新型覆盖材料，实施机械覆膜，研发新型残膜回收技术和配套机械。

（十一）农牧交错区种养循环推进行动

实施区域是辽宁、吉林、黑龙江、内蒙古、河北、陕西、甘肃、青海等省（自治区）。力争到 2020 年，该区域农田土壤含水量提高 10%，减少扬尘 30%，农药用量减少 30%，化肥用量零增长，生物产量提高 10% 以上，粗蛋白含量提高 20%。重点是推广高产优质良种，推行粮草轮作培肥地力，加快收获机械研发，推广秸秆青贮、微贮技术。

（十二）马铃薯主食产品及产业开发行动

实施区域是西北、西南马铃薯优势产区及华北、长江中下游、华南等潜力产区。力争到 2020 年，马铃薯主食加工专用品种覆盖率达到 50%，马铃薯主食产品中全粉和淀粉占比达到 50%。重点是开展适宜加工主食的马铃薯品种及种植模式攻关，大力推广脱毒种薯，加快选育一批优质、高产、抗逆、综合性状优良、适宜加工主食的专用品种，集成配套以全程机械化为主的高产高效技术模式。完善主食产品加工工艺，加快研发适宜马铃薯主食产品开发的加工机械。加强舆论宣传，科学引导主食产品消费。

五、开展粮食绿色增产模式攻关的保障措施

开展好粮食绿色增产模式攻关，是一项战略性、长期性的重大工程，需要统筹安排，突出重点，集中力量，稳步推进。

（一）强化组织领导

各地要把开展粮食绿色增产模式攻关作为促进粮食生产稳定发展的重大举措，抓紧制定绿色增产模式攻关推进落实方案，建立健全协调指导机构，加强沟通协调，强化指导服务，主要领导亲自抓、负总责，协调各方力量，形成攻关合力。牵头省农业部门要勇于担当，主动协调本区域其他省和有关科研、推广机构共同开展攻关工作，确保任务到省、措施到县、责任到人。

（二）上下联动推进

将粮食绿色增产模式攻关的重点行动纳入农业部稳定粮食生产发展延伸绩效考核的内容，建立上下联动、多方协作的工作机制，强化责任、整合力量、加强督查。重点实施区域要建立协作机制，相互交流、共同促进。充分发挥教学科研机构和行业协会技术和信息优势，鼓励开展技术推广、政策宣传、技术培训、服务指导等工作。

（三）加大政策支持

新增千亿斤粮食生产能力建设、农业综合开发、现代农业发展资金等项目资金，要向重点行动实施区域倾斜；扶持粮食生产和重大技术补助财政项目资金，要优先支持开展重点行动；增加信贷、保险等扶持政策，撬动社会资金开展重点行动。各地要争取发改、财政等部门支持，加大资金投入，推进各项行动顺利开展。

（四）发挥专家作用

各地要根据粮食绿色增产模式攻关要求，充实专家指导组力量，组织育种、栽培、农机、植保、土肥、农药、生态保护等方面专家联合开展技术瓶颈和集成技术攻关。每个行动设立首席专家，加强协调，分工协作，充分发挥不同行业、不同学科的专家优势，科学指导粮食绿色增产模式攻关。

（五）强化宣传引导

制定粮食绿色增产模式攻关宣传方案，及时总结各地的好做法、好经验，充分利用电视、广播、报纸杂志、网站等媒体，开展主题突出、形式多样的宣传报道。在关键农时季节，组织开展现场观摩活动，充分发挥试点县市的辐射带动作用。各地要强化信息报送，每省确定 1 名信息联络员，做好对上报送和对外宣传工作，为绿色增产模式攻关营造良好氛围。

农业部办公厅　财政部办公厅关于组织实施好 2015 年财政支农相关项目的通知

农办财〔2015〕8 号

各有关省（自治区、直辖市）及计划单列市农业（农牧、畜牧兽医、渔业）厅（委、局、办）、财政厅（局），新疆生产建设兵团农业局、财务局，黑龙江省农垦总局、广东省农垦总局，部属有关单位：

目前，部分 2015 年财政支农项目专项资金已拨付到位。为确保有关项目的实施，切实提高资金使用效益，现将有关事项通知如下。

一、关于农民培训项目

2015 年，继续落实《农业部办公厅　财政部办公厅关于做好 2014 年农民培训工作的通知》（农办财〔2014〕66 号）要求，不断创新机制模式，推动培育工作规范化、制度化。深入实施新型职业农民培育工程，加快构建新型职业农民培训、认定、扶持体系，建立新型职业农民培育制度。大力推行农民田间学校模式，充分利用智慧农民云平台等信息化手段，培育壮大新型职业农民队伍。鼓励整省、整市、整县示范推进。加大现代青年农场主培训支持力度，遴选部分专业大户和返乡创业的大学生、农民工，重点培育和孵化，提高标准、创新方式，支持农村青年创业兴业。项目资金主要用于培训、认定管理、信息化手段和后续跟踪服务等全过程培育，引导社会力量参与培育工作，严禁以招标方式简单分派培训指标任务。

二、关于畜牧发展扶持项目

（一）畜牧良种补贴项目

2015 年，继续实施奶用能繁母牛良种补贴，对荷斯坦牛（含娟姗牛）、奶水牛、乳用西门塔尔牛、褐牛、牦牛、三河牛开展良种冻精补贴。探索奶牛胚胎补贴试点，试点工作操作程序另行通知。继续实施牦牛种公牛、能繁母猪、肉牛、羊良种补贴。具体项目任务详见附件。

（二）高产优质苜蓿示范建设项目

2015 年，在继续落实《农业部办公厅　财政部办公厅关于印发〈2014 年畜牧发展扶持资金实施指导意见〉的通知》（农办财〔2014〕60 号）的基础上，切实加强示范片区建设工作，逐级落实项目责任，严格按照标准评审筛选项目承担单位，明确项目责任人。做好项目总体规划、突出优势区域，合理规划布局。要指导项目承担单位在苜蓿高产优质、草畜配套、示范推广上下工夫，切实提高项目建设的质量和效果。

三、关于农业技术推广服务补助项目

（一）粮棉油糖高产创建项目

2015 年，在继续落实《农业部办公厅 财政部办公厅关于做好 2014 年农业高产创建工作的通知》（农办财〔2014〕51 号）的基础上，各地可根据实际情况对粮棉油糖高产创建的补助标准、不同作物间的示范片数量和承担试点任务的市县进行适当调整。补助资金主要用于物化投入、推广服务补助和增产模式攻关补助。要严格实行项目轮换制，对连续 3 年承担高产创建任务的示范片，要变更实施地点。鼓励开展不同层次的高产创建，探索在不同地力水平、不同生产条件、不同单产水平地块，同步开展高产创建和增产模式攻关，原则上中低产田高产创建示范片数量占总数的 1/3 左右。

（二）测土配方施肥补助项目

2015 年，在继续落实《农业部办公厅 财政部办公厅关于做好 2014 年测土配方施肥工作的通知》（农办财〔2014〕40 号）的基础上，因地制宜统筹安排取土化验、田间试验等基础工作，扩大经济园艺作物测土配方施肥实施范围。省级农业部门要加强监督检查和验收，探索政府购买服务的有效模式，强化农企对接，深化农化服务。积极研究配方肥应用到田的有效机制，选择有条件的地方，开展对种粮大户、家庭农场、农民合作社等新型经营主体使用按照农业部门发布配方生产的配方肥予以补贴的试点。

（三）基层农技推广体系改革与建设补助项目

2015 年，继续落实《农业部办公厅 财政部办公厅关于做好 2014 年基层农技推广体系改革与建设工作的通知》（农办财〔2014〕51 号）的相关规定，以加强人才队伍建设、改善信息化服务手段、充分调动工作积极性、全力支持规模经营组织发展为工作重点，全面提高农技推广服务效能。

（四）农产品产地初加工补助项目

2015 年，继续落实《农业部办公厅 财政部办公厅关于做好 2014 年农产品产地初加工实施工作的通知》（农办财〔2014〕30 号），在实施中坚持补助大户和农民专业合作社、农民自主建设、先审批后建设程序、两次公示制度和阳光规范操作等原则，确保项目落到实处，真正惠及广大农民。

四、关于农业资源及生态保护补助项目

（一）渔业资源保护与渔民转产项目

2015 年，继续落实《农业部办公厅 财政部办公厅关于做好 2014 年渔业资源保护与转产转业工作的通知》（农办财〔2014〕44 号）的基础上，应对不同市县承担的放流任务，包括放流水域、放流时间、放流物种、放流数量和规格等进行科学论证。经济物种的增殖苗种应当是本地种的原种或子一代，符合《农业部办公厅关于进一步加强水生生物经济物种增殖放流苗种管理的通知》（农办渔〔2014〕55 号）要求。濒危物种的增殖苗种可

以为本地种的子二代。严禁放流外来种、杂交种和转基因种，原则上不支持物种跨水系放流，确保水域生态安全。海洋牧场示范区原则上要求项目实施海域已连续开展相关工作三年以上。

（二）草原生态保护补助项目

2015年，在继续落实《农业部办公厅 财政部办公厅关于深入推进草原生态保护补助奖励机制政策落实工作的通知》（农办财〔2014〕42号）的基础上，不断完善草原载畜量标准和草畜平衡管理办法，健全禁牧管护和草畜平衡核查机制，加强对禁牧和草畜平衡工作的组织指导。加大政策宣传力度，引导广大牧民在自愿的基础上积极参加草原保护建设事业。

（三）耕地保护与质量提升补助项目

2015年，继续落实《农业部办公厅 财政部办公厅关于做好2014年耕地保护与质量提升工作的通知》（农办财〔2014〕68号）的相关规定，创新工作机制，探索通过建立耕地质量建设示范区等方式，因地制宜推广增施有机肥、种植绿肥、秸秆还田等轻简、高效、操作性强的耕地质量建设技术模式。在资金使用上坚持既可用于物化补助又可用于购买服务，在实施主体上注重扶持新型经营主体和社会化服务组织，在技术模式和实施方式上强调发挥地方自主性，确保项目取得实效。

各有关省（自治区、直辖市）及计划单列市农业（农牧、畜牧兽医、渔业）厅（委、局、办）、新疆生产建设兵团农业局（水产局）会同同级财政部门根据本通知精神，组织编制本地区2015年相关项目实施方案，于2015年3月31日前以联合文件形式报送农业部和财政部备案。

农业部办公厅关于做好2015年粮棉油糖高产创建工作的通知

农办农〔2015〕10号

各省、自治区、直辖市、计划单列市农业（农牧、农村经济）厅（委、局），新疆生产建设兵团农业局，黑龙江省农垦总局、广东省农垦总局：

按照《农业部办公厅 财政部办公厅关于组织实施好2015年财政支农相关项目的通知》（农办财〔2015〕8号）要求，为切实抓好粮棉油糖高产创建，充分发挥示范带动作用，促进大面积均衡增产，努力保持粮食和农业发展的好势头。现将有关事项通知如下。

一、细化实施方案，确保万亩示范片落实到位

要根据中央财政拨付本省的资金规模，明确创建任务，科学确定创建作物、实施区域、目标任务、操作程序和补助方式等内容。有序推进项目地点轮换，对高产创建的补助标准、不同作物间的示范片数量和承担试点任务的市县可作适当调整，原则上对连续三年承担高产创建任务的示范片要变更地点。根据不同地力水平、不同生产条件，因地制宜确定高产创建目标，中低产田高产创建示范片数量占总数的1/3左右、增产幅度比前三年平均提高10%以上，实现低产变中产、中产变高产、高产可持续。

二、明确工作责任，确保各项措施落实到位

高产创建能否发挥好效应，责任落实是关键。组织领导要落实到位，各级都要健全高产创建组织领导机构，加强协调指导，推进措施落实。创建标牌要落实到位，所有万亩示范片都要树立创建标牌，让农民知道创建的内容，自觉接受社会的监督。责任要落实到位，每个万亩示范片都应明确行政负责人和技术责任人，承担起创建的协调服务和技术指导责任。承担高产创建整市整县整乡推进试点任务的地方，要统筹协调，形成合力，协同推进高产创建，保障创建工作顺利开展。

三、加强指导服务，确保关键技术到户到田

要依托高产创建平台，率先落实防灾减灾稳产增产新技术，示范展示绿色增产模式攻关新成果。指导大田生产面对面，积极组织专家和农技人员分片包干，在关键农时季节，开展现场观摩、技术培训、巡回指导等活动，帮助解决生产中的实际问题，推进关键技术进村入户到田。服务新型主体点对点，要把培训种粮大户、家庭农场、农民合作社等新型农业经营主体作为提升高产创建水平的切入点，建立专家对口联系制度，开展生产技术、政策法规、市场信息、产品销售等全过程指导，增强新型经营主体发展能力，提升生产的组织化程度和集约化水平。

四、加强监督检查，确保资金使用安全

切实加强项目监督管理，保质保量完成高产创建任务。建立完善高产创建工作档案，及时将有关文件、方案、记录、测产结果和工作总结等归档立案，建立资金使用台账制度，做到有章可循、有据可查。严格资金使用范围，严禁截留挪用和超范围支出，高产创建资金主要用于物化投入、推广服务补助和增产模式攻关补助。鼓励在项目实施中引入审计，杜绝违规操作，消除风险隐患，确保资金和队伍"双安全"。鼓励各省开展地市或县市间异地交叉检查和量化打分，探索开展高产创建绩效考核新机制。今年我部将组织开展高产创建落实情况督导检查，检查结果作为明年资金安排的参考依据。

五、加强宣传引导，营造合力推进的良好氛围

既要抓好创建任务的落实，也要搞好创建工作的宣传。认真开展验收总结，按照农业部制定的测产验收办法，在夏收粮油、早稻、秋收作物成熟收获前，提前布置测产验收等常态化工作。利用高产创建综合信息服务平台，及时报送测产验收结果和工作总结。充分挖掘并大力宣传高产创建中涌现出的新型组织方式、新型技术模式，先进高产典型、先进人物事迹，营造良好的舆论氛围。

工作推进

6月　粮食增产模式攻关现场观摩交流会，江苏扬州，见彩图1。
11月　全国粮食作物高产创建现场观摩交流会，江苏徐州，见彩图2。

宣传报道

《农民日报》模式攻关专版
6月 绿色模式给"三夏"加把劲，见彩图3。

地方动态

大连市玉米高产创建示范片测产验收，见彩图4。
福建平潭县高产创建技术培训，见彩图5。
内蒙古喀喇沁旗旱地玉米增产模式攻关技术研讨会，见彩图6。
重庆水稻高产创建——工厂化集中育秧，见彩图7。

示范片风采

湖北省孝感市孝昌县水稻高产创建示范片，见彩图8。
吉林省长春市农安县玉米高产创建示范片，见彩图9。
青海省门源县浩门镇油菜高产创建示范片，见彩图10。
山东省德州市小麦高产创建示范片，见彩图11。
新疆博州博乐市棉花高产创建示范片，见彩图12。
云南省普洱市西盟佤族自治县米荞高产创建示范片，见彩图13。

第四篇　综合成效评比

高产创建状元榜

2015 年全国高产创建状元榜

单位：千克/亩

作物	最高产量	实施地点
小麦	720.0	河南省舞阳县姜店乡
玉米	1 195.1	内蒙古临河区双河镇
水稻	1 010.9	安徽省无为县陡沟镇双湾村
大豆	255.1	吉林省敦化市秋梨沟镇
马铃薯	4 972.8	山东省滕州市界河镇
油菜	340.0	青海省都兰县香日德镇
花生	544.51	山东省安丘市西古庙镇
棉花	178.0	新疆维吾尔自治区轮台县哈尔巴克乡

注：数据由各省提供。

2015 年各地小麦高产创建产量纪录

单位：千克/亩

地区	最高产量	实施地点
北京	630.7	房山区窦店镇窦店村二农场
天津	557.1	蓟县下窝头镇
河北	668.1	赵县韩村镇
山西	555.2	曲沃县北董乡、乐昌镇
内蒙古	521.8	海拉尔农牧场管理局特泥河农场
上海	641.6	上海农场种植一部千亩方
江苏	650.3	弶港农场第六生产区
浙江	397.6	长兴县林城镇
宁波	301.0	宁海县长街镇

（续）

地区	最高产量	实施地点
安徽	718.9	界首市田营镇
山东	680.4	平原县腰站镇
青岛	638.6	平度市蓼兰镇
河南	720.0	舞阳县姜店乡
湖北	558.5	襄州区程河镇
重庆	284.8	大足区智凤街道
四川	513.1	大邑县安仁镇
贵州	347.1	兴义市敬南镇
云南	495.3	鹤庆县金墩镇
西藏	552.0	扎囊县
陕西	586.9	陈仓区阳平镇
甘肃	609.6	民乐县三堡镇
青海	671.0	都兰县香日德镇
宁夏	554.0	贺兰县立岗镇兰星村、立岗村
新疆	549.8	疏附县乌帕尔镇
黑龙江农垦	405.5	建边农场第三管理区

注：数据由各省提供。

2015 年各地玉米高产创建产量纪录

单位：千克/亩

地区	最高产量	实施地点
北京	950.1	怀柔区长哨营镇七道河
天津	739.4	蓟县下窝头镇
河北	908.0	万全县安家堡乡
山西	872.2	天镇县南河堡乡
内蒙古	1 195.1	内蒙古临河区双河镇
辽宁	977.3	北票市哈尔脑乡
大连	872.8	普兰店市杨树房街道
吉林	988.5	东辽县甲山乡
江苏	946.0	丰县赵庄镇
安徽	849.9	宿州市埇桥区夹沟镇
山东	889.5	武城县武城镇
青岛	683.2	平度市蓼兰镇

（续）

地区	最高产量	实施地点
河南	852.9	淇县西岗镇
湖北	751.3	天门市中绿农机合作社沉湖基地
湖南	635.3	石门县蒙泉镇
广东	1 251.2*	惠城区汝湖镇
广西	670.4	凌云县泗城镇
重庆	664.7	酉阳土家族苗族自治县
四川	819.1	宣汉县峰城镇
贵州	714.4	平塘县通州镇
云南	816.7	昭阳区
陕西	990.0	靖边县
甘肃	1 057.7	凉州区清源镇
宁夏	1 089	宁夏农垦长山头农场
新疆	1 142.0	博乐市小营盘镇
黑龙江农垦	1 002.2	四方山农场第一管理区

* 广东数据为鲜食玉米单产。

注：数据由各省提供。

2015 年各地水稻高产创建产量纪录

单位：千克/亩

地区	最高产量	实施地点
天津	656.7	宝坻区八门城镇
河北	722.5	滦南县柏各庄镇
内蒙古	637.0	扎赉特旗好力保乡
辽宁	800.9	辽中县潘家堡镇
大连	805.3	普兰店市杨树房街道
吉林	820.5	梅河口市新合镇
上海	843.8	嘉定区外冈镇
江苏	855.5	兴化市钓鱼镇
浙江	750.0	三门县健跳镇/桐乡市崇福镇
宁波	625.0	宁海县越溪乡
安徽	1 010.9	无为县陡沟镇双湾村
福建	673.3	浦城县仙阳镇
江西	876.2	修水县上奉镇
山东	655.3	鱼台县王鲁镇

（续）

地区	最高产量	实施地点
河南	762.6	固始县分水镇
湖北	801.2	东宝区牌楼镇
湖南	691.3	靖州苗族侗族自治县新厂镇
广东	759.7	兴宁市新坡镇
广西	659.5	全州县
海南	528.0	临高县，海口市、文昌市、定安县等
重庆	707.1	大足区拾万镇
四川	746.0	汉源县九襄镇
贵州	798.9	兴义市万峰林街道
云南	976.3	勐海县
陕西	670.2	城固县
宁夏	760.9	贺兰县常信乡丁北村、丁义村
新疆	720.3	温宿县托乎拉乡
黑龙江农垦	764.1	建三江七星农场

注：数据由各省提供。

2015 年各地大豆高产创建产量纪录

单位：千克/亩

地区	最高产量	实施地点
山西	120.7	孝义市兑镇镇
内蒙古	187.1	扎赉特旗好力保乡
辽宁	236.2	阜蒙县富荣镇
大连	217.6	瓦房店市杨家乡
吉林	255.1	敦化市秋梨沟镇
江苏	229.1	高邮市三垛镇
浙江	136.6	杭州市萧山区河庄街道
安徽	241.3	华阳河农场
山东	227.2	嘉祥县梁宝寺镇
河南	248.2	汝南县三门闸街道
湖北	233.4	仙桃市郑场镇卢庙、马垸等村
湖南	224.3	常宁市洋泉镇
重庆	158.8	忠县新立镇
四川	167.6	阆中市河溪镇、彭城镇

（续）

地区	最高产量	实施地点
云南	142.2	马关县坡脚镇
陕西	146.6	子洲县
甘肃	248.7	泾川县党原乡
黑龙江农垦	239.7	八五二农场

注：数据由各省提供。

2015 年各地马铃薯高产创建产量纪录

单位：千克/亩

地区	最高产量	实施地点
河北	3 754.0	察北管理区沙沟镇
山西	3 660.0	阳高县
内蒙古	3 602.8	太仆寺旗
辽宁	3 993.9	绥中县高岭镇
吉林	3 339.4	长岭县三青山镇
浙江	3 098.0	金华市金东区傅村镇
福建	2 430.7	长乐市江田镇
山东	4 972.8	滕州市界河镇
青岛	3 246.0	平度市南村镇
河南	2 845.0	林州市五龙镇
湖北	3 651.5	襄州区张家集镇
湖南	2 396.0	冷水江市潘桥乡
广东	2 991.9	惠东县稔山镇
广西	2 462.2	桂平市蒙圩镇
重庆	2 234.0	彭水苗族土家族自治县
四川	3 204.5	万源市石塘乡
贵州	3 005.2	兴义市丰都街道
云南	3 077.0	江川县前卫镇
西藏	3 800.0	南木林县
陕西	2 948.3	定边县
甘肃	4 534.2	庄浪县通化乡
青海	3 322.0	平安县古城乡
宁夏	2 278	隆德县观庄乡田川村、好水乡后海村、沙塘镇马河村等
黑龙江农垦	4 260.0	尖山农场

注：数据由各省提供。

2015 年各地油菜高产创建产量纪录

单位：千克/亩

地区	最高产量	实施地点
内蒙古	218.4	海拉尔农场管理局莫拐农场
江苏	285.3	东台市弶港镇
浙江	225.8	桐庐县分水镇
安徽	237.2	巢湖市苏弯镇
福建	107.1	浦城县仙阳镇
江西	252.2	婺源县江湾镇
河南	228.7	商城县鄢岗镇
湖北	301.3	黄梅县分路镇
湖南	218.7	汉寿县罐头嘴镇
重庆	184.5	永川区三教镇
四川	218.2	罗江县鄢家镇
贵州	208.7	岑巩县思阳镇
云南	252.8	临翔区博尚镇
西藏	182.0	乃东县
陕西	228.8	汉滨区恒口镇
甘肃	281.9	民乐县永固镇
青海	340.0	青海省都兰县香日德镇
新疆	224.0	昭苏县

注：数据由各省提供。

2015 年各地花生高产创建产量纪录

单位：千克/亩

地区	最高产量	实施地点
河北	368.0	大名县埝头乡
辽宁	375.5	黑山县芳山镇
吉林	337.9	扶余县三井子镇
江苏	450.6	东海县李埝乡
安徽	463.0	固镇县仲兴乡
福建	268.0	新罗区大池镇、雁石镇
江西	386.6	大余县池江镇
山东	544.5	安丘市古庙镇

（续）

地区	最高产量	实施地点
青岛	457.1	黄岛区大村镇
河南	430.0	平桥区长台乡
湖北	431.1	襄州区双沟镇
湖南	405.5	桃源县盘塘镇
广东	337.4	南雄市雄州街道
海南	296.0	文昌市，定安县
重庆	164.1	万州区余家镇
四川	341.9	剑阁县元山镇
贵州	164.6	关岭布依族苗族自治县上关镇
陕西	321.2	绥德县

注：数据由各省提供。

2015 年各地棉花高产创建产量纪录

单位：千克/亩

地区	最高产量	实施地点
天津	102.7	宝坻区尔王庄镇
河北	112.8	成安县甘罗村等
山西	109.4	临猗县
江苏	120.2	东台市五烈镇
浙江	125.5	金华市婺城区罗埠镇
安徽	128.1	宿松县洲头乡
江西	131.9	德安镇丰林镇邹桥乡
山东	118.0	金乡县兴隆镇
河南	144.9	永城市太丘镇
湖北	139.6	黄梅县孔垄镇
湖南	158.2	衡阳县西渡镇
四川	100.6	大英县河边镇、象山镇
陕西	126.5	大荔县赵渡镇
甘肃	118.5	高台县罗城乡
新疆	178.0	轮台县哈尔巴克乡

注：数据由各省提供。

分作物产量比对

2015 年各地粮食作物高产创建单产情况

单位：千克/亩

地区	小麦	水稻	玉米	大豆	马铃薯*
北京	462.3		691.0	—	—
天津	483.4	647.2	698.5	—	—
河北	570.8	702.5	689.4	—	3 225.4
山西	449.2	—	674.8	120.7	2 183.1
内蒙古	381.8	609.7	737.9	146.9	2 766.9
辽宁	—	741.9	825.0	225.0	3 392.1
大连	—	805.3	825.2	217.6	—
吉林	—	703.6	773.6	192.7	3 005.8
上海	416.5	643.0	—	—	—
江苏	534.6	672.8	707.0	212.6	—
浙江	363.0	598.1	—	122.6	2 876.4
宁波	301.0	485.3	—	—	—
安徽	567.2	650.2	653.4	205.6	—
福建	—	541.8			2 265.2
江西	—	565.9	—	—	—
山东	602.7	620.7	644.9	215.7	3 290.0
青岛	579.2	—	630.0		3 163.3
河南	610.5	494.0	659.0	221.0	2 605.1
湖北	461.0	664.3	618.4	225.7	2 571.1
湖南	—	538.8	564.9	201.1	2 192.8
广东	—	563.4	1 181.2*	—	2 970.9
广西	—	522.8	597.6		2 156.6
海南	—	480.7	—	—	—
重庆	265.4	563.8	645.0	141.8	2 097.1
四川	365.9	635.4	609.3	140.8	2 165.0
贵州	324.7	669.1	639.0		2 087
云南	344.6	654.9	660.9	134.1	2 193.0
西藏	532	—	625		3 500
陕西	489	662.0	686.5	90.5	2 051.9

（续）

地区	小麦	水稻	玉米	大豆	马铃薯*
甘肃	480.9	—	771.2	212.1	3 033.1
青海	563.2	—	550.0	—	2 738.7
宁夏	507.8	681.9	842.7	—	1 439.8
新疆	495.0	699.4	847.0	—	—
黑龙江农垦	402.8	720.3	832.9	210.6	3 247.7

* 表示鲜重。

注：数据由各省提供。其中未体现数据由高产创建综合信息服务平台补充。

2015 年各地油料作物高产创建单产情况

单位：千克/亩

地区	油菜	花生
河北	—	312.4
内蒙古	144.4	—
辽宁	—	332.5
吉林	—	319.4
江苏	221.0	420.8
浙江	188.0	—
安徽	210.5	360.8
福建	104.7	221.0
江西	194.0	333.0
山东	—	393.2
青岛	—	386.1
河南	203.0	353.0
湖北	215.9	335.9
湖南	166.8	279.6
广东	—	299.7
海南	—	273.7
重庆	170.6	164.1
四川	202.0	308.3
贵州	175.0	164.6
云南	203.7	—
西藏	153	—

（续）

地区	油菜	花生
陕西	220.0	318.6
甘肃	221.5	—
青海	245.5	—
新疆	198.0	—

注：数据由各省提供。其中未体现数据由高产创建综合信息服务平台补充。

2015 年各地经济作物高产创建单产情况

单位：千克/亩

地区	棉花	糖料
天津	93.5	—
河北	101.2	3 294.0
山西	108.7	—
内蒙古	—	4 088.0
江苏	89.3	—
浙江	123.2	—
安徽	120.1	—
江西	124.3	—
山东	104.1	—
河南	106.0	—
湖北	124.0	—
湖南	124.0	—
广东	—	6 826.3
广西	—	7 000.0
海南	—	5 640
四川	90.03	—
云南	—	6 093.6
陕西	117.6	—
甘肃	118.5	—
新疆	152.8	5 699.4
广东农垦		6 292.0

注：数据由各省提供。其中未体现数据由高产创建综合信息服务平台补充。

附录一 不同作物高产创建测产验收办法

全国粮食高产创建测产验收办法（试行）

第一章 总 则

第一条 主要目的。为了规范粮食作物高产创建万亩示范点测产程序、测产方法和信息发布工作，推动高产创建活动健康发展，特制定本办法。

第二条 适用范围。本办法适用于全国水稻、小麦、玉米、马铃薯等粮食作物高产创建万亩示范点测产验收工作。

第二章 指导思想和工作原则

第三条 指导思想。按照科学规范、公开透明、客观公正、严格公平的要求，突出标准化和可操作性，遵循县级自测、省级复测、部级抽测的程序，统一标准，逐级把关，阳光操作，确保粮食高产创建万亩示范点测产验收顺利开展。

第四条 工作原则。全国粮食作物高产创建万亩示范点测产验收遵循以下原则：

（一）以省为主。县、省、部三级分时间、分层次进行测产，由省（自治区、直辖市）农业行政主管部门统一组织本地测产验收工作，并对测产结果负责。

（二）科学选点。县、省、部三级测产选择万亩示范点有代表性的区域、有代表性的地块和有代表性样点进行测产，确保选点科学有效。

（三）统一标准。实行理论测产和实收测产相结合，统一标准，规范运作。

第三章 测产程序

第五条 县级自测。水稻、小麦、玉米高产创建示范点在成熟前15～20天组织技术人员进行理论测产，马铃薯示范点在收获前15～20天进行产量预估，并将测产和预估结果及时上报省（自治区、直辖市）农业行政主管部门。同时报送万亩示范点基本情况，包括：（1）示范点所在乡（镇）、村、组、农户及村组分布简图；（2）高产创建示范点技术实施方案；（3）高产创建示范点工作总结。

部级高产创建示范点县在作物收获前，均要按照本办法对示范点产量进行实收测产，并保存测产资料备验。

第六条 省级复测。各省（自治区、直辖市）农业行政主管部门对高产创建示范点自测和预估的结果进行汇总、排序，组织专家对产量水平较高的示范点进行复测，并保存测产资料备验。同时，在示范点作物收获前10天推荐1～3个示范点申请部级抽测。

第七条 部级抽测。根据各地推荐，农业部组织专家采取实收测产的办法抽测省（自治区、直辖市）1～2 个示范点。

第八条　结果认定。农业部组织专家对各省（自治区、直辖市）高产创建示范点测产验收结果进行最终评估认定。

第九条　信息发布。各地粮食作物高产创建万亩示范点测产验收结果由农业部统一对外发布。

第四章　专家组成和测产步骤

第十条　专家组成

（一）专家条件。测产验收专家组由 7 名以上具有副高以上职称的从事相关作物科研、教学、推广的专家组成，专家成员实行回避制。

（二）责任分工。专家组设正副组长各一名，组长由农业部粮食作物专家指导组成员担任，测产验收实行组长负责制。

（三）工作要求。专家组坚持实事求是、客观公正、科学规范的原则，独立开展测产验收工作。

第十一条　测产步骤

（一）前期准备。专家组首先听取高产创建示范点县农业部门汇报高产创建、测产组织、自测结果等方面情况，然后查阅高产创建有关档案。

（二）制定方案。根据汇报情况和档案记载，专家组制定测产验收工作方案，确认取样方法、测产程序和人员分工。

（三）实地测产。根据专家组制定的测产验收工作方案，专家组进行实地测产验收，并计算结果。

（四）汇总评估。专家组对测产结果进行汇总，并进行评估认定。

（五）出具报告。测产结束后，专家组向农业部提交测产验收报告。

第五章　水稻测产方法

第十二条　理论测产

（一）取样方法。根据自然生态区（畈、片），选取区域内分布均匀、有代表性的 50 个田块进行理论测产。每块田对角线 3 点取样。移栽稻每点量取 21 行，测量行距；量取 21 株，测定株距，计算每亩穴数；顺序选取 20 穴计算穗数。直播和抛秧稻每点取 1 平方米以上调查有效穗数；取平均穗数左右的稻株 2～3 穴（不少于 50 穗）调查穗粒数、结实粒。千粒重以品种区试平均千粒重计算。

（二）计算公式。

$$亩产（千克）＝有效穗（万/亩）×穗粒数（粒）×结实率（\%）×$$
$$千粒重（克）×10^{-6}×85\%$$

第十三条　实收测产

（一）取样方法。根据自然生态区（畈、片）将万亩示范点划分为 5～10 个片，随机选择 3 个片，在每个片随机选取 3 块田进行实收测产，每块田实收 1 亩以上。收割前由专家组对收割机进行清仓检查；田间落粒不计算重量。

（二）田间实收。用机械收获后装袋并称重，计算总重量（单位：千克，用 W 表示）；专家组对实收面积进行测量（单位：平方米，用 S 表示）；随机抽取实收数量的 1/10 左右进行称重、去杂，测定杂质含量（单位：％，用 I 表示）；取去杂后的稻谷 1 千克测定水分和空瘪率，烘干到含水量 20％ 以下，剔出空瘪粒，测定空瘪率（单位：％，用 E 表示）；用谷物水分速测仪测定含水率，重复 10 次取平均值（单位：％，用 M 表示）。

（三）计算公式。

$$Y = (666.7 \div S) \times W \times (1-I) \times (1-E) \times [(1-M) \div (1-M_0)]$$

平均产量 $= \sum Y \div 9$；M_0 为标准干重含水率：籼稻 $= 13.5\%$，粳稻 $= 14.5\%$

第六章　小麦测产方法

第十四条　理论测产

（一）取样方法。将万亩示范点平均划分为 50 个单元，每个单元随机取 1 块田，每块田 3 点，每点取 1 平方米调查亩穗数，并从中随机取 20 个穗调查穗粒数。

（二）计算公式。

理论产量（千克/亩）＝每亩穗数×每穗粒数×千粒重（前 3 年平均值）×85％

第十五条　实收测产

（一）取样方法。在省级理论测产的单元中随机抽取 3 个单元，每个单元随机用联合收割机实收 3 亩以上连片田块，除去麦糠杂质后称重并计算产量。实收面积内不去除田间灌溉沟面积，但去除坟地、灌溉主渠道面积；收割前由专家组对联合收割机进行清仓检查；田间落粒不计算重量。

（二）测定含水率。用谷物水分测定仪测定籽粒含水率，10 次重复，取平均数。

（三）计算公式。

实收产量（千克/亩）＝每亩籽粒鲜重（千克）× [1－鲜籽粒含水量（％）] ÷
(1－13％)

第七章　玉米测产方法

第十六条　理论测产

（一）取样方法。根据地块的自然分布将万亩示范点划分为 10 个左右的自然片，每片随机取 3 个地块，每个地块随机取 3 个样点，每个样点量 10 个行距计算平均行距，在 10 行之中选取有代表性的 20 米双行，计数株数和穗数，并计算亩穗数；在每个测定样段内每隔 5 穗收取 1 个果穗，共计收获 20 穗作为样本测定穗粒数。

（二）产量计算。

理论产量（千克/亩）＝亩穗数×穗粒数×百粒重（被测品种前 3 年平均数）×85％

第十七条　实收测产

（一）取样方法。根据地块自然分布将万亩示范点划分为 10 片左右，每片随机取 3 个地块，每个地块在远离边际的位置取有代表性的样点 6 行，面积（S，单位：平方米）≥ 67 平方米。

（二）田间实收。每个样点收获全部果穗，计数果穗数目后，称取鲜果穗重 Y_1（千克），按平均穗重法取 20 个果穗作为标准样本测定鲜穗出籽率和含水率，并准确丈量收获样点实际面积。

（三）计算公式。

$$每亩鲜果穗重 Y（千克/亩）=（Y_1/S）\times 666.7$$
$$出籽率 L（\%）=X_2（样品鲜籽粒重）/X_1（样品鲜果穗重）$$

籽粒含水率 M（%）：用国家认定并经校正后的种子水分测定仪测定籽粒含水量，每点重复测定 10 次，求平均值（M）。样品留存，备查或等自然风干后再校正。

$$实测产量（千克/亩）=鲜穗重（千克/亩）\times 出籽率（\%）\times$$
$$[1-籽粒含水率（\%）] \div（1-14\%）$$

第八章　马铃薯测产方法

第十八条　实收测产

（一）取样方法。根据具体的自然环境和品种分布情况将万亩示范点平均分为 15 片，每片随机取样 2 个点，共取 30 个点。每个点取长方形小区，面积为行长×行距×行数，不小于 45 平方米，行数不少于 6 行。

（二）田间实收。将样点全部植株进行收获，并分商品薯和非商品薯分别称重。其中非商品薯指重量小于 50 克的小薯以及病薯、烂薯和绿皮薯等薯块。一般情况下，扣除收获薯块总重的 1.5% 作为杂质、含土量。若收获时薯块带土较多，每点收获时取样 5 千克，冲洗前后分别称重，计算杂质率。

（三）计算公式。

$$平均亩产量（千克）=（商品薯平均亩产量+非商品薯平均亩产量）\times$$
$$（1-杂质率）$$
$$商品薯亩产量=单个取样点商品薯重量（千克）\times 666.7（平方米）\times$$
$$（1-杂质含量）/该取样点面积$$
$$非商品薯亩产量=单个取样点非商品薯重量（千克）\times 666.7（平方米）\times$$
$$（1-杂质率）/取样点面积$$
$$万亩示范点商品薯平均亩产量=各取样点商品薯平均亩产量之和/30 个取样点$$
$$非商品薯平均亩产量=各取样点非商品薯平均亩产量之和/30 个取样点$$
$$薯块平均亩产量=商品薯平均亩产量+非商品薯平均亩产量$$

第九章　附　　则

第十九条　归口管理。本办法由农业部种植业管理司负责解释，自发布之日起试行。

全国油料高产创建测产验收办法（试行）

第一章 总 则

第一条 主要目的。为了规范油料作物高产创建示范点测产程序、测产方法和信息发布等工作，推动高产创建活动健康发展，特制定本办法。

第二条 适用范围。本办法适用于全国大豆、油菜、花生、芝麻、向日葵和胡麻等油料作物高产创建示范点测产验收工作。

第二章 指导思想和工作原则

第三条 指导思想。按照科学合理、公开透明、客观公正、严格公平的要求，突出规范化和可操作性，遵循县级自测、省级复测、部级抽测的程序，统一标准，逐级把关，规范操作，确保油料高产创建示范点测产验收顺利开展。

第四条 工作原则。全国油料作物高产创建示范点测产验收遵循以下原则：

（一）以省为主。县、省、部三级分时间、分层次进行测产，由省（自治区、直辖市）农业行政主管部门统一组织本地测产验收工作，并对测产结果负责。

（二）科学选点。县、省、部三级测产选择示范点有代表性的区域、地块和样点进行测产，确保选点科学有效。

（三）统一标准。实行理论测产和实收测产相结合，统一标准，规范运作。

第三章 测产程序

第五条 县级自测。高产创建示范点在油料作物成熟前 15～20 天开始组织技术人员进行理论测产，并将测产结果及时上报省（自治区、直辖市）农业行政主管部门，同时报送示范点基本情况，包括：（1）示范点所在乡（镇）、村、组、农户及村组分布简图；（2）高产创建示范点技术实施方案；（3）高产创建示范点工作总结。

部级高产创建示范点（县）均要按照本办法对示范作物进行测产验收，并保存测产资料备验。

第六条 省级复测。各省（自治区、直辖市）农业行政主管部门对高产创建示范点自测结果进行汇总、排序，组织专家对产量水平较高的示范点进行复测，并保存测产资料备验。同时，选择产量最高的 1～2 个示范点在收获前 10 天申请部级抽测。

第七条 部级抽测。根据各地申请，农业部组织有关专家进行现场测产。

第八条 结果认定。农业部组织专家对各省（自治区、直辖市）高产创建示范点测产验收结果进行最终评估认定。

第九条 信息发布。各地油料作物高产创建示范点测产验收结果由农业部统一对外发布。

第四章 专家组成和测产步骤

第十条 专家组成

（一）专家条件。测产验收专家组由 5～9 名具有副高以上职称的油料作物科研、教学、推广的专家组成，专家成员实行回避制。

（二）工作制度。测产验收实行专家组长负责制，部级抽测专家组组长由农业部油料作物专家指导组成员担任。

（三）工作要求。专家组坚持实事求是、客观公正、科学规范的原则，独立开展测产验收工作。

第十一条　测产步骤

（一）前期准备。专家组听取高产创建示范点农业部门汇报高产创建、测产组织、自测结果等方面情况，查阅高产创建有关档案。

（二）制定方案。根据汇报情况和档案记载，专家组制定测产验收具体工作方案，确认取样方法、测产程序和人员分工。

（三）实地测产。根据专家组制定的测产验收工作方案，专家组进行实地测产验收，并计算结果。

（四）汇总评估。专家组对测产结果进行汇总，并进行评估认定。

（五）出具报告。测产结束后，专家组向农业部提交测产验收报告。

第五章　大豆测产方法

第十二条　理论测产

（一）取样方法。根据品种、地力、作物长势将万亩示范田分成 5 个自然片，每片选取有代表性的 1～3 块地，每块地按对角线法，间隔一定距离取 3 个样点。每一测产点采取对角线 3～5 点取样法，每个样点离地头 5 米以上，随机选点。采取等行或宽窄行播种的，在样点中连续测量 11 行的距离，分别除以 10，计算出平均行距（米）。依据平均行距，计算临近 2 行的 2 平方米的行长与平方米株数，连续测定 10 株的株粒数，相加除以 10 计算出平均株粒数。

（二）产量计算。以该品种常年百粒重计算理论产量，90% 折后为测产产量。以 5 点的平均产量为该代表面积的平均产量。产量计算方法：

大豆测产产量（千克/亩）＝株数/亩×株粒数×百粒重（克）$\times 10^{-5} \times 0.9$

其中：株数/亩＝666.7 平方米/（平均行距×平均株距）

平均行距和平均株距指取样点的平均数。

第十三条　实收测产

（一）取样方法。根据地块自然分布将万亩示范点划分为 5 片左右，每片选取有代表性的 1～3 块地，每个地块面积不得小于 3 亩，所种品种必须具有代表性。然后在每个备选地块上选择 1 亩以上进行实收实脱，称重，用水分测定仪测定含水量。收割前由专家组对收割机进行清仓检查；田间落粒不计算重量。

（二）产量计算。

实收产量（千克/亩）＝每亩鲜重（千克）× [1－含水量（%）] ÷（1－13.5%）

注：13.5% 为标准含水量。

第六章　油菜测产方法

第十四条　理论测产

（一）取样方法。根据品种、地力、作物长势将万亩示范田分成 5 个自然片，每片选取有代表性的 1～3 块地，每个地块面积不得小于 3 亩，所种品种必须具有代表性。每块地按对角线法，间隔一定距离取 3～5 个样点。每个样点面积 9 平方米，计算亩株数。每点连续取 10～20 株，测定单株平均有效角果数（结实 5 粒以上）、角粒数（自接近平均角果数的植株中随机选取 50 个角果计算），千粒重按品种特性计算。

（二）产量计算。

$$理论产量（千克/亩）＝每亩株数×单株有效角果数×角粒数×$$
$$千粒重×测产系数×10^{-6}$$

第十五条　实收测产

在机械收获技术成熟的示范区，可以在适宜收获期进行机械实测实收。

（一）取样方法。根据地块自然分布将万亩示范点划分为 5 片左右，每片选取有代表性的 1～3 块地，每个地块面积不得小于 3 亩，所种品种必须具有代表性。然后在每个备选地块上选择 1 亩以上进行实收实脱，称重，用水分测定仪测定含水量。收割前由专家组对收割机进行清仓检查；田间落粒不计算重量。

（二）产量计算。

实收产量（千克/亩）＝每亩鲜重（千克）×［1－含水量（％）］÷（1－14％）

注：14％为标准含水量。

第七章　花生测产方法

第十六条　理论测产

（一）取样方法。根据品种、地力、作物长势将示范田分成 5 个自然片，每片选取有代表性的 1～3 块地，对每个田块采用 5 点随机取样法进行测产（每个点面积为 10 平方米）。计算每亩株数，每点连续取 10～20 株，测定单株平均果数、百果重按照品种特性确定。

（二）计算公式。

$$理论产量（千克/亩）＝每亩株数×果数×百果重×测产系数×10^{-3}$$

第十七条　实收测产

（一）取样测产。从 5 个自然片中分别挑选 1～2 块有代表性的地块，每个地块面积不得小于 3 亩，所种品种必须具有代表性。在每个备选地块上选择 1 亩以上进行刨墩、摘果、去杂、称重，用水分测定仪测定含水量。

（二）产量计算。

实收产量（千克/亩）＝每亩荚果鲜重（千克）×［1－含水量（％）］÷（1－10％）

注：10％为标准含水量。

第八章 向日葵测产验收方法

第十八条 理论测产

（一）取样方法。根据品种、地力、作物长势将万亩示范田分成 5 个自然片，每片选取有代表性的 1～3 块地，每块地按对角线法，间隔一定距离取 3 个样点。每个点量取 11 行，除以 10，计算平均行距，选其中 4 行，顺行量取 51 株，除以 50，计算平均株距（单位均取米），计算田间实有株数。在每个选定的取样点内选有代表性的 4 行，顺行每隔 10 株割取 1 个花盘，每行割取 5 个花盘，共计 20 个花盘。量取每点全部花盘直径，计算平均花盘直径，取出 3 盘直径接近平均花盘直径的花盘，分别手工脱粒、去杂。对每点 3 个花盘的结实籽粒进行计数，可得出单盘结实粒数。对各个点的单盘结实粒数进行平均，求出此地片的平均单盘结实粒数。千粒重可以根据本品种前两年的平均值或品种审定公布数值计算。

（二）计算公式。

理论产量（千克/亩）＝［亩实际株数×平均单盘结实粒数×千粒重（克）］×$0.85×10^{-6}$

其中：实际株数/亩＝666.7 平方米/（平均行距×平均株距）。

第十九条 实收测产

（一）取样测产。根据品种、地力、作物长势将万亩示范田分成 5 个自然片，每片选取有代表性的 3 块地，每块地选择有代表性的 1 个样点，面积 30 平方米左右，量取该样点实际面积，将全部主茎花盘收割。各取样点分别脱粒、清选、去杂、称重。采用水分测定仪测定含水量。

（二）产量计算。

实收产量（千克/亩）＝每亩鲜重（千克）×［1－含水量（%）］÷（1－12%）

注：12%为标准含水量。

第九章 芝麻测产方法

第二十条 理论测产

（一）取样方法。根据品种、地力、作物长势将示范田划分成 5 个自然片，在每个自然片中选择 1～3 块有代表性的地块，对每个地块采用 5 点随机取样法进行测产（每个点面积为 10 平方米）。调查 5 个测产点株数，在点内选取 10 个单株调查单株蒴数、每蒴粒数，千粒重按该品种区试结果的平均数计算。

（二）计算公式。

每个测产点的产量（千克）＝ 单株蒴数×每蒴粒数×千粒重×每点株数×10^{-6}

每个田块平均亩产（千克）＝ 每个田块内 5 个测产点产量平均值×66.7

平均亩产（千克）＝各个田块折合亩产的平均值

第十章 胡麻测产方法

第二十一条 理论测产

（一）取样方法。根据品种、地力、作物长势将示范田划分成 5 个自然片，在每个自然片中选择 1 块有代表性的地块，每个地块按 3 点取样方法取样，共 15 点。每点取 1 平方米调查亩株数，并从中随机取 20 株调查单株蒴果数，再随机选取 20 个蒴果，调查蒴果粒数。

（二）计算公式。

$$理论产量（千克/亩）＝每亩株数×每株蒴果数×每蒴果粒数×千粒重$$
$$（品种前 3 年平均数）×10^{-6}×0.85$$

第十一章 附 则

第二十二条 归口管理。全国油料高产创建测产验收工作由农业部种植业管理司负责，由全国农业技术推广服务中心具体组织实施。本办法自发布之日起试行。

全国棉花高产创建示范片测产验收办法（试行）

第一章 总 则

第一条 为了规范棉花高产创建万亩示范片测产程序、测产方法和信息发布工作，推动高产创建活动健康发展，特制定本办法。

第二条 本办法适用于全国棉花高产创建万亩示范片测产验收工作。

第二章 指导思想和工作原则

第三条 按照科学、规范、公开、公正、公平的要求，突出标准化和可操作性，遵循县级自测、省级复测、部级抽测的程序，统一标准，逐级把关，确保棉花高产创建万亩示范片测产验收顺利开展。

第四条 高产创建万亩示范片测产验收遵循以下原则：

（一）省级负责。省级农业行政主管部门统一组织测产验收工作，在县级自测基础上，省级复测并对测产结果负责。

（二）科学选点。选择万亩示范片内有代表性的地块和样点进行测产，确保选点科学有效。

（三）测产与实收相结合。以测产为主，实收做印证，统一标准，规范运作。

第三章 测产程序

第五条 高产创建示范片所在县根据本省方案要求进行自测，将测产验收结果及时上报省级农业行政主管部门。同时报送万亩示范片基本情况，包括：（1）示范片所在乡（镇）、村、组、农户及村组分布简图；（2）高产创建示范片技术实施方案；（3）高产创建示范片工作总结。

第六条 省级农业行政主管部门对县级自测结果进行复测，并保存测产资料备验。要求长江流域棉区 9 月 10～15 日、黄河流域棉区 9 月 10～15 日、西北内陆棉区 9 月 5～10

日完成复测。复测结束后 9 月 20 日前将结果报送农业部，同时推荐 1～3 个示范片申请部级抽测验收。

第七条 农业部组织专家对各省（自治区、直辖市）推荐的示范片进行抽测，并委托有关检测机构对其纤维品质进行检测。

第八条 农业部组织专家对各省（自治区、直辖市）高产创建示范片测产验收结果进行最终评估认定，并统一对外发布。

第四章　专家组成和测产步骤

第九条 部、省分别成立测产验收专家组。

（一）测产验收专家组由具有副高以上职称的棉花科研、教学、推广的专家组成。

（二）专家组设正副组长各一名，实行组长负责制。

（三）专家组要坚持实事求是、客观公正、科学规范的原则，独立开展测产验收工作。

第十条 测产步骤

（一）听取高产创建示范片县级农业部门汇报高产创建、测产组织、自测结果等方面情况，并查阅有关档案。

（二）制定工作方案，确定取样方法、工作程序和人员分工。

（三）进行实地测产验收，计算结果。

（四）汇总测产结果，进行评估认定，形成测产验收报告。

第五章　测产方法

第十一条 取样步骤和方法

（一）长江流域和黄河流域棉区，每个万亩示范片随机抽取 20 户的棉田作为样本田。每个样本田抽取 3～5 个样点，样本田面积大于 10 亩（含 10 亩）取 5 个样点，小于 10 亩取 3 个样点。县级自测时，应根据实际情况适当增加样本田数量。

（二）西北内陆棉区每个万亩示范片随机抽取 2 个行政村（连），每个行政村（连）随机抽取 5 块棉田作为样本田，样本田的面积应在 50 亩以上。每个样本田抽取 5 个样点，每个样点面积为 6.67 平方米。

（三）3 点取样采用对角线法，5 点取样采用梅花形法。

第十二条 调查测定方法

（一）长江流域和黄河流域棉区

1. 行距测定：每个样点中取 11 行棉花测量行距，计算平均行距，记入表 1（表略）。

2. 株距测定：每个样点中随机选取 1 行的 21 株测量株距，计算平均株距，记入表 1（表略）。

3. 铃数调查：在株距测定的 21 株中选连续 10 株，调查成铃、幼铃、絮铃，计算成铃数，记入表 1（表略）。

4. 每户样本田选铃数调查中的 10 株棉花，测定株高、果枝数、果节数、果枝始节高度等，以平均数记入表 1（表略）。

5. 棉铃分类标准：直径大于 2 厘米的铃为成铃，直径小于 2 厘米的铃为幼铃，铃壳开裂 3 毫米以上的铃为絮铃，烂铃不计。

（二）西北内陆棉区

1. 行距测定：测定 4～6 个播幅（膜幅）棉花的宽度和行数，计算行距，行距＝总宽度/总行数。

2. 样点宽度和长度确定：取一个播幅（膜幅）作为样点宽度，根据公式行长＝6.67平方米/行距，计算测产样点长度，确定样点面积，记入表 1（表略）。

3. 株数和铃数调查：在上述"2"确定的样点中调查计数所有棉花株数和铃数，记入表 1（表略）。

4. 每个样本田选铃数调查中的 10 株棉花，测定株高、果枝数、果节数、果枝始节高度等，以平均数记入表 1（表略）。

5. 棉铃分类标准：直径大于 2 厘米的铃为成铃，直径小于 2 厘米的铃为幼铃，铃壳开裂 3 毫米以上的铃为絮铃，烂铃不计。

第十三条　产量计算方法

（一）铃重（克）。每块样本田随机收取吐絮铃 100 个，晾晒干后称重量，计算平均单铃重。铃重（克/铃）＝100 个絮铃籽棉干重（克）/100。记入表 1（表略）。

（二）衣分（％）。计量铃重的 100 个絮铃试轧后，计算平均衣分（以皮锯轧花机为准，锯齿轧花机衣分加 2 个百分点）。衣分（％）＝100 个絮铃皮棉重（克）/100 个絮铃籽棉干重（克）×100。记录表 1（表略）。

（三）产量计算。

1. 西北内陆棉区收获密度（株/亩）＝样点实测株数×100。

黄河流域和长江流域棉区收获密度（株/亩）＝667 平方米/［平均行距（米）×平均株距（米）］，其中，平均行距（米/行）＝11 行距离（米）/10，平均株距（米/株）＝21株距离（米）/20。

2. 平均单株成铃数（个/株）＝成铃数/株数，总成铃数＝成铃数＋絮铃数＋1/3 幼铃数。

3. 籽棉亩产量（千克/亩）＝收获密度（株/亩）×平均单株成铃数（个/株）×单铃重（克/铃）/1 000×校正系数（85％）。

4. 皮棉亩产量（千克/亩）＝籽棉产量（千克/亩）×衣分（％）。

测产结果记入表 1（表略）。

第十四条　从每个样本田（或每户）测试衣分的皮棉中，留取 50 克棉样，注明测试样点编号，供纤维品质检测用。

第六章　附　　则

第十五条　测产验收地块不能过早拾花，保证测产验收时测数、取样。

第十六条　测产验收后，被测产地块做好单独实收计量工作，并形成实收产量报告。

第十七条　本办法由农业部种植业管理司负责解释，自发布之日起试行。

全国糖料高产创建万亩示范片测产验收办法（试行）

为了规范全国糖料高产创建万亩示范片测产程序、测产方法和信息发布工作，推动高产创建活动健康发展，特制定本办法。

第一章　指导思想和要求

第一条　按照科学、规范、公开、透明、公正、公平的要求，突出标准化和可操作性，遵循县级自测、省级复测、部级抽测的程序，统一标准，逐级把关，阳光操作，确保糖料高产创建万亩示范片测产验收顺利开展。

第二条　高产创建万亩示范片测产验收遵循以下原则：

（一）科学公正。测产验收要求实事求是、客观公正、科学规范，要在万亩示范片内选择有代表性的样点进行测产，确保选点科学有效。

（二）统一标准。以测产、测糖为主，测产与实收相结合，统一程序和标准，规范运作。

第三条　省级行政主管部门统一组织本地测产验收工作，并对测产结果负责。

第二章　测产程序

第四条　高产创建示范片所在县根据本省方案要求进行自测，将测产结果及时上报省级农业行政主管部门。同时报送万亩示范点基本情况，包括：（1）示范片所在乡（镇）、村、组、农户及村组分布简图；（2）高产创建示范片技术实施方案；（3）高产创建示范片工作总结。

第五条　省级农业主管部门在以下时间内组织复测，并保存测产资料备验，于复测结束5日内将结果报送农业部，同时推荐1～3个示范片申请部级抽测验收。甘蔗主产省12月28日前完成复测，甜菜华北产区于9月30日前完成复测、东北产区于10月1日前完成复测、西北产区于10月5日前完成复测。

第六条　农业部组织专家对各省（自治区）推荐的示范片进行抽测。

第七条　农业部组织专家对各省（自治区）高产创建示范片测产验收结果进行最终评估认定，并统一对外发布。

第三章　专家组成和测产步骤

第八条　部、省分别成立测产验收专家组。

（一）测产验收专家组由具有副高以上职称的，从事相关糖料科研、教学、推广的专家组成。

（二）专家组设正副组长各一名，实行组长负责制。

（三）专家组要独立开展测产验收工作。

第九条　测产步骤

（一）听取高产创建示范片县级农业部门汇报高产创建、测产组织、自测结果等方面情况，查阅有关档案。

（二）制定工作方案，确认取样方法、工作程序和人员分工。

（三）进行实地测产验收，计算结果。

（四）汇总测产结果，进行评估认定，形成测产验收报告。

第四章　测产方法

第十条　甘蔗测产方法

（一）选取样本。每个万亩示范片随机抽取 20 户，每户的甘蔗田作为样本田，每个样本田抽取 3 或 5 个样点，样本田面积大于 10 亩（含 10 亩）取 5 个样点（梅花形法），小于 10 亩取 3 个样点（对角线法）。每个样点面积为 0.1 亩（66.67 平方米）。

（二）测亩有效茎。每个样点计数 0.1 亩甘蔗的总有效茎数，按以下公式计算出亩有效茎。

$$亩有效茎（条）＝［样点有效茎数/样点面积（平方米）］×666.7$$

（三）测单茎重。在样点内随机选 1 行顺序测量 20 株甘蔗的株高（厘米），计算平均株高；用游标卡尺量取蔗株茎中部节间茎径，计算平均茎径（厘米），按以下公式计算单茎重。

$$单茎重（千克）＝茎径^2×株高×0.785\ 4/1000$$

（四）测样点单产。按以下公式计算样点单产。

$$样点单产（吨/亩）＝单茎重（千克）×亩有效茎数（条/亩）/1000$$

（五）测糖分。从测单茎重的甘蔗中随机选取 10 株，在每株中部钻取蔗茎汁，采用手持锤度计观察锤度，计算平均锤度，按以下公式计算蔗糖分。

$$样点糖分（％）＝平均锤度×1.082\ 5－7.703$$

（六）按下列公式计算万亩示范片单产和糖分。

$$万亩示范片单产（吨/亩）＝\sum 样点单产/样点数$$

$$万亩示范片糖分（％）＝\sum 样点糖分/样点数$$

第十一条　甜菜测产方法

（一）选取样本。每个万亩示范片随机抽取 20 户（或其他生产单元），每户的甜菜田作为 1 个样本田，每个样本田抽取 3 或 5 个样点，样本田面积大于 10 亩（含 10 亩）取 5 个样点（梅花形法），小于 10 亩取 3 个样点（对角线法）。每个样点取 10 米长的连续 2 垄甜菜。

（二）测量样点面积。测量 10 米长 2 垄甜菜的样点面积（平方米）。

（三）测量亩有效株数。计数样点内 10 米长连续 2 垄甜菜的样点有效株数（株）。按以下公式计算样点的亩有效株数。

$$亩有效株数（株/亩）＝［样点有效株数（株）/样点面积（平方米）］×666.7$$

（四）测量产量。将样点的甜菜全部收获，按《国家甜菜修削标准》（GB 10496—89）进行修削，记录样点产量（千克）。按以下公式计算样点单产。

$$样点单产（千克/亩）＝［样点产量（千克）/样点有效株数（株）］×$$

亩有效株数（株/亩）

（五）测量糖分。每个样点选取大、中、小各 5 株，共计 15 株甜菜，榨取甜菜汁，采用手持锤度仪测定每棵甜菜根中的锤度，按以下公式计算含糖率。

$$含糖率（\%）= \sum 锤度值/15 \times 0.85$$

（六）计算万亩示范片单产和糖分。

$$万亩示范片单产（吨/亩）= \sum 样点单产（千克/亩）/样点数/1000$$

$$万亩示范片糖分（\%）= \sum 样点糖分（\%）/样点数$$

第十二条 测产同时调查相关资料。

第五章 附 则

第十三条 测产验收后，被测产地块做好单独实收计量工作，并形成实收产量报告。

第十四条 本办法由农业部种植业管理司负责解释，自发布之日起试行。

全国粮食高产创建整县整乡整建制推进
单位面积产量调查方案（试行）

依照对粮食高产创建整县整乡整建制推进测产验收的"科学规范、公开透明、严格程序、逐级把关"的原则要求，为客观反映整建制推进地区单位面积产量的实际水平，特制定本方案。

一、调查范围和对象

（一）高产创建县范围内全部测产目标作物；

（二）高产创建乡（镇）范围内全部测产目标作物。

二、调查内容

测产目标作物的单位面积产量。具体的目标作物以各整建制推进地区高产创建作物为准，包括稻谷、小麦、玉米等。

三、调查方法

采取抽样调查的方法，以各整建制推进地区为总体，采用测产目标作物播种面积自加权的设计，分阶段抽取等量等面积的测产样本，对样本进行实割实测，以此为依据推算各总体的目标作物的单位面积产量。具体步骤如下：

（一）建立抽样框

以全国第二次农业普查资料为基础，以普查小区（村民小组）为初级抽样单元，建立各调查范围的初级抽样框。对抽样框资料进行核实，对耕地面积为空，隶属关系发生变化的单元进行删除或修订。

（二）抽选村民小组

1. 整县推进的样本抽选

采取二次抽样方法，抽选测产村民小组样本，步骤如下：

（1）以初级抽样单元（普查小区）的耕地面积为规模度量，在调查范围内根据目标作物播种面积抽样误差控制指标（相对标准误 5%）确定样本量，抽选普查小区。

（2）将抽选好的普查小区样本落实到村民小组，并进行耕地面积核实。

（3）按测产目标作物抽选样本。收集目标作物的当季播种面积和预产情况，以收集好的目标作物预产排队，扩展播种面积累计，按 1/3 的抽样比，采取随机起点，等距抽样，从第（2）步中已经确定的村民小组样本中抽选出目标作物的单位面积产量调查村民小组样本。将抽选结果进行相对误差检验，相对误差系数要求控制在 2%。如果不能获得预产信息，则要适当增加样本量，按村民小组地址码排队，多于 1/3 的样本量抽取。

2. 整乡（镇）推进的样本抽选

采取直接抽选测产村民小组样本的方法。具体步骤为：收集目标作物各村民小组当季播种面积和预产情况，按 10 个村民小组的初始样本量，以目标作物预产结果排队（如果没有预产信息，则按地址码排队），目标作物播种面积累计，随机起点，等距抽样，直接抽选测产村民小组样本。实际抽选时，应根据平均单产抽样误差控制指标（相对标准误 2%），对初始样本量进行微调，最终确定的样本量要符合误差控制要求。

（三）抽选第二阶段调查单元样本（自然地块）

在样本村民小组内，对目标作物的种植自然地块踏田估产，按估产顺序排队，自然地块播种面积累计，按 3 个地块的样本量，随机起点，等距抽样，抽选出自然地块样本。

（四）放置实测样本

在自然地块样本中，按照"直线法""梅花法""标杆法"等方法，随机或半距起点，按 5 个等面积（10 平方市尺*）的样本量，放置实测样本，实测样本可以是矩形、圆形或地垄。

（五）实施调查和推算

按照实割实测的规范要求，对实测样本进行操作，获得样本单位面积产量数据，并据此对调查范围的目标作物单位面积产量进行推算。

1. 调查员或辅调员直接进入样本地块，在收获季节对小样本内的当季调查目标作物进行收割、晾晒、烘干、脱粒，测定含水率和杂质率，根据水杂率国家标准，转换成标准水杂率，计算公式如下：

$$标准水杂率 = \frac{1 - 化验的含水率杂质率}{1 - 国家标准率} \times 100\%$$

2. 在收割的地块中用测量框随机放置一定数量的样本，计算收割时平均每亩的割、拉、打损失量；同时，对运输和脱粒过程中的损失量进行估计；上述损失量的综合，就是平均每亩的扣损量。

按照下列公式，得出当季该作物的实测亩产：

$$实测作物地片亩产 = \frac{地块样本作物毛重}{小样本个数} \times \frac{6000}{小样本面积（亩）} \times 标准水杂率 - \frac{平均每亩}{扣损量}$$

---

* 市尺为非法定计量单位，1 市尺≈33.3 厘米。

3. 由于调查范围内的目标作物样本是采取自加权方法取得的，因此可以采用简单平均方法推算调查范围内目标作物的单位面积产量：

$$创建地区平均亩产 = \frac{创建地区样本地块标准亩产之和}{创建地区样本地块数}$$

4. 调查表式参照国家统计局制定的《农林牧渔业统计调查制度（2010 年统计年报和 2011 年定期报表)》的 A203 表。

四、调查组织

为了确保测产工作的规范、准确、公正，由农业部和国家统计局组成联合领导小组，各省农业行政主管部门（农业厅、局）会同国家统计局各调查总队组成工作领导小组，调查范围所在的地（市）由农业行政主管部门（农业局、所）牵头，国家统计局地（市）和县调查队参与，组成调查工作小组。在调查工作小组的技术指导、监督和帮助下，统一组织和聘请调查人员，进行指定范围、指定作物的测产工作。

为了确保调查质量，还要组成检查工作组，进行巡回督导和检查，对一些关注度比较高的地区进行重点检查。

五、时间安排

（一）每年 5 月中旬前，完成第一阶段样本抽选等前期准备工作。

（二）每年 5 月下旬，召开工作布置和培训会，下发调查方案、实施细则、调查用有关表格。

（三）每年 6 月底，完成夏收粮食的测产工作。

（四）每年 11 月底，完成秋收粮食的测产工作。

附录二 2015年高产创建任务落实表

省份	落实数	水稻				小麦			玉米	大豆	马铃薯	特色粮豆	特色油料	油菜	花生	棉花	糖料
		小计	早稻	中稻	晚稻	小计	冬小麦	春小麦									
北京	15					5	5		10								
天津	36	4		4		12	8	4	12							8	
河北	695	14		14		260	260		329		10	7			15	58	2
山西	245					79	79		137	3	12	9	1	9		4	
内蒙古	415	9		9		33		33	271	19	49	12	5				8
辽宁	565	268		268					270	4	6	3			14		
大连	15	1		1					13	1							
吉林	625	206		206		3	3		383	20	4	4			8		
上海	16	13		13													
江苏	555	396		396		75	75		39	7				13	7	18	
浙江	105	85	14	58	13	3	3			2	2			8		5	
宁波	12	11	3	5	3	1	1										
安徽	705	303	40	223	40	197	197		91	27		1	1	50	10	25	
福建	150	136	23	88	25						6			2	6		
江西	485	436	183	70	183									35	4	10	
山东	885	9		9		408	408		337	6	10				40	75	
青岛	100					48	48		44		3				5		

（续）

省份	落实数	水稻				小麦			玉米	大豆	马铃薯	特色粮豆	特色油料	油菜	花生	棉花	糖料
		小计	早稻	中稻	晚稻	小计	冬小麦	春小麦									
河南	1 041	64		64		417	417		416	20	4	2	1	26	50	41	
湖北	562	257	29	199	29	88	88		79	6	8	1	1	72	8	42	
湖南	641	460	98	39	97				63	4	5			79	4	26	
广东	220	184	84		100				8		4	4			16		4
广西	289	133	65	7	61				61		10				2		85
海南	30	18	10		8										2		10
重庆	220	100				21	21		50	3	34			10	2		
四川	560	218				118	118		103	16	39	2		47	14	3	
贵州	265	87	3			3	3		83		50	12	2	29	1		
云南	296	89		86		23	23		116	3	31	5	3	5			24
西藏	130	0.65				22.08			2.45		2	99.92		2.9			
陕西	293	10		10		118	118		116	6	17	6		10	2	8	
甘肃	280					50	27	23	134	6	58	8	2	12		10	
青海	40	7				7	3	4	1		10	10		12			
宁夏	80	28				6	6		22		18	3	3		2		
新疆	275	3		3		84	66	18	74			3		5		100	6
黑龙江农垦	235	125		125		4		4	64	37	5						
广东农垦	6																6

注：数据由各省（自治区、直辖市）提供。